新版

経営学概論

片山 富弘
山田 啓一 編著

Introduction to

Business

Administration

巻頭言・新版 経営学概論の出版にあたって

　経営分野に変化を起こす人がいるからこそ、経営分野は変化し続けているのである。その変化のレベルは改善レベルの場合やイノベーションレベルかもしれない。それらは、企業経営には欠かせないのであり、そんな中から、従来のことを踏まえて、新しい概念が生まれることがある。

　経営分野に関する出版されているものとして、体系立って書かれている本や経営分野の差異化されたテーマや時事問題に対応する本が数多く出版されているのが現状である。その中で不易流行の観点から書かれているのが本書であり、また、本書は経営学の基本で基本的に知っておくべき内容を盛り込んだものである。対象は大学1年生以上であり、社会人の方にとっても、改めて学習するのに役立つものと思っている。

　また、本書は3部構成として、総論、各論、個別テーマから成り立っている。第1部では、企業活動を知るのに役立つ骨組みとして、企業論（第1章）、組織管理（第2章）、経営組織（第3章）、経営戦略（第4章）となっている。第2部では、企業の主要な機能を中心に、人的資源管理（第5章）、生産管理（第6章）、マーケティングの考え方と戦略（第7章）、ロジスティクス（第8章）、財務会計と財務管理（第9章）、経営情報システム（第10章）から成っている。第3部ではトピックスとして、イノベーション、ベンチャー、ナレッジマネジメント（第11章）、国際化とグローバル化（第12章）、企業の社会的責任とレピュテーション・マネジメント（第13章）、地域活性化と地域ブランド（第14章）を取り上げている。

　執筆陣のメンバーは、いずれも中村学園大学流通科学部でそれぞれの講義を担当しているものであり、今後が期待できるメンバーである。

　今回の出版にあたり、同友館出版部の佐藤文彦氏には大変お世話になり、この場を借りて厚く御礼を申し述べたい。

執筆陣を代表して

片山富弘・山田啓一

平成29年1月末日

目　　次

巻頭言・経営学概論の出版にあたって

第1章　企業論

1-1　企業とは何か　1
1-1-1　企業活動に欠かせないもの　1
1-1-2　企業の役割・機能　5
1-1-3　ドラッカーの企業観　6

1-2　企業はだれのものか　8
1-2-1　所有と経営の分離　8
1-2-2　株式所有の機関化　10
1-2-3　ステークホルダー　11

1-3　企業にはどのような形態があるのか　13
1-3-1　企業の種類と形態　13
1-3-2　企業の一形態としての会社の種類と特徴　14
1-3-3　会社の種類と特徴　15
1-3-4　株式会社の特徴　17

第2章　組織管理

2-1　古典的管理論　23
2-1-1　マネジメントの形成　23
2-1-2　科学的管理法　23
2-1-3　人間関係論　27

2-2　近代的管理論　30
2-2-1　古典的管理論から近代的管理論へ　30
2-2-2　バーナードの管理論　31
2-2-3　サイモンの理論　35

2-3　モチベーション管理とリーダーシップ論　37

2-3-1　モチベーションとリーダーシップ　37

2-3-2　モチベーション諸理論　37

2-3-3　リーダーシップ諸理論　43

第3章　経営組織

3-1　マクロ組織論としての経営組織　49

3-1-1　組織とは　49

3-1-2　バーナードの組織観　50

3-2　組織構造　52

3-2-1　組織構造とは　52

3-2-2　官僚制組織　52

3-2-3　ライン組織　53

3-2-4　職能別組織（機能別組織）　54

3-2-5　事業部制組織　55

3-2-6　マトリクス組織　56

3-2-7　カンパニー制と持ち株会社制　57

第4章　経営戦略

4-1　経営戦略とは　61

4-1-1　経営戦略の定義と特徴　61

4-1-2　経営環境　63

4-1-3　環境の変化と環境適応　65

4-2　経営戦略論の系譜　67

4-2-1　経営環境の変化と経営戦略論の変遷　67

4-2-2　成長戦略と事業構成の最適化　69

4-2-3　競争戦略　ポジショニング戦略と資源ベース戦略　72

4-3　経営戦略の実際　76

4-3-1　戦略的経営　76

iv

4-3-2 経営戦略の内容 78

4-3-3 SWOT 分析 78

第5章 雇用と組織

5-1 雇用管理とは 83

5-1-1 入口のフロー（採用） 83

5-1-2 組織内のフロー（異動、出向・転籍、昇進・昇格） 84

5-1-3 出口のフロー（退職） 85

5-2 日本的経営 85

5-2-1 終身雇用制度 86

5-2-2 終身雇用制度のメリット 86

5-2-3 終身雇用制度のデメリット 87

5-2-4 日本的経営と有期雇用 87

5-2-5 年功制と企業別労働組合 89

5-2-6 見えざる出資 90

5-2-7 その他の日本的経営の特徴 91

5-3 人事管理 91

5-3-1. 仕事と報酬 91

5-3-2 賃金の体系 92

5-3-3 人事評価 93

5-3-4 人材の育成 96

5-3-5 キャリア・マネジメント 97

第6章 生産管理

6-1 生産と生産管理 101

6-1-1 生産管理とは 101

6-1-2 生産形態の分類 102

6-1-3 生産管理の項目と内容 104

6-2　フォード生産方式とトヨタ生産方式　106

　6-2-1　フォード生産方式　106

　6-2-2　トヨタ生産方式　108

　6-2-3　フォードシステムとトヨタシステムの比較　108

6-3　生産の合理化と生産性の向上―改善と自動化　112

　6-3-1　IE（インダストリアルエンジニアリング）　113

　6-3-2　TQCと小集団活動　114

　6-3-3　生産システムの自動化　115

第7章　マーケティングの考え方と戦略

7-1　マーケティングの身近さ　119

　7-1-1　マーケティングの定義の変遷　119

　7-1-2　マーケティング・コンセプト　122

7-2　マーケティング戦略　124

　7-2-1　マーケティング戦略の基本ステップ　124

7-3　顧客満足について　128

　7-3-1　顧客満足に関する関連概念　128

　7-3-2　顧客満足と収益の関係　132

第8章　ロジスティクス

8-1　ロジスティクスの展開と企業経営　135

　8-1-1　ロジスティクスとはなにか　135

8-2　ロジスティクスの高度化　139

　8-2-1　ロジスティクスの発展段階　139

　8-2-2　ロジスティクスとサプライチェーン・マネジメント　141

　8-2-3　ロジスティクスにおける統合概念　142

8-3　ロジスティクス戦略の展開　143

　8-3-1　戦略・構造・コンピタンス　143

　8-3-2　ロジスティクス戦略の構造分析　144

8-3-3 ビジョンとロジスティクス戦略のリンク 146

8-4 ロジスティクス・マネジメント 149

第9章 財務会計と財務管理

9-1 財務管理とは 153

9-1-1 企業の資金調達 153

9-1-2 資金調達に不可欠な書類 155

9-2 財務諸表 156

9-2-1 財務諸表とは 156

9-3 財務諸表の仕組みと財務管理 159

9-3-1 貸借対照表の資産と負債 159

9-3-2 貸借対照表の資本（純資産） 163

9-3-3 損益計算書の仕組みと財務管理 166

9-3-4 財務諸表による財務管理 168

9-4 おわりに 172

第10章 経営情報システム

10-1 経営組織と情報システム 173

10-1-1 情報システムの必要性 173

10-1-2 初期の情報システム 174

10-2 現代の経営情報システム（BPR から BCP へ） 179

10-2-1 BPR の時代 179

10-2-2 Web の時代 180

10-2-3 ビジネスの継続と情報システムの役割 182

10-3 情報システムの導入 184

10-3-1 情報部門の役割とシステムの導入 185

10-3-2 情報化戦略の位置づけ 185

10-3-3 システムの開発手順 187

10-3-4 プロジェクトマネジメント 189

10-3-5 　内製と外注　189

第11章　イノベーション、ベンチャー、ナレッジマネジメント

11-1　イノベーション　191

11-1-1 　イノベーションとは　191

11-1-2 　イノベーションのジレンマ　194

11-1-3 　ブルー・オーシャン戦略　196

11-2　ベンチャー　198

11-2-1 　ベンチャーとは　198

11-2-2 　企業の成長と発展　199

11-2-3 　ベンチャーとイノベーション　201

11-3　ナレッジマネジメント　203

11-3-1 　ナレッジとナレッジマネジメント　203

11-3-2 　ナレッジの分類と知のスパイラルモデル　204

11-3-3 　ナレッジマネジメントのシステム化　206

第12章　国際化とグローバル化

12-1　国際化からグローバル化へ　209

12-1-1 　国際化とグローバル化　209

12-1-2 　アウトバウンド（アウェイ）とインバウンド（ホーム）　210

12-1-3 　輸出と海外直接投資　212

12-2　企業の国際化とグローバル化　212

12-2-1 　多国籍企業とは何か　212

12-2-2 　ヒーナンとパールミュッターの多国籍企業論　213

12-2-3 　バートレットとゴシャールの多国籍企業論　215

12-2-4 　ゲマワットのグローバル戦略論　217

12-3　ソーシャルビジネスとBOP　220

12-3-1 　グローバル化と貧困問題　220

12-3-2 　ソーシャルビジネス　221

viii

12-3-3　BOP と BOP ビジネス　223

第13章　企業の社会的責任とレピュテーション・マネジメント

13-1　企業の社会的責任　229

13-1-1　企業の社会的責任とは　229

13-1-2　企業の社会的責任に関する議論　230

13-1-3　3つの考え方　232

13-2　社会的責任と ISO26000　233

13-2-1　ISO26000 とその成立の経緯　233

13-2-2　ISO26000 の概要　234

13-2-3　ISO26000 の中核主題　235

13-3　正当性とレピュテーション・マネジメント　238

13-3-1　正当性　238

13-3-2　正当性とレピュテーション・マネジメント　241

13-3-3　レピュテーション・マネジメントの概要　242

第14章　地域活性化と地域ブランド

14-1　地域ブランドとは　245

14-1-1　地域ブランドの重要性　245

14-1-2　地域活性化とマーケティング　245

14-2　ブランド研究の視点　247

14-2-1　ブランド概念の基礎　247

14-2-2　ブランド・マネジメント　249

14-3　地域ブランド　251

14-3-1　地域ブランドに関する主な先行研究　251

14-3-2　壱岐焼酎における地域ブランド形成プロセス　258

14-3-3　地域ブランドの諸側面　259

索　引　263

第1章 企 業 論

1-1 企業とは何か

　企業とは、我々にとって一体どのような存在なのでしょうか。我々の周りには無数の企業が存在し、しかも日常生活において深くかかわりをもっています。

　例えば、毎朝飲む牛乳を考えてみて下さい。農家から牛乳を受け取とり、それを検査して貯乳し、殺菌や冷却を行った後、品質検査に合格したものだけが、パック詰や瓶詰にされて、小売店に輸送されて販売されます。これらの製造、輸送、販売といった工程は、複数の企業の手によって行われています。何気なく、毎日飲む牛乳ですが、このようなことを考えると、我々の日常生活と深くかかわりがあることを改めて認識することができます。

　経営学は、組織運営の原理を研究対象としていますが、そのほとんどが企業を研究対象としているといっても過言ではありません。しかも、大企業を中心とした株式会社組織を中心に研究が行われてきました。本章では、このような経営学研究の歴史的な背景を念頭にして、企業とは一体どのような組織なのかといったことを中心に学習していきたいと思います。

1-1-1 企業活動に欠かせないもの

　皆さんにとっては、企業という言葉よりも、会社という言葉の方が馴染深いと思いますが、我々の日常生活では、企業と会社を明確に区別しないで使っているケースが多いように思われます。

　経営学では、一般的に「会社」のことを「企業」という言葉で呼んでいます。厳密には、「会社」は「企業」の中の一形態ですが、ここでは、企業＝会社であると考えていただいて結構です（企業の分類については、1-3で詳しく紹介

します）。しかしながら、本書は、経営学を初めて学ぶ初学者を対象としたテキストです。このため、少しでも経営学に早く慣れていただくためにも、あえて企業という言葉を使っていくこととします。

さて、実際に企業が活動を行っていくことを**企業活動**と呼び、企業組織によって企業を運営し活動を行う主体的な行為を**経営**と言います。企業では、そこで働く人たちに共通の目標が設定され、それを達成するために、組織での役割が割り振られて、役割に応じた仕事を行うことになります。このように企業で働く人たちが、共通の目標に向かって力を合わせて働くことを**協働**と言います。

つまり、企業にとっては、経営を行っていくうえで、そこで働く人たちの存在や協働は必要不可欠なものであるのです。このような企業経営にとって必要不可欠な要素のことを**経営資源**と呼んでいます。では、実際に企業経営を行ううえで、そこで働く人たち、すなわち、ヒト以外にどのような経営資源が必要なのでしょうか。

従来の経営学のテキストでは、一般的に、**ヒト・モノ・カネ**の３つの要素が経営資源であるとして紹介してきました。確かに、これらの資源は、企業経営を行う上で最も重要で必要不可欠な存在です。しかしながら、現代社会のように高度に情報化が進んだ経済状況下においては、**情報**も今や企業経営を行う上で必要不可欠な存在になっています。すなわち、今や情報は、ヒト・モノ・カネに加えるべき、第４の経営資源として位置付けられているのです（上林他2011）。

さらに、これらの経営資源の他に、最近では、その企業が保有する**技術**や**特許**などの**知的財産**や**企業文化**なども重要な経営資源であるとして認識されている傾向にあります。

ここでは、最も重要とされるヒト・モノ・カネの３つの経営資源を中心に少し説明を行いたいと思います。

まず、「ヒト」です。経営学では、ヒトを**人的資源**として企業の重要な資産として認識しており、その活用については、人的資源管理論という分野において専門研究が行われています。企業を構成するのはヒトであり、企業活動を行うのもヒトです。しかしながら、このヒトの育成は一朝一夕には行うことがで

きません。日本の企業では新卒者を一括採用し、永い年月をかけてその企業にとって必要なスキル（技能・技術）を身に付けさせるように**教育訓練**を行います。企業での教育訓練は、職場で仕事をしながら行われる、**OJT**（on the job training）や仕事を離れて行われる研修などの**Off-JT**（off the job training）などによって行われています。そして、これらの教育訓練を通じて、その企業にとってなくてはならない特有のスキル（技能・技術）を身に付けさせます。この企業特有のスキルのことを**企業特殊的スキル**と言います。

　最近では、企業内で「人材」を「**人財**」という漢字に置き換えて、経営資源としての重要性を内外に強調する企業や経営者も増えています。例えば、リユース事業大手のブックオフ・コーポレーションもその中の1社です。以前、同社の橋本取締役会長（当時）にインタビュー取材[1]を行ったことがありますが、「当社は、業態からして労働集約型産業なので、人こそが財産です。多くのパートやアルバイトのスタッフさんを育成して、大切な戦力になってもらっています。だから、あえて人財という字を使って、店長に認識をしてもらっています。」との趣旨の話をしてくれました。

　また、「楽天市場」などのネットショッピングをインターネットサービスを通じて提供する楽天の三木谷社長の座右の銘は「人は財なり」で、このことはマスコミ取材等[2]を通じて広く知られています。「人間の力には実力、能力、潜在能力の3種類ある」と言うのが三木谷社長の持論であり、中でも特に重視しているのが「潜在能力」だそうです。同社では、従業員に様々な能力開発の機会を広く与えて、まだ活用されていない能力を引き出そうとしています。

　このように、多くの企業にとって「ヒト」は、最も重視されるべき経営資源であると言っても過言ではないでしょう。しかしながら、ここで注意しなくてはならないのは、従業員とは何も正社員だけに限らないということです。総務省による労働力調査[3]では、非正規社員の数、割合ともに過去最高値を更新し

---

(1) インタビューは2010年1月20日に実施した。現役職は取締役相談役（2013年9月）
(2) 読売新聞「言葉のアルバム」2009年12月4日
(3) 2013年4月から6月期平均で、統計を取り始めた2002年以降、最高値を更新した

ており、働く人全体の4割近くに達しようとしています。ブックオフ・コーポレーションの事例にもあるように、最近のトレンドとして、パートやアルバイトで働く人たちを重要な経営資源として認識をして、その活用の仕方やモチベーションの向上につながる様々な施策を導入する企業が増えていることにも注目をする必要があります。

　次に、「モノ」です。ここでの「モノ」は、工場や機械設備、原材料、オフィスなどといった企業活動を具体的に行うために必要な物的な資源のことを指します。これらの中には、机や椅子といった什器備品類やパソコンなどのOA機器、業務用車両などが含まれます。また、生産現場では、原材料や半製品、最終製品などもこの範疇に含めることができます（上林他 2011）。

　最後に「カネ」です。企業にとって「カネ」という資源は、人間に例えると、血液のようなものと考えて良いでしょう。まさに、バーゲンセールなどでよく耳にする「出血大サービス」などというキャッチコピーは、そのいい例です。企業から多額の「カネ」が流出すれば、資金繰りが上手くいかなくなったり、赤字になることが考えられます。不渡り手形を出したり赤字が続けば企業は倒産してしまいます。まさに、企業と「カネ」の関係は人間と血液の関係と同じであり、読者の皆さんもこのことは容易に想像できると思います。

　それでは、企業における「カネ」には、どのようなものがあるのでしょうか。企業における「カネ」は、大きく分けて**自己資本**と**他人資本**に分けられます。自己資本は、**株主資本**とも呼ばれ、企業自体のお金のことです。具体的には、**資本金**や**利益準備金**、**利益剰余金**などがそれに該当します。詳しくは、第9章で学ぶので、ここでは、あまり気にしないで読み進んでいってください。次に、他人資本です。これは、まさしく他人から得た資本のことで、借金のことです。金融機関からの**借入金**や取引先への返済に充てる**買掛金**や**支払手形**がその代表的な例であり、**負債**とも呼ばれます。

　以上、企業は、ヒト・モノ・カネといった最も重要な要素に加え、情報や知的財産、保有技術、企業文化といった経営資源をフル活用しながら、日々の企業活動を行っているのです。

1-1-2　企業の役割・機能

　企業とは、我々やそこで働く人たち、そして社会にとってどのような存在なのでしょうか。1-1-1で見てきたように企業は経営資源を活用しながら活動を行います。そして、その活動のアウトプットとして財やサービスが生み出され、それらは、我々消費者や最終ユーザーに提供されます（図表1-1参照）。

[図表1-1　企業活動のフロー]

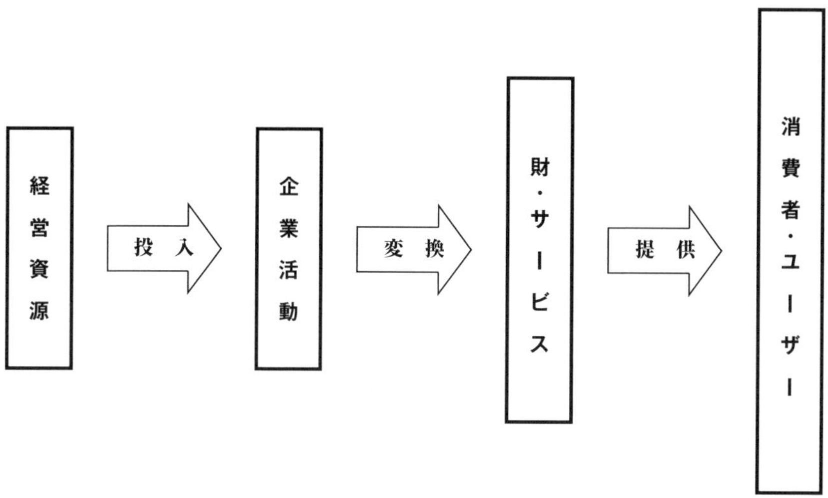

経営資源　→投入→　企業活動　→変換→　財・サービス　→提供→　消費者・ユーザー

出所：上林他（2011）を参考に作成

　すなわち、企業は、我々や社会にとって財やサービスを提供してくれる経済的主体としての役割を果たす機能を持っているのです。この機能のことを**経済的機能**と言います（上林他 2011）。

　また、企業では、そこで働く多くの人たちが協力しながら企業目的達成に向けて活動を行っています。経営学では、多くの人たちが協力し合いながら働くことを特に**協働**と呼んでいますが、バーナード（Barnard,C.I）は、人間が持ついくつかの側面のうち、「協働体系の参加者としての人間」、すなわち、組織の中の人間には、組織人として組織の目的を達成するために合理的に意思決定を行い行動しようとする「機能的側面」があることを指摘しています。つまり、

企業という組織が、この様な機能的側面を持った人たちによる協働の場であることから、企業には効率的に組織目標を達成するための**組織的機能**があると言うことができます（上林他 2011）。

先ほども述べましたが、企業では多くの人たちが協働しています。そこでは、協働を通じて社会的な関係が生まれます。また、職場内だけではなく、取引先を含めた様々な外部の人たちとの関係性も生まれてきます。このことは、企業がそこで働く人たちにとって、社会との接点としての役割を果たしていることを意味します。

つまり職場は、働く人たちにとって、仕事を通じて社会との関わりや人間の高次の欲求とされる**自己実現**を図れる場であり、その結果、仕事を通じて「やりがい」や「達成感」といった効用を得ることができる場でもあるのです。このような、企業が持つ機能のことを**社会的機能**と呼びます（上林他 2011）。

1-1-3　ドラッカーの企業観

おそらく、戦後の日本の経済界やビジネスマンに最も大きな影響を与えた経営学者の一人に**ピーター・ドラッカー**（Drucker,P.F）を挙げる研究者は少なくないでしょう。その証に、ビジネス街に近い書店では、必ずと言ってよいほど、ドラッカーに関するコーナーがあって、関連する書籍が置かれています。皆さんも一度、機会があれば確認してみて下さい。

ドラッカー（1909―2005）は、ユダヤ系オーストリア人で「マネジメント発明の父」・「経営学のグルの中のグル」など数々の異名を持つ経営学者です。ここでは、ドラッカーの企業観について、その著書、「マネジメント」の中から、簡単に紹介をしていくこととします。

まず、ドラッカーは、「企業＝営利組織」と考えるのは的外れだと言っています。つまり、利潤を得ることは、企業の条件であって目的ではなく、企業活動を測定する手段に過ぎないと述べているのです。

それでは、企業の目的とは、一体何なのでしょうか。ドラッカーは、「企業の目的は企業それ自体の外にある。企業は**社会の機関**（**Organ**）であり、その目的は社会の中にある」としており、企業の目的は唯一、**「顧客の創造」**であ

ると述べているのです。

　ドラッカーによれば、この、「顧客の創造」は、**マーケティングとイノベーション**という企業が持つ二つの機能によって成果がもたらされます。マーケティングについて、その理想は、「販売を不要にすること」であり、そのためには、「顧客を理解し、製品とサービスを顧客に合わせ、おのずから売れるようにする」仕組みを作ることの必要性を強調しています。

　また、イノベーションについては、「あたらしい満足を生み出すこと」であり、「人的資源や物的資源に対し、より大きな富をもたらすこと」であると定義をしています。そしてイノベーションは、何も技術部門に限ったことではなく、企業のあらゆる部門が対象となると述べています。企業が、イノベーションを実現するためには、企業そのものが、現状に満足することなく、常によくなることに関心を持ち、社会のニーズを事業の機会として捉える必要性をドラッカーは指摘しているのです。

　先ほど、企業にとって利益は、企業活動測定のための手段に過ぎないと記述しました。しかしながら、ドラッカーは、企業にとって利益は、経済的機能を果たすために必要不可欠なものであることも認めています。つまり、利益は企業活動の結果であり、以下の4つの機能があることを指摘しています。

　①利益は、成果の判定基準である
　②利益は、不確実性というリスクに対する保険である
　③利益は、よりよい労働環境を生むための原資である
　④利益は、医療、国防、教育、オペラなど社会的サービスと満足をもたらす
　　原資である

　そしてドラッカーは、企業が永遠に継続するという**企業継続（going concern）の原則**に立てば、企業にとっての利益とは、**未来の費用（コスト）**であり、事業を続けるために必要な費用であるため、企業の持つ最も重要な経済的機能として**損失回避の原則**が求められると述べています。

　このように、ドラッカーは様々な角度から企業という存在を捉えていますが、

ここではその一部を紹介しました。皆さんも、一度、ドラッカーの経営書を読んで、理解を深めてみて下さい。

1-2　企業はだれのものか

　企業は、一体だれが所有し、支配しているのでしょうか。ここでは、経営学が暗黙のうちにその研究対象としてきた大企業を対象として、とりわけ株式会社の所有と支配構造について明らかにしていくことを目的に論じていきます。なぜなら、個人商店や同族企業などでは所有や支配構造は比較的シンプルでわかり易いかもしれませんが、大企業になればなるほどその構造は複雑になり、企業の所有者と実際に企業を動かす人たちが同じとは限らないからです。それでは、早速、このことについて見ていきましょう。

1-2-1　所有と経営の分離

　株式会社は、資本家（株主）の出資によって設立されます。このため、設立間もない初期の段階においては、企業は大株主によって支配（所有）されています。ある意味においては、大株主たる大資本家が所有する**私有財産**の性格を持っていると言えます（三戸他 2006）。しかしながら、経済が発展し、経営規模の拡大が行われると、企業は、新たな株式を発行して資金調達を行ったり、一般市民においても投機目的から株式の売買が広く行われるようになったりします。すなわち、株式が不特定多数の株主間に分散して行く現象が起こるのです。このような現象は、**株式の分散化**あるいは**株式の大衆化**と呼びます。この現象が進行すると、大株主の株式持ち分比率は低下してしまいます。このことは、大株主による企業の支配にどのような影響をもたらすのでしょうか。

　これについて実証的な調査を行ったのが、**アドルフ・バーリ**（Berle,Jr,A.A.）と**ガーディナー・ミーンズ**（Means,G.C.）です。彼らの調査は1932年に行われました。1920年代当時のアメリカは、急速に経済が発展し、株式所有の大衆化が進行していました。そこで、彼らは、アメリカの巨大企業の200社を対象に、だれが企業を支配しているのかという観点から調査を行ったのです。そ

して、同様の手法による追跡調査が、1963年にラーナー（R.J. Larner）によって行われています（図表1-2参照）。

[図表1-2　バーリ＆ミーンズとラーナーの調査]

支配区分	バーリ＆ミーンズ 1932年調査		ラーナー 1963年調査	
	社数	比率（%）	社数	比率（%）
完全所有支配	12	6	0	0
過半数所有支配	10	5	5	2.5
少数所有支配	46	23	18	9
法的手段による支配	41	21	8	4
経営者支配	88	44	169	84.5
管財人の手中にあるもの	2	1	-	-

出所：三戸・池内・勝部（2006）

　バーリとミーンズは、この調査を基に、大株主の持株比率によって支配の形態の分類を行い、完全支配所有（持株比率100～80%所有）、過半数支配所有（持株比率80～50%所有）、少数所有支配（持株比率50～20%所有）、という従来の分類に加えて、持株比率が20%以下の企業では、もはや大株主の株式所有による支配ができないとして、**経営者支配**の企業という新たなカテゴリーを設けました。このような、株式の所有に基づかない経営者によって支配が行われている現象を**所有と経営の分離**と呼んでいます。約30年後に行われたラーナーの調査では、この現象がさらに進行しており、84.5%もの企業が経営者支配のカテゴリーに該当しており、いったん株式の大衆化が進むと企業の支配は、大株主に変わって経営者によって行われるようになることを明らかにしました。

　このような経営者は、経営に関する専門能力によって企業経営を行うことから、**専門経営者**と呼ばれています。**ジェームズ・バーナム**（Burnham,J.）は、このような専門経営者という新たな階層によって企業が支配される社会は、「**経営者社会**」であると主張して、これを**経営者革命**と呼びました。

1-2-2 株式所有の機関化

1-2-1 では、株式所有の大衆化が所有と経営の分離という現象を招いたことを説明しました。それでは、実際に企業の株式所有の構造は、一体どのようになっているのでしょうか。

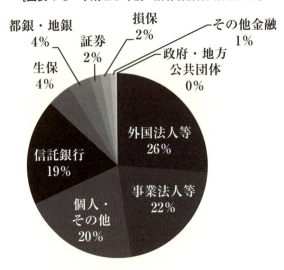

[図表 1-3 平成 23 年度 所有者別株式保有比率]

出所：東京証券取引所のデータを基に自製

図表1-3 は、我が国の証券取引所に上場している企業の所有者別株式の保有比率をグラフ化したものです。これを見てわかるように、個人所有の割合は2割程度で、残りの8割を銀行や生保、損保、証券といった金融機関や外国法人、事業法人によって占められています。このような事業者のことを個人に対して**法人**と言います。1950年頃は、約6割を個人が所有していましたが、約60年の間に個人の所有比率は低下し、法人所有が上回るようになりました（上林他 2011）。法人が株式を所有することを**法人資本主義**または、**機関所有（株式所有の機関化）**と言います。機関とは、Institutionを日本語に訳したものであり、組織だと考えてもらって結構です。中でも、銀行、保険、証券、年金基金などは、

第 1 章　企業論　　11

特に**機関投資家**と呼ばれています。

　なぜ、機関所有が個人所有を上回ったのでしょうか。その理由の一つに、この機関投資家の存在が挙げられます。機関投資家は、様々な投資家から資金を募って株式市場などで運用を行います。個人投資家との相対的比較で、莫大な資金の運用が可能であり、それが株式投資に向かうことで機関投資家の株式所有比率が高まったことが指摘できます。次に、個人投資家には寿命があるため、半永久的に大株主であり続けることが事実上、困難であるからとの指摘もあります（三戸他 2006）。なぜなら、相続による株式の分散や税負担による株式分散が生じることがあるからです。また、株式の機関所有は、企業グループ間などの株式の持ち合いによって、安定株主になってもらうことで、敵対的買収などから企業側が防衛する手段として行われてきたこともその理由として挙げることができるでしょう。

　いずれにせよ、株式の分散化によって、所有と経営の分離が行われ、所有は機関投資家によって、経営は専門経営者によって、それぞれ行われるため、専門経営者による企業の支配が強化されることになります。このようなメカニズムを**経営者支配論**と呼んでいます。

1-2-3　ステークホルダー

　企業の内外には、何らかの利害がある関係者が存在します。このような企業と利害関係のある個人や集団のことを**ステークホルダー**（stakeholder）と呼びます（図表1-4 参照）。

　企業は、常に社会との相互関係を持つ存在です。したがって、ステークホルダーには、株主や顧客・消費者、取引先といった直接的な利害関係者以外にも、地域社会や自治体・政府なども含まれます。企業が雇用や経済などの面で地域社会や自治体に一定の影響を及ぼしているからです。そして、これらのステークホルダーへの影響力は、企業が巨大であればあるほど大きくなります。その一方で、ステークホルダーからの企業に対する圧力も年々強くなっています。このため、ステークホルダーを過少に評価し、自社の営利を優先するような行為がひとたび起きると巨大企業であっても存続の危機が生じることがあるので

す。2013年に発覚したカネボウの化粧品による白斑事故では、カネボウ側が最初の被害相談を2011年に受けていたにも関わらず、社内の対応が遅れたために被害を拡大してしまいました。2013年になって自主回収を行いましたが、親会社の花王を含め、業績に深刻な影響が出る結果となりました。

[図表1-4　利害関係と企業の関係]

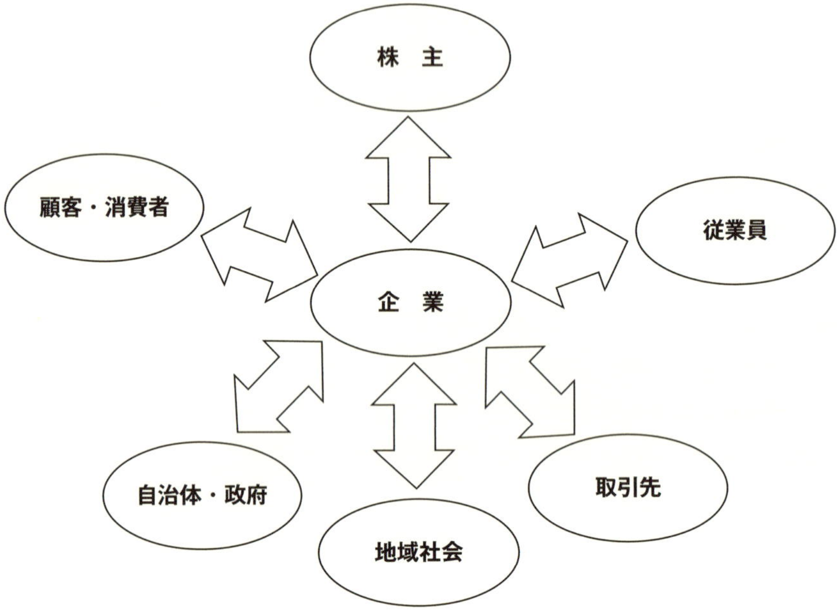

株　主

顧客・消費者

従業員

企　業

自治体・政府

取引先

地域社会

　1990年代のわが国では、株主に対する配当性向や株主資本利益率（ROE）といった指標が盛んに使われ、株主の利益を最優先するような風潮が起こりました。確かに、株主は企業にとっては大きな影響力を持つステークホルダーであることには変わりありません。しかしながら、現代社会においては、多様なステークホルダーの存在を意識することなく、企業経営は成り立たなくなっているのです。このことは、**企業の社会的責任**（CSR Corporate Social Responsibility）とも密接な関係がありますので、詳しくは、第13章で学ぶこととします。

1-3　企業にはどのような形態があるのか

　経営学は、組織運営の原理を研究対象としており、大企業を中心とした株式会社組織を中心に研究が行われてきたことは、すでに述べました。しかしながら、株式会社は、企業という大きなカテゴリーの中の一形態にすぎません。ここでは、企業の種類や形態、その特徴について説明を行います。そして、最後に株式会社の制度上の特徴や機能について説明を行うこととします。

1-3-1　企業の種類と形態

　企業の種類については、様々な分類方法がありますが、出資の形態に注目した分類が一般的だと思われます。深山・海道（2010）では、以下のような企業分類を行っています（図表1-5 参照）。

［図表1-5　企業の分類］

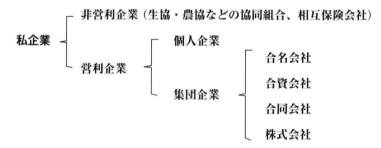

出所：深山・海道（2010）を一部加筆修正

　まず、**公企業**とは、政府や地方公共団体が出資をする企業のことです。例えば、福岡市の福岡市営地下鉄や東京都の都営地下鉄など、公営交通企業がその代表例と言えるでしょう。**公私合同企業**は、政府や地方公共団体と民間企業などが合同で出資している会社です。例えば、福岡市にある劇場、博多座において芝居の興行を行う株式会社博多座は、福岡市からの委託を受けて劇場「博多座」の運営を行う会社として設立されました。同社のHP（ホームページ）では、「こ

の会社は、経済界、興行界、行政が一体となって演劇興行をおこなうという、わが国で初めての会社です。」と紹介されており、福岡市と民間企業34社が出資する公私合同企業です。

次に、**非営利企業**としては、消費生活協同組合（生協）や農業協同組合、漁業協同組合などの協同組合がその代表例です。また、生命保険会社において、多く採用されている相互保険会社も非営利企業として分類されます。これは、「保険はお互いが助け合う相互扶助の精神に基づくものである」という考えのもと、法律によって保険会社のみに認められた会社形態です。

また**営利企業**は、個人が出資して営む個人商店などの**個人企業**と複数の出資者によって出資が行われる**集団企業**とに分類されます。そしてさらに、集団企業は、**合名会社、合資会社、合同会社、株式会社**の4つに分類されます。

会社は企業形態の中の集団企業という1つの種類であり、その会社もさらに4つに分類されているのです。

1-3-2　企業の一形態としての会社の種類と特徴

前節で説明したとおり、会社には4つの種類があることがわかりました。この4種類の会社には、共通した特徴があります。それは、**法人性、営利性、社団性**です（藤田 2012）。ここでは、種類別にその特徴について個別に見ていきます。

(1) 法人性

まず、法人性についてですが、法律的には会社は、**法人格**という法律上の人格を有しています。

この法人格を有することによって会社は、全ての出資者に成り代わって、会社そのものが財産を取得したり、所有することや契約当事者として様々な行為をすることが可能となります。逆に、取引先など会社と契約をしようとする相手方は、全ての出資者といちいち契約をする必要がなくなるので、効率的に契約などの事務処理を行うことができるようになるのです（図表1-6 参照）。

[図表 1-6　法人による契約行為の簡便性]

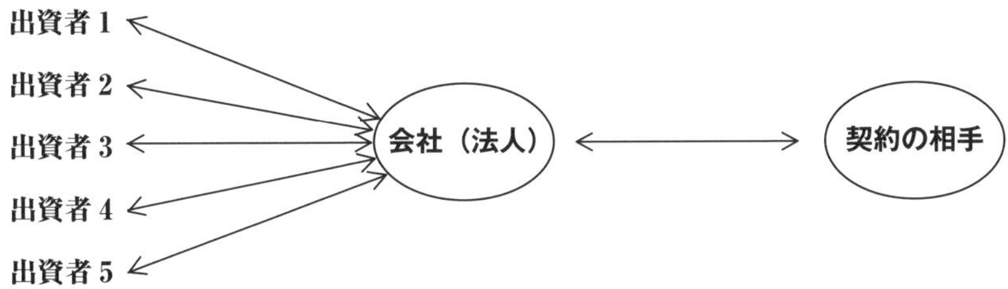

出資者 1　←

出資者 2　←

出資者 3　←　　　　　会社（法人）　←→　契約の相手

出資者 4　←

出資者 5　←

出所：藤田（2012）を加筆修正

(2) 営利性

　会社は、**企業継続（going concern）**の原則からも分かるように、利益を出さなければ存続することができません。また、会社は、その事業を通じて利益を出すだけでなく、利益を出資者に分配することも目的としています。このうち、会社法では、**営利性**については、「会社は利益の配当を有する存在である」という解釈をしています。株式会社では、株式に対する配当がこれに該当します。

(3) 社団性

　社団とは、出資者と団体との間においては契約関係にあるが、出資者間には何らの権利や義務、契約といった関係が存在しない団体のことを言います。つまり、会社における社団性とは、単に会社に出資する人たちの集合体という意味以上のものではないと考えられています。

1-3-3　会社の種類と特徴

　1-3-1 では、会社は企業形態の中の 1 つの種類であり、その会社もさらに 4 つに分類されることを説明しました。それらは、**合名会社、合資会社、合同会社、株式会社**の 4 つの種類です。ここでは、個別にその特徴について説明を行います。

(1) 合名会社

　合名会社では、出資者全員が連帯して会社の債務に対して、無限の責任を負

います。つまり、債務を弁済するために、債権者に対しては、私財を投じてでも返済する義務を負うことになります。このような出資者のことを「**無限責任社員**」と言います。ここでの社員とは出資者を意味します。合名会社での出資者の構成は、親子、兄弟、親戚といった信頼できるごく内輪の親しい人たちによって構成されるケースが多いようです。三井グループも発祥は、三井合名会社です（上林他 2011）。

(2) 合資会社

前述のように合名会社では、全ての出資者が無限責任を負わなければなりません。しかしながら、出資者の中には無限責任を負担できない人もいます。そこで、この様な人のリスク負担を軽減し、出資の拡大を図るために合資会社が生まれました。

このため、合資会社は、出資者に対して無限責任を負う無限責任社員と有限責任を負う「**有限責任社員**」によって構成されます。有限責任社員は、出資額を限度として、債権者に対する会社の債務の責任を負うことになります。しかしながら、無限責任社員と連帯して会社の債務に対して、責任を負う点は合名会社と同じです。なお、三菱グループの発祥は、三菱合資会社です（上林他 2011）。

(3) 合同会社

合同会社は、会社法によって設けられた新たな会社の形態で、出資者全員が、有限責任者社員によって構成されています。監視機関（取締役会や監査役）の設置が不要で、決算公告や社員総会、取締役会の開催の義務などはありません。また、定款によって、業務執行社員を定めたり、持ち分に応じた利益配当を行わないことを決めたりすることができます。

(4) 株式会社

4種類の集団企業のうち、最も代表的な会社が株式会社です。その起源は、1600年に設立された東インド会社が原型であるとされています。

第1章 企業論　17

[図表 1-7　会社の種類]

	合名会社	合資会社	合同会社	株式会社
出資 （責任・持ち 分譲渡）	・無限責任社員 ・持ち分譲渡は全員の同意必要	・無限責任社員と有限責任社員 ・持ち分譲渡は全員の同意を原則とする	・すべて有限責任社員 ・持ち分譲渡は全員の同意を原則とする	・すべて有限責任社員 ・持ち分譲渡は自由、但し定款で制限が可能
運営	・会社代表 全社員 ・業務執行 全社員	・会社代表 全社員 ・業務執行 全社員	・会社代表 全社員 ・業務執行 全社員	・会社代表 代表取締役 （代表的事例） ・業務執行 代表取締役 （代表的事例）

出所：藤田（2012）

　株式会社では、出資者（以下、株主という）はすべてが有限責任社員です。

　株主は、出資した額を上限に責任を負えばよく、それ以外に責任を負う必要がありません。また、出資持ち分の自由な譲渡や監視機関の設置が義務付けられていることなどに特徴がありますが、詳しくは次の項で説明をしていきます。

　以上、4つの会社の種類について説明を行いました。図表1-7は、これをまとめたものです。

1-3-4　株式会社の特徴

　株式会社の最大の特徴は、不特定多数の人を対象に資金調達を可能にしているところにあります。以下では、その仕組みについて説明を行います。

(1) 資本の証券化

　株式会社は、必要とする資金を調達するために**株式**を発行します。その株式が有価証券化されたものが**株券**です。株式会社は、不特定多数の人や特定の法人などを対象に株式を発行することによって資金調達を行っているのです。つまり、必要とする資本を証券化して資金調達を行っており、このことを**資本の証券化**と呼んでいます。

(2) 株式の譲渡

　株式は、株式市場で自由に売買することが可能です。このことは、企業と株主の双方にメリットをもたらします。例えば、株式を所有する**株主**の株式の売買は、ただ単に発行済株式の所有者が変わるだけですから、会社側と株主との間での金銭の移動は生じません。つまり、会社側にとっては、株式を発行して一旦、調達した資金は半永久的に活用できるというメリットがあることになります（井原 2011）。

　一方、株主にとっても業績が好調で株の値上がりが期待できそうな企業の株を購入して、その株が、値上がりをした時点で売ることができれば、その差額を**キャピタルゲイン（資本利得）**として享受できることになります。

(3) 有限責任

　それでは、仮に企業が倒産した場合は、株主への影響や株式はどうなるのでしょうか。株式会社では、株主はすべて有限責任社員です。このため、株主が負う責任の範囲は、自分の株式持ち分だけとなります。つまり、出資金（株式）を放棄することによって、それ以上の責任を強いられることは無いということになります。

(4) 利益の配当

　株式会社は、企業活動によって創出した利益の中から、株主に対して**配当**を行います。このとき、当期純利益の中からどれだけ株主に配当するかという割合を**配当性向**と呼びます。この割合が高い方が、内部留保が少なく、利益を株主に多く還元している企業ということになります。株主にとっては、この配当性向が市場を通じて株式を取得する動機の一つになっています。もちろん企業の業績が悪ければ、配当性向が下がったり、配当そのものが行われない場合もあります。

第1章　企業論　19

(5) 株式会社の諸機関

　株式会社には、**企業統治（コーポレート・ガバナンス）**を行うための**機関**が設置されています。個々の機関は、それぞれが独立しており、お互いにチェックし合う役割を持っています。ここでは、**監査役会設置会社**、**指名委員会等設置会社**、**監査委員会等設置会社**の3つの機関について説明を行います。

A. 監査役会設置会社（図表1-8参照）
　①**株主総会**・・・株式会社の最高意思決定機関
　　　決算書の承認、取締役、監査役の選任などを行う
　②**取締役会**・・・株主総会での意思決定の枠組みの中で、会社の実際の経営を行う機関
　　　代表取締役の選任や解任、組織の変更や財産の処分、業務執行に関する決定などを行う
　③**監査役会**・・・取締役会が行う経営が適法であるか監査する機関
　　　監査報告書の作成、会計に関する監査、業務に関する監査（適法性）などを行う

［図表1-8　監査役会設置会社］

出所：江川（2018）を加筆修正

監査役会設置会社では、代表取締役は、取締役会で選任や解任されます。また、監査役は代表取締役を含めた取締役の監督を行います。また、監査役会設置会社における取締役会では、社外取締役の選任は任意ですが、専任しない場合は、その理由を株主に開示する必要があり、実質的には専任が義務化されています。また、監査役会においても半数以上を社外監査役とすることが会社法によって定められています。

B. 指名委員会等設置会社 （図表 1-9 参照）
①**株主総会**・・・決算書の承認、取締役の選任・解任などを行う
②**取締役会**・・・業務に関する意思決定と執行役の選任・解任、監督などを行う
③**指名委員会**・・・株主総会に提出する取締役候補の選任を行う、指名は取締役会が行う
④**報酬委員会**・・・取締役、執行役員の報酬の決定を行う

[図表 1-9　指名委員会等設置会社]

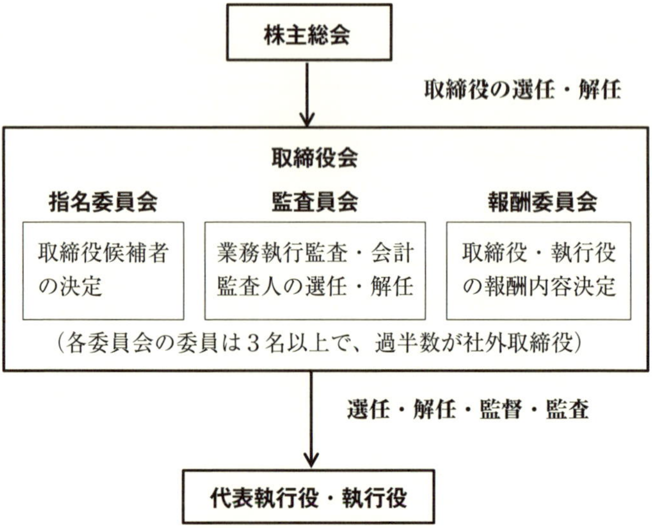

出所：江川（2018）を加筆修正

⑤**監査委員会**・・・執行役、取締役の監査・監督、監査法人の選任、決定などを行う

なお、指名委員会等設置会社に設置される3つの委員会は、3人以上の取締役で構成され、しかもその過半数を社外取締役によって構成されなければなりません。これは、社外取締役にお目付け役としてチェック機能を果たす役割が期待されていることを意味しています。

C. 監査等委員会設置会社（図表1-10参照）
①**株主総会**・・・決算書の承認、取締役や監査等委員の選任・解任などを行う
②**取締役会**・・・代表取締役の選任・解任、組織の変更や財産の処分、業務執行に関する決定などを行う
③**監査等委員会**・・・取締役の監査・監督、監査法人の選任・解任、決定などを行う

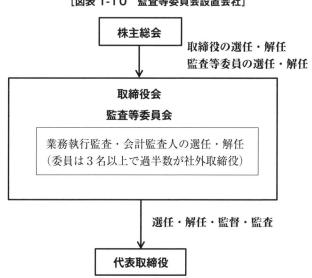

[図表1-10　監査等委員会設置会社]

出所：江川（2018）を加筆修正

2015年の改正会社法で誕生したのが、この監査等委員会設置会社です。この機関は、監査役会設置会社と指名委員会等設置会社の折衷的な機能を持つ制度であるといえます。監査役会設置会社における監査役は取締役ではありませんが、監査等委員会設置会社の監査等委員は取締役で、監査等委員ではない取締役とは別に株主総会で選任・解任が行われます。また、委員の過半数が社外取締役によって構成されなければなりません。

【参考文献】

Barnard, C. I. (1956) *The Function of the Executive*, Boston, MA. Harvard University Press.（山本安二郎・田杉競・飯野春樹訳『新訳経営者の役割』ダイヤモンド社、1999年）

Drucker, P. F. (1993) *Management: Tasks, Responsibilities, Practices, Harper Business Edition*, New York, Harper Collins.（上田惇生訳『マネジメント』ダイヤモンド社、2001年）

井原久光（2011）『テキスト経営学』ミネルヴァ書房

江川雅子（2018）『現代コーポレートガバナンス』日本経済新聞出版社

上林憲雄・奥林康司・團泰雄・開本浩矢・森田雅也・竹林明（2011）『経験から学ぶ経営学入門・第3版』有斐閣ブックス

田中健二（2007）『財務会計入門』中央経済社

藤田誠（2012）『スタンダード経営学』中央経済社

三戸浩・池内秀己・勝部伸夫（2006）『企業論』有斐閣アルマ

深山明・海道ノブチカ（2010）『基本経営学』同文舘出版

第2章 組織管理

2-1 古典的管理論

2-1-1 マネジメントの形成

　経営学が学問として研究され始めたのは、20世紀の初頭です。イギリスで起こった**産業革命**に端を発し、「経済学の父」と称される**アダム・スミス**が『国富論』を発表して**古典派経済学**が誕生しました。産業革命で誕生した蒸気機関は、生産システムに利用されるようになり、アメリカで**大量生産システム**が確立しました。経済学から派生して、経営学が発達していくのは、ちょうどこの頃からです。それは、工場での**生産の効率化**であり、そのための**管理**が必要だったのです。つまり、組織管理のあり方が経営学を誕生させたのです。ここでは、当時の古典的管理論について学習を行います。

2-1-2 科学的管理法

(1) 科学的管理法が生まれる当時の背景

　1800年代後半のアメリカでは、資本主義が急速に発達し、機械製工業が発展していきます。増大する需要に労働力の供給が追い付かず、未熟練労働者やほとんど労働経験のない移民たちが大量に動員されました。当時の管理は、「**勘や経験**」だけが頼りの成行き的なやり方でした。その結果、未熟練労働者やほとんど労働経験のない移民たちにとっては、現場での労働は過酷なものとなり、しかも非効率的なものでした。そこで、労働者は防衛手段として**組織的怠業**（サボリ）を行うようになったのです。

　また、当時の賃金は、出来高に応じて賃金が支払われる**単純出来高払い制**が採用されていました。このため、予想以上に出来高が上がるとそれに応じた賃

金を支払う必要がありますが、監督者側は賃率を引き下げ、支払うべき賃金を抑えることで労務コストの調整が行われました。これでは、労働者側にとっては、「働くだけ損」ということになり、「仕事をしすぎるな」という雰囲気が蔓延したことも組織的怠業を助長した要因でもあったのです。

このように組織的怠業が蔓延している中では、従来から行われていた「勘や経験」だけが頼りの成行き的な管理では限界があり、組織的怠業を解決する手法として考え出されたのが、「**科学的管理法**」でした。

(2) 科学的管理法の理論

科学的管理法を理論的に体系化したのは、「科学的管理法の父」と称される**フレデリック・テイラー**（Taylor,F.W）です。テイラーは1856年にアメリカのフィラデルフィアで生まれました。父は弁護士でクエーカー教徒、母も名門の清教徒でした。幼少期から両親の影響で怠惰を嫌うピューリタン的勤労観を身に付けたと言われています。その後、ハーバード大学に合格しますが、受験勉強で目や体を悪くしてしまい進学を断念、地元のポンプ工場で働くようになります。その後、ミッドベール・スチール社に入社し、工員から職長を経て主任技師へと瞬く間に昇進していきます。この間、スティーブン工科大学の通信教育課程で学び、工学修士の学位を得てアメリカ機械技師協会の会員になっています。その後、1890年にミッドベール・スチール社を退社して、いくつかの会社で工場管理を実践して、1898年にベツレヘム・スチール社に移ります。テイラーは、この間に様々な研究を重ね、**科学的管理法（テイラー・システム）**を確立していったのです。

科学的管理法が生まれた背景には、当時、蔓延していた組織的怠業をテイラー自身が目の当たりにし、しかも自身が工具から主任技師といった仕事を経験する中で、「雇用主に繁栄をもたらし労働者に豊かさを届ける」マネジメントの必要性を痛感していたことがあります。以下に、科学的管理法の主な内容について、個別に見ていくこととします。

(3) 課業管理

課業（task）とは、労働者が1日に行う標準的な作業量のことです。勘や経験ではなく、科学的に課業を設定して管理を行うもので、以下の5つの原則に従って行われました。

　①課業設定の原理

　②標準的作業条件の原理

　③達成賃率の原理

　④未達賃率の原理

　⑤熟練移転の原理

　これらの原理は、次に説明する**作業研究**や**指図票制度**、**差率出来高賃金制度**として具体的に実行されました。

(4) 作業研究

　作業研究は、課業設定のための作業量と作業時間を決定するために行われた研究です。これは、課業管理の原則の①と⑤に従って行われました。

　この研究では、まず、一流労働者の熟練したムダ・ムリ・ムラのない合理的な作業を一般の労働者に伝授するためにその動作を分解して、作業の無駄を省きました。そして、それらの動作をストップウォッチを使って測定し、作業の標準時間を決定して、1日の標準作業量を決めたのです。つまり、作業研究は、**時間研究**（time study）と**動作研究**（motion study）によって構成されています。

(5) 指図票制度

　時間研究や動作研究によって課業の設定が行われるとその内容は、標準化され**指図票**（instruction card）としてマニュアル化されました。指図票には、作業方法や作業時間、使用する工具に至るまで細かく記載がなされていました。これは、課業管理の原則の②に従って行われました。

(6) 差率出来高賃金制度

　課業管理の原則の③と④に従って実行されたのが、**差率出来高賃金制度**

(different piece rate system) です。課業を達成できた労働者には高い賃率で賃金を払い、達成できなかった労働者には低い賃率で賃金を支払われるようにして、労働者の勤労意欲を刺激する賃金体系が導入されました（図表2-1参照）。

図表 2-1　差率出来高賃金

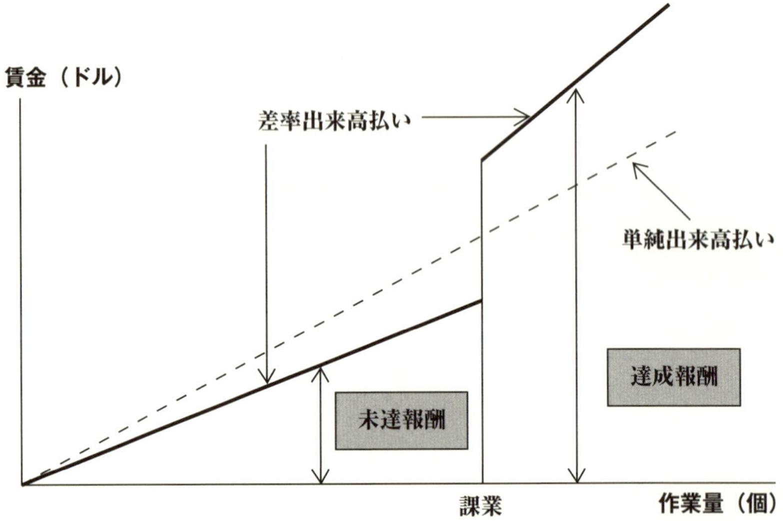

出所：井原（2011）に加筆

(7) 計画と執行の分離（職能別職長制）

　科学的管理では、従来一人の職長が行っていた機能（管理活動）を計画部門と執行部門に分けて管理を行うことにしました。そして、さらに計画部門は、手順係、指図票係、時間・原価係、訓練係の4つの職能に分けられ、執行部門は準備係、速度係、修繕係、検査係の4つの職能に分けられました。これによって職長は、自分の専門業務に特化することができるようになります。職長が忙しすぎて、成行きや現場任せになっていた状況から解放され、その分、労働者は課業達成に向けて厳しく管理されるようになりました。これを**計画と執行の分離**と呼んでいます。

(8) テイラーへの批判

　テイラー自身は、その著書「科学的管理法」に、「マネジメントの目的は何より、雇用主に『限りない繁栄』をもたらし、併せて、働き手に「最大限の豊かさを」届けることであるべきだ」と記しているように、科学的管理法を実践することで、人々の幸福に貢献できるという確信をもっていました。例えば、時間研究や動作研究によって、労働者は無駄な動きから解放されるため、合理的な体の動きによって、無駄な作業からくる苦痛や疲労から解放されると考えていました。また、科学的管理法では、ノルマ以上の課業を達成すると高い賃率で賃金が支払われることから、このシステムこそが、労働者の福祉に貢献すると考えていたのです。

　ところが、後に様々な批判を受けることになります。その代表的な批判をまとめると以下の3点に集約できます。

① 「計画と執行の分離」によって、職長と作業を行う労働者、ホワイトカラーとブルーカラー間の階級闘争の火種を作った。

② 生産現場の管理に特化したもので、販売部門や総務部門といった企業全体の管理には向かない狭い視点での管理手法である。

③ 労働者に対して、ストップウォッチで計測した単純作業を繰り返して行わせるなど、機械と同じ様に人間を取り扱っており、非人間的な管理手法である。

　しかしながら、科学的管理は当時のアメリカの工業社会の中で深く浸透して行き、大量生産システムの確立に向けて大きな貢献をもたらしました。そして、この管理法が起点となって、経営学や経営管理に関する様々な研究が生まれることになったのです。

2-1-3　人間関係論

　テイラーが確立した科学的管理は、全米で普及しましたが、労働組合による反対運動も大規模に行われるようになりました。その最大の理由は、人間を機械と同一視し、人間的要素を無視しているというものでした。そこで、新たな研究結果として生まれたのが、**人間関係論**です。

　人間関係論が生まれるきっかけとなったのが、ホーソン工場の実験であり、

エルトン・メイヨー（Mayo,G.E）やフリッツ・レスリスバーガー（Roethlisberger,F.
J）らの研究成果でした。

（1）ホーソン工場の実験

　この実験は、ウエスタン・エレクトリック社の依頼で作業環境と作業効率の
関係を調査する目的で、同社の**ホーソン工場**を舞台に1924年から10年間行
われました。ホーソン工場の実験では、全部で6つの実験が行われましたが、
ここでは、代表的な4つの実験を見ていきます。

　第1の実験は、国家研究委員会（National Research Council）が行った**照明
実験**で、照明の明るさと作業効率を測定する目的で行われたものです。この実
験では、作業員をコントロール・グループとテスト・グループの2つのグルー
プに分け、コントロール・グループは照度を変えずに、テスト・グループは照
度を変化させながら作業効率の測定が行われました。

　実験の前は、照度を明るくすると作業効率が増し、照度を暗くすると作業効
率が低下すると考えられていました。ところが、実験の結果、照度と作業効率
との間には明確な相関関係を見出すことができませんでした。このため、実験
結果の原因を究明しようと、物理的な条件ではなく、心理的要因も含めた分析
が必要との認識から、さらに実験が拡大され、ハーバード大学のメイヨーやレ
スリルバーガーらが中心となって実験が進められたのです。

　第2の実験は、**リレー組立実験**[1] と呼ばれるものが行われました。この実験
では、6名の女子工員が選抜され、工場内の別室で作業を行いながら観察が行
われました。実験では、彼女たちの標準的な作業量を実験前に測定し、それを
基準にして、①休憩時間、②軽食のサービス、③作業時間、④部屋の湿度や温
度　などを変化させながら、作業量の変化を観察するというものでした。実験
前の仮説では、作業条件を良くすると作業量が増し、条件を悪くすると作業量
が低下すると考えられていました。しかしながら、実験の結果では、確かに作
業条件を良くすると作業量が増しましたが、作業条件を元に戻しても作業量は

（1）電話器用の継電器を組み立てる実験

減少せず、むしろ増加したのでした。この仮説との矛盾に対して、研究者たちは、物理的な条件ではなく、彼女たちの社会的条件が作業量に影響を与えているのではないかと次第に考えるようになります。実際に実験中の観察において、隔離された部屋で作業を行ううちに、彼女たちの中に、信頼関係や一体感が高まっていく様子が観察されていました。メイヨーらは、これらの要因が彼女たちの**モラール**（協働意欲）を高めたとの分析を行い、これを新たな仮説としたのです。

　そこで、この仮説を証明するために行われた第3の実験が、**面接調査**です。この調査は、工場全体で約2万人が参加して行われました。当初は、質問形式で行われましたが、自由に自分の考えを話せる非誘導法に変更されました。また、現場の監督者も有益な訓練になるからとの理由から、研究者と共に面接に加わるように変更されました。調査を通じて、監督者と従業員の相互理解が深まり、工場の生産性が向上するという結果をもたらしました。

　この調査の結果については、メイヨーらは以下のように主張しました。

①従業員の行動は、感情によってコントロールされている（人間の行動は感情と切り離せない）

②人間の感情は偽装される

③感情の表現はそれのみではなく、その人の全体的状況に照らして理解すべきである

　面接調査では、**人間関係**や**人間の感情**が重要であることがわかりました。そこで、それらをさらに詳しく調べるために調査が追加されました。

　その調査は、**バンク配線作業観察室**と呼ばれる第4の実験です。この調査は、バンクと呼ばれる電話交換台の配線を行う14名の作業員を1つの部屋に集めて、実際の作業の様子をありのままに観察をするというものでした。この調査の結果、バンク配線作業観察室の中には、2つの**公式組織**があり、それぞれがチームとして作業をしていましたが、その中に**非公式組織**が存在していることがわかりました。非公式組織とは、職場内での個人的接触や相互作用から生じる仲間集団のことです。しかも、この非公式組織が、この調査で重要な役割を果たしていることがわかったのです。非公式組織内には、①仕事に精を出すな

②仕事を怠けすぎるな　③上司に告げ口するな　④偉ぶったり、お節介をやくなといった規範が形成され、仲間に迷惑をかけずに上手くやれと言う、感情に支配されていることがわかったのです。

(2) 社会人仮説

　ホーソン工場の実験から得られた結果について、メイヨーらは次のように主張しました。人間は、①経済的成果より社会的成果を求め、②合理的理由よりも感情的理由に支配され、③公式組織よりも非公式組織からの影響を受けやすい（井原 2011）。そして、人間は、科学的管理法や経済学が前提としている人間観である合理的な**経済人**（economic man）ではなく、感情や社会的関係によって行動をする**社会人**（social man）であるとする**社会人仮説**を主張しました。以後、組織内における人間関係や非公式組織に焦点を当てた研究が行われるようになり、これらの研究を称して**人間関係論**（human relation theory）と呼びます。

(3) 人間関係論への批判

　しかしながら、人間関係論には限界があるとして、以下のような批判がなされました。それは、公式組織よりも非公式組織を重視しすぎていること、従業員の経済的動機を否定していること、モラールの測定が困難なこと、生産性との因果関係が不明瞭なことなどで、「甘い経営（Sugar-management）」といった批判を受けました（佐久間 2011）。

　その後、経営管理研究の関心は、バーナードの出現によって近代的管理論へと展開していくことになります。

2-2　近代的管理論

2-2-1　古典的管理論から近代的管理論へ

　テイラーの科学的管理法によって、経営管理研究が初めて体系化されました。時期を同じくしてファヨールによって、管理過程論が展開されました。これら

の理論は、**古典的管理論**と位置付けられています。その後、展開されたメイヨーらの人間関係論を**新古典管理論**と呼ばれています。そして、バーナードの出現によって**近代管理論**が展開されていくことになります。

　バーナードの業績は、伝統的な管理論を統合して、近代的な管理理論への道を切り開いていったことからの**バーナード革命**と呼ばれており、バーナードの理論を継承し発展させたのがサイモンです。ここでは、この 2 人の理論を中心にレビューしていきます。

2-2-2　バーナードの管理論

　チェスター・バーナード（Barnard,C.I）は、1886 年にアメリカのマサチューセッツ州モルデンに生まれました。父親は知的な雰囲気の機械職人でしたが、幼いころに母親を亡くしたため、母方の祖父の家で育ちました。祖父方は大家族で、鍛冶屋を営んでいましたが、音楽や哲学を好む温かい知的雰囲気の家庭だったそうです。仕事をしながら学業に精を出し、地元の名門高校を卒業後、ハーバード大学に進学して経済学を専攻しますが、3 年で中退して、アメリカ電信電話会社（現在の AT&T）への就職の道を選びました。そして、41 歳の時、子会社のニュージャージー・ベル電話社の初代社長に抜擢され、以来、21 年間その職にありました。この間、講演や執筆活動を行い、多くの論文や著書を世に出しましたが、最も有名で、かつ彼の名を歴史に残すきっかけとなったのが、1938 年に出版された『経営者の役割』（The Function of the Executive）です。

(1) 全人仮説

　バーナードは、人間の特性を以下の 4 つの観点で捉えています。

①活動ないし行動（行動なくして個々の人間はあり得ない）

②心理的要因（個人の行動は心理的要因の結果である）

③一定の選択力（人間には、選択力、決定能力、自由意志がある）

④目的（意志力を行使して目的を設定し、目的に到達するように努め、試みる）

　そして、「自我意識を持たず、自尊心に欠け、自分のなすことを考えることが重要でないと信じ、何事にも創意を持たない人間は、協働に適しない人間で

ある」[2] と説明しています。

　しかもバーナードは、人間を自由な意思と一定の選択力をもって目的を達成しようとする物的・生物的・社会的存在として捉えており、そのような人間は、協働の有効性を知っていると論じています。このようにバーナードの人間観は、人間を自律的な人格を持つ**全人**（whole man）として捉えており、このような人間観を**全人仮説**と呼んでいます。

(2) 権限（権威）受容説

　組織管理を行う上で、組織内での命令や伝達は重要な役割を担いますが、これと権限（権威）との関係について、バーナードは、次のように定義しています。「権限（権威）とは、公式組織における伝達（命令）の性格」であり、「組織の貢献者ないし『構成員』が、伝達を自己の貢献する行為を支配するものとして、（中略）受容するものである」。

　そして、権限（権威）には、主観的側面と客観的側面の2つの側面があると言っています。

　まず、主観的側面とは、主観的、人格的なものであり、命令は、それを下す側ではなく、下される側に受容されることによって、権限（権威）をもつというのです。権限（権威）として受容されるには、次のような4つの条件をあげています。

　①伝達が理解できるものであること
　②伝達が組織の目的と矛盾していないこと
　③伝達が個人的利害と両立できるものであること（個人の純誘因を失わせるような内容でないこと）
　④伝達が精神的にも肉体的にも従い得ること（個人の能力を超えていないこと）

　そしてさらに、人には、「**無関心圏**」（zone of indifference）が存在するため、その圏内においては、命令の権限（権威）の有無に関係なく受容されることも

---

(2)『新訳　経営者の役割』p.14

指摘しています。

　次に、客観的側面とは、伝達が受容される伝達そのものの性格のことで、「職位の権限（権威）」と「リーダーシップの権限（権威）」の2つがあります。「職位の権限（権威）」は、上位職から発せられる伝達が、「その職位にふさわしい優れた視野と展望とにうまく一致しているならば、人々はこれらの伝達に権限（権威）を認める」というものです。また、「リーダーシップの権限（権威）」とは、人によっては、職位と関係なくすぐれた能力をもっていることで、人々に命令が権限（権威）として認められることを言います。このようなバーナードの理論を**権限（権威）受容説**と言います。

(3) 意思決定の重要性

　バーナードは、組織における管理の本質は意思決定であると捉えています。それは、意思決定は、組織の目的との関係で行われるからです。企業目的を達成するために個人が行う意識決定において、その対象となるのが「**道徳的要因**」と「**機会主義的要因**」です。道徳的要因とは、物的、生物的、社会的経験の無数の経路を通じて人々の感情に影響を与え、協働の新しい目的を形成する態度、価値、理想、希望の部分であり、機会主義的要因とは、企業を取り巻く客観的事実関係のことです。

　バーナードは、意思決定が問題になるのは、2つの条件が存在するからだと指摘しています。それは、達成されるべき**目的**と用いられるべき**手段**です。また、組織で行われる意思決定には2つの意思決定行為が含まれることも指摘しています。それは、個人的意思決定と組織的意思決定です。個人的意思決定とは、個人選択の問題として、貢献するかどうかという個人の意思決定であり、組織的意思決定とは、仕事上の全ての意思決定を指します。意思決定の可否は、事実と組織目的に関する知識に依存しているため、組織でのコミュニケーションと結びついています。したがって、優れた意思決定をするためには、組織内での**コミュニケーション**が重要な役割を果たすことになります。

　また、バーナードは、管理的意思決定の真髄について、次のように言っています。「現在適切でない問題を決定しないこと、機熟せずしては決定しないこと、

実行しえない決定はしないこと、そして、他の人がなすべき決定をしないこと」。つまり、意思決定には、積極的意思決定と、消極的意思決定の2種類が存在することを指摘しています。積極的意思決定とは、「あることをなし、行為を指図し、行為を中止し、行為をさせない決定」であり、消極的意思決定とは、「決定しないことの決定」です。行為の成功は、可能な行為の選択と拒否が卓越していることによってもたらされるものであり、消極的意思決定は、無意識的、非論理的、本能的なもので、「良識」であると述べています。

(4) 経営者の役割

バーナードは、管理者の役割について、以下の3つを指摘しています。

①コミュニケーション・システムを提供すること、②組織への貢献を確保すること、③目標と目的の定式化をし規定すること。

まず、①コミュニケーション・システムの提供とは、組織内において、その手段を確立し維持していくことです。したがって、組織構造を検討し、管理職員としてふさわしい人材を配置することが重要になります。そのためには、管理職員の選抜や昇進、降格、解雇等といった統制を行う必要があります。また、非公式組織を活用してコミュニケーションを促進していくことも必要となります。次に、②組織への貢献の確保については、組織内における構成人のモラールの維持、誘因体系の維持、抑制体系の維持、監督と統制、検査、教育と訓練などを行うことが必要になります。

最後の③目的の定式化と規定とは、組織目的を定式化し定義をすることです。しかも、組織環境に応じて、再規定が必要になります。そして構成員に目的を理解させて結束を保ち、目的に沿った決定を上下一貫して調整しなければなりません。

バーナードは、管理者が以上のような役割（職能）を果たして行く上で、リーダーシップが必要になると指摘しており、そのためには、「道徳的リーダーシップ」が重要であることを強調しています。バーナードによれば、「組織の存続はリーダーシップの良否に依存し、その良否はその基礎にある道徳性の高さから生じる」と述べています。つまり、「組織道徳の創造こそ、個人的な関

心あるいは動機のもつ離反力を克服する精神」であり、この意味でのリーダーシップがなければ、組織の諸問題は克服できないと述べており、道徳を創造することは、経営者の求められる重要な役割であることを強調しています。

2-2-3　サイモンの理論

バーナードの近代管理論を受け継ぎ、独自の理論を展開したのが、**ハーバート・サイモン**（Simon,H.A.）です。

サイモンは、1916年にアメリカのウィスコンシン州ミルウォーキーに生まれました。シカゴ大学で博士号を取得し、カリフォルニア大学行政学研究所やイリノイ工科大学を経て、1949年にカーネギー・メロン大学の教授になっています。そして、1978年には、ノーベル経済学賞を受賞した「組織における意思決定プロセス」に問題意識を持った研究者です。

サイモンは、バーナードの理論から出発して意思決定論を中心に組織論や管理論を展開しました。このため、サイモンの理論は、バーナードの理論を発展させたことから、バーナード＝サイモン理論とも呼ばれています。

（1）管理人（経営人）仮説

サイモンの理論が前提とする人間観は、「**管理人**」もしくは「**経営人**」（administrative man）と呼ばれるものであり、この様な人間観は、**管理人（経営人）仮説**と呼ばれています。

これは、人間は、ある程度の**自由意志、選択力、意思決定能力**をもっているが、様々な要因によって制約を受けており、実際に達成し得るのは「**制約された合理性**」に従っているという人間観です。

この人間観は、経済学や古典的管理論が前提とする人間観である経済人仮説とは大きく異なるものです。①経済人は、選択可能な全ての選択肢を持っており、その中から最善の選択をしますが、管理人は、選択肢の全てを知ることはできないため、ある程度「満足し得る」もしくは、「十分良い」と思われるものを選択します。経済人と管理人の違いをまとめると図表2-2になります。

サイモンの管理論によれば、「管理の理論は、特に意図され、しかも制限さ

れた合理性についての理論、すなわち、極大にする知力を持たないために、ある程度で満足する人間の行動の理論である」と述べています。

[図表 2-2　経済人と管理人の違い]

	経済人	管理人
情報収集力	全ての代替案を得ている	一部の代替案を得ている
結果予測力	選択した代替案の結果が解っている	選択した代替案の結果は部分的に推測できる
意思決定力	最善の代替案を選択できる	満足し得る、或いは、十分よいと思われる代替案を選択する
合　理　性	客観的合理性	主観的合理性

出所：井原（2011）を一部修正

（2）意思決定の前提

　サイモンによれば、意思決定とは「行為に導く選択の過程」であると述べており、その意思決定の前提には、善悪・倫理や行為の目的に関わる**価値前提**と事実の認識や目的達成の手段に関わる**事実前提**の2つがあります。特に、事実前提は客観的な検証を行うことが可能であることから、意思決定の科学が成立し得ると言っています。価値前提は主として目的に関わり、事実前提は目的達成のための手段に関わりますが、意思決定の科学が対象とするのは、目的を如何に達成するかという手段の問題ということになります。

（3）意思決定における主観的合理性

　人間は、生理的・物理的限界によって制約されています。したがって、人間の情報処理には限界があるため、完全には合理的になれません。つまり、人間は、「限られた範囲の中において、合理的である」とサイモンは捉えています。人間は、全てのことを知り得ないので、客観的な意思決定ができません。サイモンは、人間は、制約の中で、できるだけ合理的な意思決定をしようとする「**主観的合理性**」を持っていると述べています。したがって、意思決定に完璧を求めるのではなく、意思決定の合理性を高めること、つまり、意思決定における「**満**

第2章　組織管理　45

図表2-4　PM理論の4類型

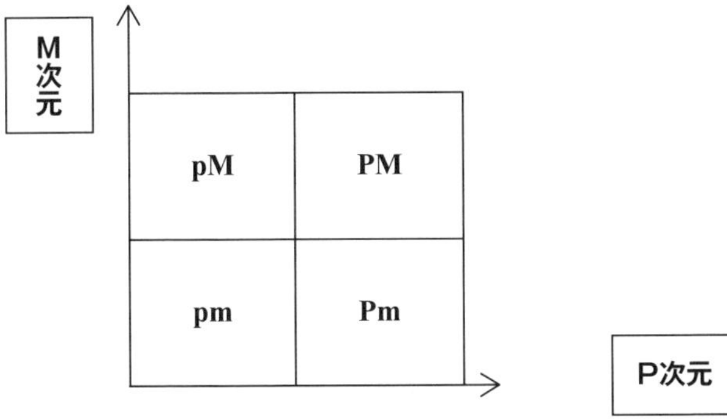

出所：三隅（1978）

(4) 状況適合理論（コンティンジェンシー理論）

　リーダーシップ研究では、リーダーの資質や行動、リーダーシップのスタイルやその類型化に研究の関心が寄せられていましたが、**フレッド・フィドラー**（Fieldler,F.E.）は、リーダーの置かれている状況によってリーダーシップのスタイルは異なることを主張しています。

　この理論では、「最も仕事を一緒にしたくない同僚」をLPC（Least Preferred Coworker）という尺度で評価をします。この評価値が高いリーダーは人間関係に重きを置いていると解釈し、逆に評価値が低いリーダーは業務遂行に重きを置いていると解釈します。フィドラーは、高LPCのリーダーと低LPCのリーダーが置かれている状況を①メンバーとの関係（メンバーがリーダーを受容しているか）、②課題の構造化の程度（仕事の課題が明確かどうか）、③リーダーの統制力（十分なパワーがあるかどうか）の3つの要因に基づいて分類を行い、業績との関係を実証分析しました。その結果、リーダーにとって状況が好意的な場合と非好意的な場合では、業務遂行に重きを置いているリーダーの方が業績が良く、状況が中程度の場合では、人間関係に重きを置いているリーダーの方が業績が良いという結果が得られました（図表2-5参照）。

　この結果について、フィドラーは、普遍的なリーダーシップは存在せず、リーダーは状況に応じてそれに適合するリーダーシップのスタイルをとるべきで

46

あるとの結論を導きだしました。

[図表2-5　フィドラーの状況適合理論]

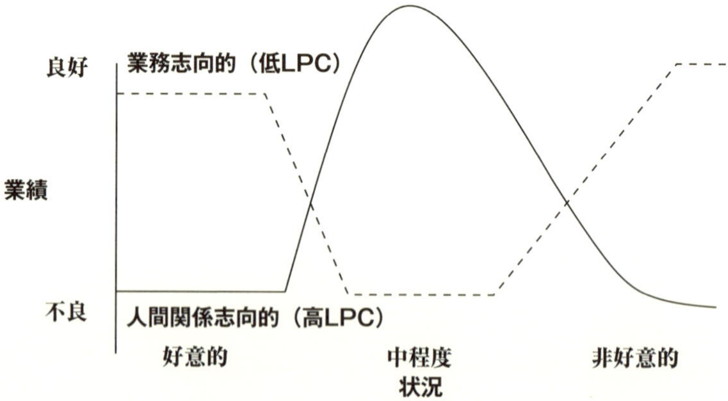

状　況	I	II	III	IV	V	VI	VII	VIII
メンバーとの関係	良	良	良	良	不良	不良	不良	不良
課題の構造化	高	高	低	低	高	高	低	低
リーダーの統制力	強	弱	強	弱	強	弱	強	弱

出所：ロビンス（1997）を基に著者作成

(5) 目標 - 経路理論（パス・ゴール理論）

　「目標 - 経路理論（パス・ゴール理論）」は、**ロバート・ハウス**（House,R.）によって提唱されたリーダーシップのコンティンジェンシー理論の一種です。この理論では、部下への動機付けが、リーダーの重要な役割となります。動機付けは、仕事を達成した時に得られる報酬を十分に魅力のあるものと認知させ、報酬が得られることへの期待確率を高めてやることによって行われます。つまり、部下に対して、どれだけの努力を払えば、どれだけの成果か期待できるということを明確に認知させることによって、部下は報酬を得ようと努力するようになります。このため、リーダーは、部下が認知する報酬を大きくしたり、報酬を得るための経路を明確に示したりして、報酬に容易に到達できるように

する必要があります。

ハウスの**目標‐経路理論（パス・ゴール理論）**では、リーダーシップのスタイルを、「手段的」、「支持的」、「参画的」、「達成志向」の4次元で捉えています（野中1993）。

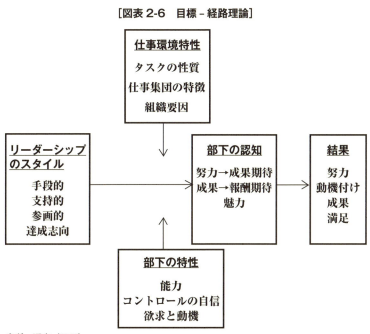

[図表2-6　目標‐経路理論]

出所：野中（2007）

リーダーの「手段的」行動とは、部下の活動を計画し、組織化し、統制し、調整して報酬を明確化することです。「支持的」行動は、部下の精神面の環境に配慮することです。「参画的」行動は、部下のニーズを把握して報酬を変えてやる行動で、「達成志向」行動とは、高く挑戦的な目標を部下に与え、高い成果を引き出す行動のことを指します（芦沢・日高 2007）（図表2-6参照）。

【参考文献】

Barnard, C. I. (1956) *The Function of the Executive*, Boston, MA. Harvard University

Press.（山本安二郎・田杉競・飯野春樹訳『新訳経営者の役割』ダイヤモンド社、1999年）

McGregor, D.（1960）*The Human Side of Enterprise*, New York, NY. McGraw-Hill.（高橋達男訳『新版企業の人間的側面』産業能率大学出版部、1970年）

Robbins, S. P.（1997）*Essentials of organizational behavior*, Upper Saddle River, NJ., Prentice-Hall.（高木晴夫訳『組織行動のマネジメント』ダイヤモンド社、2009年）

Simon, H. A.（1945）*Administrative Behavior 4th edition*, New York、NY., Macmillan.（二村敏子ほか訳『経営行動』ダイヤモンド社、2009年）

Taylor, F. W.（1911）*The Principles of Scientific Management*, .New York, NY., Harper & Brothers.（有賀裕子訳『科学的管理法』ダイヤモンド社、2009年）

芦沢成光・日高定昭（2007）『現代経営管理論の基礎』学文社

井原久光（2011）『テキスト経営学』ミネルヴァ書房

上林憲雄・奥林康司・團泰雄・開本浩矢・森田雅也・竹林明（2011）『経験から学ぶ経営学入門』第3版　有斐閣ブックス

車戸實編（1987）『新版 経営管理の思想家たち』早稲田大学出版部

佐久間信夫編著（2011）『経営学概論』創成社

田尾雅夫（2005）『モチベーション入門』日本経済新聞社

田尾雅夫（2006）『組織の心理学』　有斐閣ブックス

中野裕治・貞松茂・勝部伸夫・嵯峨一郎『初めて学ぶ経営学』ミネルヴァ書房

野中郁次郎（1993）『経営管理』日本経済新聞出版社

三島重顕（2009）「経営学におけるマズローの自己実現の再考（1）」『九州国際大学経営経済論集』15（2・3）

三島重顕（2009）「経営学におけるマズローの自己実現の再考（2）」『九州国際大学経営経済論集』16（1）

三隅二不二（1978）『リーダーシップ行動の科学』有斐閣

深山明・海道ノブチカ（2010）『基本経営学』同文舘出版

吉原正彦編著（2013）『メイヨー＝レスリルバーガー』文眞堂

第3章 経営組織

3-1　マクロ組織論としての経営組織

3-1-1　組織とは

　組織には、公式組織と非公式組織があることは、既に第2章でふれました。なお、この章での組織とは、すべて公式組織のことを指しています。

　さて、皆さんは、「組織」とは、どのようなものだと考えますか。ここで、組織の概念に対して、少し振り返ってみましょう。組織の概念について、一般的で、最もわかり易いのが、第2章でも紹介した、バーナード（C. I. Barnard）の「組織」に関する定義だと思われます。

　バーナードは、「組織」を「2人以上の人々の意識的に調整された活動や諸力のシステム」であると定義しています。つまり、バーナードは、複数の人たちによって構成され、活動が行われている体系（システム）が「組織」であると定義しているのです。したがって、複数の人々による単なる集合体だけでは、烏合の衆の集まりということになり、それは「組織」ではないということになります。すなわち、「組織」を構成する重要な要素は、人間そのものではなく、その人たちが提供する活動や諸力ということになります。このため、「組織」では、組織目標に対して行われる協働という活動を通じて、相互作用が生じます。これはメンバーの貢献意欲なくして行うことはできませんし、そのためには、組織内のコミュニケーションの役割が重要であることをバーナードは指摘しています。では、経営学では「組織」をどのように捉えているのでしょうか。ここでは、バーナードの組織観について見ていきましょう。

3-1-2　バーナードの組織観

　バーナードは、組織を**協働システム**（cooperative system）であると説明しています。協働システムとは、「少なくとも１つの明確な目的のために２人以上の人々が協働することによって、特殊な体系的関係にある物的、生物的、個人的、社会的構成要素の複合体である」と定義しており、その中核となる概念が組織です。組織には、大きく分けると**公式組織**と**非公式組織**があります。

　まず、公式組織についてバーナードは、「意識的に調整された人間の活動や諸力のシステム」であると定義しています。そして、**公式組織が成立する要件**として**①貢献意欲**（willingness to serve）**②共通目的**（common purpose）**③コミュニケーション**（communication）の３つの要素が必要であると述べています。

　①貢献意欲・・・協働システムにおいては、メンバーの貢献なくして存続はありえません。バーナードは、「意欲とは、克己、人格的行動の自由の放棄、人格的行為の非人格化を意味する。その結果は、凝集であり、結合である」と述べています。そして、個人の貢献意欲は、個人の動機とそれを満たす誘因に依存すると考えています。

　②共通目的・・・組織に目的が存在しなければ、メンバーの貢献意欲は生まれません。つまり、目的がなければ、メンバーにどのような努力が必要なのか、メンバーがどんな満足を期待しているのか、知ることも予測することもできないことになるからです。

　協働の目的には、a）協働的側面　b）主観的側面　の２つの側面があります。協働的側面とは組織の利益という側面であり、外的、非人格的、客観的なものです。一方、主観的側面とは、組織が個人に対して課する負担や与える利益のことであり、内的、人格的、主観的なものです。共通目的は、個人が果たすべき組織の目的ですので、個人の解釈がどうであれ、必ず、外的、非人格的、客観的なものとなります。

　③コミュニケーション・・・共通目的の達成のための情報の伝達を意味します。コミュニケーションの方法は、口頭や書面による言葉が中心で、この技術は、いかなる組織にとっても重要な要素です。コミュニケーションがなければ、共

通の目的が形成されず、協働意欲も生まれません。組織の構造、広さ、範囲は
コミュニケーション技術によって決定されるため、組織理論において中心的な
地位を占めることになります。

　次に、バーナードは、非公式組織についても重要であると考えています。非
公式組織とは「個人的接触や相互作用の総合」および「人々の集団の連結」を
意味し、公式組織の運営に必要であると述べています。また、公式組織と非公
式組織の関係については、「全体社会は、公式組織によって構造化され、公式
組織は非公式組織によって活気付けられ、条件付けられる」関係であると指摘
しています。つまり、非公式組織の存在が、個人の経験や、知識、態度ならび
に感情を変化させると考えており、その重要性を指摘しています。

　公式組織における非公式組織が持つ機能についてバーナードは、次の3つを
指摘しています。まず、第1の機能は、コミュニケーション（伝達）機能です。
これは、公式組織のみならず、非公式組織のルートを活用することによってコ
ミュニケーションが一層促進されることに繋がるからです。次に第2の機能は、
貢献意欲と客観的権威の安定を調整することによって公式組織の凝集性を維持
する機能です。公式組織だけではなく、非公式組織も貢献意欲を引き起こし、
無関心圏に近いところにある権限（権威）を受容することを可能にする機能で
す。そして第3の機能は、自律的人格保持の感覚、自尊心および自主的選択力
を維持する機能です。これは、公式組織では、非人格的に仕事することが求め
られますが、それとは異なり、非公式組織では、人間的な態度を強める機会を
提供する機能を持っているというものです。

　このように、非公式組織は、公式組織とは異なる心理的側面での影響力や機
能をもっていると言えます。

　それでは、どの様な組織の形態や構造であれば、メンバーと組織目標を共有
するためのコミュニケーションが行われ、メンバーの貢献意欲を引き出すこと
ができるのでしょうか。次に組織の構造について見ていきましょう。

3-2　組織構造

3-2-1　組織構造とは

　組織として行動するには、必ず自分以外の誰かがいて、その人（たち）と活動や能力を意識的に調整していく必要があります。その際には、メンバー間のコミュニケーションが欠かせませんし、重要な役割を果たすことになります。皆さんは、「組織の風通し」という言葉を耳にしたことがあると思います。まさに、「組織の風通し」とは、組織でのコミュニケーション、すなわち、組織内での報告、連絡、相談、情報や命令の伝達に外ならないのです。

　経済学は、「**経済人**」と呼ばれる人間像を前提としています。経済人とは①全ての選択肢を知っており、②その全ての選択肢の結果を知っており、③その結果の価値の序列を知った上で、常に矛盾なく最高の結果を導く選択肢を選ぶことのできる個人を想定したものです。しかしながら、経営学においては、「人間は完全でない」という人間像を前提としており、メイヨーは「**社会人仮説**」をバーナードは「**全人仮説**」をサイモンは「**管理（経営）人仮説**」を展開したことは、既に第2章で述べたとおりです。

　人間は完全ではないからこそ、コミュニケーションの精度を上げるための何らかの工夫が必要となります。その1つが組織構造だといえます。以下では代表的な組織構造について説明します。

3-2-2　官僚制組織

　組織構造において、最も典型的なものが**官僚制組織（ビューロクラシー）**でしょう。ビューロとは、事務所のことであり、クラシーは、統治・管理の訳語で、「事務所による現場の管理」という意味を持ちます（三戸他 2006）。

　官僚制とは、すなわち、行政組織（お役所）を指します。皆さんは、いわゆる「お役所」という言葉に対して、どのようなイメージを持ちますか。一般的には、硬い、書類が多すぎる、事務的、ピラミッド型組織といったマイナスのイメージを持つ人も多いと思います。しかしながら、**マックス・ウェーバー**（M.Weber）によれば、この組織は、合法的に支配された、最も機能的で、機

械のような組織であり、これほど、**正確性**、**迅速性**、**継続性**、**統一性**、**慎重性**、**明確性**、**客観性**を持っている組織はないと評しています。このような官僚制組織の特徴について、ウェーバーは次のように指摘しています。

・職務権限の明確化（権限の原則）
・規則への服従（人ではなく、規則や職務に対する服従）
・文書による命令・伝達（文書主義）
・専門分化された職務（専門の原則）
・公私の峻別
・組織階層性（ヒエラルキー）（階層の原則）

しかしながら、官僚制組織が、常に機能的に作用するとは、限りません。冒頭で、官僚制、すなわち、「お役所」に対して、マイナスのイメージを持った方も少なからずいることでしょう。つまり、官僚制組織に対する「硬直性」や「非能率性」も指摘されているのです。これを**官僚制**の**逆機能性**と呼びます。**ロバート・マートン**（Merton,R.K.）は、官僚制の持つ逆機能について、**規則主義**、**文書主義**、**形式主義**、**セクショナリズム**、**先例主義**、**組織の肥大化**を指摘しています。

3-2-3　ライン組織

最もシンプルで原初的な組織構造が、ライン組織です。この組織は、指示命令系統が上から下まで一本のライン（線）で結ばれることから、この様に呼ばれています（図表3-1）。

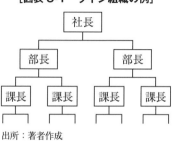

[図表 3-1　ライン組織の例]

出所：著者作成

この組織構造は、軍隊や消防などで古くから使われている組織形態です。この組織構造の特徴は、「**命令一元化の法則**」に基づいていることにあり、長所と短所を以下のようにまとめることができます（図表3-2）。

[図表3-2　ライン組織の長所と短所]

長　所	短　所
・命令が伝わり易い	・権限の集中
・規律・秩序を保ちやすい	・階層が長くなると意思疎通が悪化する
・政策の一貫性	・横の連絡が悪くなる
・軍隊・官庁に適している	・多角化事業・多数製品を扱う企業には不向き
・中小企業に適している	・大規模組織には不向き
・変化の少ない業界向き	・変化の大きい業界には不向き

出所：井原（2011）に加筆修正

3-2-4　職能別組織（機能別組織）

組織における**職能**（Function）を基準に分けた組織形態が職能別組織で、**機能別組織**とも呼びます（図表3-3参照）。

比較的規模の小さい組織や中小企業に多く見られる組織構造です。

[図表3-3　職能別組織の例]

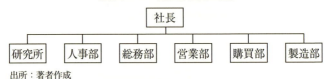

出所：著者作成

この組織構造の特徴は、「**専門化の原則**」に従っているところにありますが、長所と短所をまとめると図表3-4のようになります。

[図表 3-4　職能別組織の長所と短所]

長　所	短　所
・ライン組織のように1人の上位者に権限が集中しない ・専門的知識が深まり、専門家が養成される ・種類の少ない製品を扱う企業向き ・研究所のような専門組織向き	・責任の所在が不明確になり易い ・全体的視野に立った管理ができない ・職能部門間の調整役が必要 ・部門間の意見調整が必要 ・軍隊・官庁組織には不適当 ・ライン業務には不適当 ・営業・サービス部門には不適当

出所：井原（2011）に加筆修正

3-2-5　事業部制組織

　機能別組織は、横の連携が悪くなり、別部門を超えたコミュニケーションが阻害されるという欠点があります。その欠点を補うための部門間調整を行う必要があり、図表3-3の例では、その役割を経営者が担うことになります。

　しかし、会社が扱う製品が余りにも多様化する場合には部門間調整を経営者が行うのは現実的ではありません。

　経営史家の**アルフレッド・チャンドラー**（A. D. Chandler）は、そういった状況下では、これまでの会社は事業部制へ移行してきたことを指摘しています。具体的には、化学会社のデュポンや自動車メーカーのゼネラル・モーターズ（GM）が1920年代に、石油会社のスタンダード・オイル・オブ・ニュージャージーが1925年に、小売業のシアーズ・ローバックが1929年にそれぞれ事業部制組織に移行し、組織構造の再編成を行っています。

[図表 3-5　事業部制組織の例]

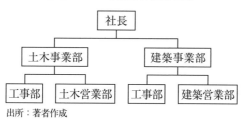

出所：著者作成

事業部制組織の特徴は、製品・地域・顧客といったセグメント別に事業部（Division）として独立した組織を作り、各事業部が1つの事業体として、独立採算的に管理責任を負う、連邦的分権制にあります。したがって、迅速な意思決定が可能で、市場での変化に対応しやすい機動性があります。その一方で、各事業部のマネジャーは自身の事業部の利益を優先してしまう傾向があります。事業部制組織の長所と短所をまとめると以下の図表3-6のようになります。

[図表3-6　事業部制組織の長所と短所]

長　所	短　所
・意思決定が容易で迅速 ・業績評価が明確 ・市場原理が組織内に導入されて効率化が増す ・事業部門間に競争原理が働き組織が活性化する ・後継経営者の育成が可能	・事業部の利益を優先させるセクショナリズム ・短期的な利益の追求（長期的・全体的視野の欠如） ・重複による無駄の発生

出所：井原（2011）に加筆修正

3-2-6　マトリクス組織

マトリクス組織は、様々な組織を統合した形態を持つ組織構造をしており、例えば、図表3-7の例は、職能別組織と事業部制組織といった複数の組織要素を持つ部門横断的組織です。

この組織形態は、もともとアメリカ航空宇宙局（NASA）の衛星プロジェクトで生まれた組織だと言われており、複雑で変化の激しい事業に有効な組織形態です。

しかしながら、複数の上司が存在するといった、「**命令一元化の原則**」に反した組織構造となっているため、組織内でのコンフリクト（部門間の対立や摩擦）を生み易く、組織運営上に手間がかかるという欠点があります。

[図表 3-7　マトリックス組織の例]

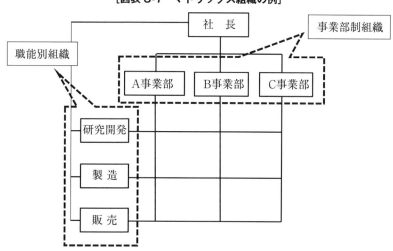

出所：著者作成

マトリックス組織の長所と短所をまとめると以下の図表 3-8 のようになります。

[図表 3-8　マトリックス組織の長所と短所]

長　所	短　所
・複数の組織長所が生かせる ・縦横のコミュニケーションが図れる ・全社的に人材を活用できる ・管理職と専門職の同時育成	・複数の命令系統が存在し混乱する ・責任と権限が不明確になる ・組織間で対立が生じやすい ・管理費が増大する

出所：井原（2011）に加筆修正

3-2-7　カンパニー制と持ち株会社制

　最後に最近の傾向として事業部制組織の発展的な組織構造として採用する企業が多いカンパニー制と持ち株会社制について見ていきましょう。

　我が国で初めてカンパニー制を採用したのはソニーで、1994 年に事業本部制を廃止して移行が行われました。カンパニー制とは、各事業部を独立した組

織として扱う**社内分社化制度**のことです。開発製造から販売までの一切の権限を委譲し、独立採算的に事業管理が行われます。これによって、各カンパニーの事業評価をより厳格に行うことができ、カンパニー間の競争も促進されるといった効果が期待でき、組織の活性化につながります。

［図表 3-9　カンパニー制組織の例］

```
                    社長
                     |
                     +--------- 全社機能
         +-----------+-----------+
    A  カンパニー   B  カンパニー   C  カンパニー
   +----+----+    +----+----+    +----+----+
  営業 製造 総務  営業 製造 総務  営業 製造 総務
```

出所：著者作成

　そして、カンパニー制をさらに発展させ、より独立性を高めた組織構造を持つのが**持ち株会社制**です。これは、戦前の日本の**財閥**に見られた組織形態ですが、戦後に GHQ によって解体され、独占禁止法によって持ち株会社の設立が禁じられていました。その後、1997 年の独占禁止法の改正によって設立が可能となったため、今では多くの企業によって採用されるようになりました。持ち株会社は、各子会社を所有し支配することを目的とする**純粋持ち株会社**と自らも事業を行いながら子会社を所有し支配する**事業持ち株会社**に分けることができます。皆さんも、○△□**ホールディングス**といった社名の会社を聞いたことがあると思います。この○△□ホールディングスは純粋持ち株会社に当たります。

　カンパニー制が、社内で各カンパニーを所有する社内分社化であるのに対して、持ち株会社制は、各子会社は独立した個別の法人であるため、いわば**社外分社化制度**であるといえます。カンパニー制とは異なり、各子会社が独立した法人であるため、子会社毎に業績に応じた給与設定や人事制度が可能であり、コストの削減やリストラクチャ（事業再構築）の効果が期待できます。

[図表3-10 純粋持ち株会社（ゼンショーホールディングスのケース）]

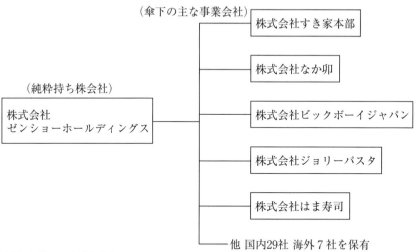

出所：同社HPより著者作成

【参考文献】

C. I. バーナード（1938 = 1968）『経営者の役割』山本安次郎・田杉競・飯野春樹訳, ダイヤモンド社

H. A. サイモン（1947 = 2009）『新訳　経営行動』桑田耕太郎・西脇暢子・高柳美香訳, ダイヤモンド社

井原久光（2011）『テキスト経営学』ミネルヴァ書房

桑田耕太郎・田尾雅夫（2005）『組織論』　有斐閣アルマ

藤田誠（2012）『スタンダード経営学』中央経済社

三戸浩・池内秀己・勝部伸夫（2006）『企業論』　有斐閣アルマ

第4章　経営戦略

4-1　経営戦略とは

4-1-1　経営戦略の定義と特徴

（1）戦略と経営戦略

　軍事戦略研究者のワイリー（1967, p.15）によれば、戦略とは「何かしらの目標を達成するための一つの『行動計画』であり、その目標を達成するために手段が組み合わさったシステムと一体となった、一つの『ねらい』である」とされます。この定義には、①戦争の状況や軍事的な応用だけに限られたものではないこと、②戦略はある目標を達成するための「ねらい」であると同時に「手段を組み合わせたシステム」であり、戦略家の考えの中にはこれらのことが含まれていなければならないこと、が含意されています。

　この定義に従えば、経営戦略は、経営目標を達成するための行動計画であり、それを達成するための手段を組み合わせたシステムである、と定義することができます。しかし、経営戦略をマネジメントシステムとして捉えるならば、より具体的には、計画→実施→統制という**マネジメントサイクル**に則って考えていく必要があります。すなわち、経営戦略は、ある目標を達成するために、計画を立て、それを実行し、その結果を統制する、という一連のプロセスから成り立っているといえます。

　しかし、マネジメントサイクル自体にも問題がないわけではありません。それはたとえ統制の結果を次のサイクルの計画にフィードバックしたとしても、より精度の高い計画を作り上げることができないかもしれないからです。それは、前の計画実施時と次の計画実施時では、経営環境が変化して計画策定の条件が変わってしまうためです。

そこで、実際には、経営戦略は、計画を策定し（計画された戦略）、それに基づいて実行されますが、その最中に活動の中から生まれてくる戦略（実行過程で生み出される戦略）を加えながら、また計画の中で実施されなかった部分（実現されなかった戦略）を捨てながら、実行されていく（実現された戦略）というパターンで実施されることになります（Mintzberg 1987）。

(2) オープンシステムとしての企業と戦略

企業は、オープンシステムとして捉えることができます。システムは、ある目的を達成するためにまとまった働きをする仕組みと定義できますが、このシステムには、オープンシステム（開放系）とクローズドシステム（閉鎖系）があります。オープンシステムは外部とのかかわりを持ちますが、クローズドシステムはかかわりを持たない自己完結的なシステムです。世の中に存在するほとんどのシステムはオープンシステムであり、企業もオープンシステムです。

オープンシステムの主な特徴としては、①境界を持つ、②外部と入力と出力という関係を持つ、③部分と全体の両方の性質を持つ、ことがあげられます（Kast & Rosenzweig 1972）。②の外部と入力と出力という関係を持つということから、オープンシステムが、入力→処理→出力という仕組みであることがわかります。企業もまたこの特性を持っています。例えば、メーカーでは、原材料、部品、エネルギーなどを購入し（入力）、それを使用して製品をつくり（処理）、完成した製品を販売する（出力）、というパターンになります。また、小売業では、商品をメーカーや問屋から仕入れ（入力）、それを店舗に陳列し（処理）、消費者に販売する（出力）、ということになります。

経営戦略を考える際には、企業の目標を達成するために、この仕組みをどのように構築し、運営していくか、を外とのかかわりにおいて、検討していくことが肝要です。その際、これらの一連の活動の中で、企業がどのような付加価値を、どのようにして製品やサービスに加えていくかを明らかにすることが大切です。それこそが製品やサービスが川上から川下へと流れていくなかで、その企業の果たす役割であるからです。もう一つ忘れてはならないのが、企業は部分と全体の両方の性質を持つという点です。生物が生態系の中で、その部分

として存在するように、企業もまた生態系の中でその部分として存在します。企業の生態系をどのように捉えるかによって企業の生き方が異なるでしょうが、市場あるいは業界という生態系と社会（とくに地域）という生態系の2つを考慮することが必要でしょう。

4-1-2　経営環境

(1) 環境と経営環境

　生態学では、生物をとりまく環境を、物理的環境（温度、水分利用度、風速、土壌酸性度など）と生物的環境（ある生物に対して他の生物が及ぼす全影響、例えば競争、捕食、寄生、協同など）としていますが（Mackenzie, et. al. 1998, p.1）、企業をとりまく環境は、生物的環境すなわち人間の集団を基盤とした社会的環境です。企業はこの社会的環境に適応していくことにより、生存することができるのです。

　企業環境は、オープンシステムとしての組織には「境界」があることから（Kast & Rosenzweig 1972: p.450）、内部環境と外部環境に分けることができます。**内部環境**は企業の中に存在する構成要素（ヒト・モノ・カネ・情報などの経営資源）とそれらを組み合わせた仕組みからなり、また**外部環境**は企業の外部にあってその企業に影響を及ぼす環境です。外部環境は、企業と直接関係を持つ**一次環境**とその外側にあって一次環境に影響を及ぼす**二次環境**に分けられます（Bennis &Nanus 1985, pp.159-160）。

　企業環境を形成する重要な要素が**ステークホルダー**です。これは一般に利害関係者集団と訳されていますが、企業に利害関係を持つ従業員、株主、仕入先、顧客、同業他社、銀行、役所、地域住民等が含まれます。このうち、従業員および株主は内部環境を構成する要素に含まれ、その他は一次環境の構成要素に含まれます。

　また、二次環境としては、企業に間接的に影響を及ぼす法、政治、経済、文化、社会などがこれにあたると考えてよいでしょう。

　企業環境はまた、企業が環境に働きかけて環境を変えることができる**操作可能環境**と、環境の課す条件が制約となる**操作不能環境**の2つに分けることがで

きます。操作可能環境においては、例えば、仕入れ先に働きかけて、交渉により取引条件を変えたり、顧客に販売促進などを通じて商品やサービスの購買を喚起したり、あるいは競合他社と競争したりして、環境を操作して自分の都合のよい状況を作り出すことができます。しかし、操作不能環境においては、環境の課す条件が企業活動の制約条件となります。

(2) 技術的環境と制度的環境

マイヤー他（Meyer, et. al. 1981, pp.46-48）は、公式組織の構造の源泉として、技術的な源泉と制度的な源泉の2つを提示しています。技術的な源泉は、（市場のような）複雑な交換を伴う複雑な技術と社会的な環境は、技術的な仕事を効率的に調整するために、合理的な官僚制組織構造の発達を育むものであるとされます。一方、制度的な源泉は、制度的な構造が所与の役割およびプログラムを合理的で正当なものとして定義することによって出現するものであり、このような構造がまたこれらの要素を組み込み、これらのルールに従わせる特定の官僚制組織の発達を促すものとされます。

企業環境もまたこれらの源泉を持ち、それぞれ技術的環境と制度的環境として分類することができます（Scott 1992, pp.13-14）。伊丹（1993, p.9）は企業を「技術的変換体」として製品・サービスを「市場における交換」によって提供することによって「付加価値」を生み出していることを指摘し、通常の企業活動は、この技術的な側面において製品・サービスを提供することにより売上および利益を獲得することを中心に展開されていることを示しています。

すなわち、企業は技術的環境で経済活動を行うが、制度的環境において社会が企業の経済活動にタガをはめると考えるのです。環境は、企業に制度的環境によって社会秩序や社会の調和を図りつつ、技術的環境における健全な市場経済活動を行わせようとするのです。

[図表4-1 技術的環境と制度的環境]

出所：山田（2008），36頁

4-1-3 環境の変化と環境適応

(1) 環境適応と環境変化

　企業はその環境に適応して存続・成長していかなければなりません。環境適応とは、環境の情報を読み取り、それに対応していくことで、不確実性を減じていくことに関連します。それによって的確な活動を展開できれば、企業活動の有効性が高まり、企業の存続・成長につながっていくことができます。

　環境適応を考えるときには2つの視点があります。1つは環境の複雑さ（多様性）と環境変化のスピードであり、もう1つは意思決定者がこれらをどのように知覚するか、です。つまり、知覚された環境多様性と環境変化という視点が意思決定者に大きく影響を与えるのです。ダンカン（Duncun 1972）は、この点に言及したうえで、環境の多様性よりも環境変化のスピードの方が不確実性が高く感じられることを指摘しています。

　つぎに、企業が知覚した環境について、どのように対応するかが問題となります。マイルスとスノー（Miles & Snow 1978, pp.37-38）は、企業の戦略的選択のタイプを4つに分類し、選択する戦略および組織行動がそれぞれ異なることを示しました。

①**防衛型**は、狭い製品・市場の領域を持ち、新しい機会を求めて領域の外側を探索しようとはせず、既存の業務の効率性向上に関心がある企業です。

②**探索型**は、絶えず市場機会を探索し、新しい環境に対応する体制を整えていますが、製品と市場の革新に関心を持ちすぎるために、通常は完全には効率的にはなっていない企業です。

③**分析型**は、比較的安定した事業領域と変動的な事業領域を同時に営む企業です。前者においては公式化した組織とプロセスの下に業務の効率性が追求され、変動的な事業領域ではトップが新しいアイデアを求めて競争会社を詳細に観察し、最も見込みがありそうなアイデアをすばやく採用します。

④**反応型**は、トップが組織環境で発生している変化や不確実性に気づくことはあってもそれに効果的に対応することができない企業です。一貫性のある戦略・構造関係を欠いており、環境からの圧力によって強制されるまでは、いかなる対応もめったに行いません。

(2) 主体的環境適応としての経営戦略

組織論のコンティンジェンシー理論（状況適合理論）では、組織のベストウェイは外部環境の特性によって決まるとされ、内部環境のみを対象としてワンベストウェイを提唱した管理過程論の主張を否定しました。しかし、コンティンジェンシー理論の考え方を突き詰めると外部環境の特性を考慮して組織をそのベストウェイに合わせていけば、企業の業績が決まってしまうことになります。つまり環境決定的な考え方です。

しかし、現実の企業では、経営者が意思決定を行う際に様々な選択を行うはずです。同じ業界の同じような企業の間でも、選択は異なるでしょう。経営者は、自らの考え方やポリシーに従って、自分の選択を行うので、同じ環境の下でワンベストウェイを選択することにはなりません。企業は自らの生き方を環境に左右されるのではなく、自らの意思をもって決定していくのです。

その際、企業は、操作不能な環境（制約）を考慮して、それを受け入れながらも、操作可能な環境を自らにとって有利なように操作して、主体的に環境適応を図ろうとするものと考えられます。ここでは、この主体的な環境適応を経営戦略と位置づけることにします。

ここで大切なことは、適応すべき環境が技術的環境と制度的環境の2つがあることです。この2つの環境についてキーとなる概念は「正当性」です。正当性にはついては、資源依存理論と新制度派理論の2つの理論的視点があります。

資源依存理論は、企業や組織はその環境つまり他の企業や組織などに必要な

経営資源を依存しているという考え方です。この考え方に基づけば、企業は技術的な環境において外部との関係を抜きにして経済活動を行うことができないので、顧客や取引先から受け入れられ、信用されること（正当性）が必要となることになります。新制度派理論は、企業や組織は環境が課す規則、規範、文化などにマッチできなければその環境に存在することができないとする考え方です。これに基づけば、企業はそれを取り巻く環境からその存在意義を認められること（正当性）が必要となることになります（第13章参照）。

4-2　経営戦略論の系譜

4-2-1　経営環境の変化と経営戦略論の変遷

(1) 経営環境の変化

　環境変化による不確実性の増大は、企業経営に大きな影響を及ぼしますが、環境変化にはどのような種類があるのでしょうか。一般的に、環境変化には、2つの次元があります。1つは、変化の規模という次元と、もう一つは変化の頻度という次元です。この2つの次元をそれぞれ横軸と縦軸にとりマトリクスを作ると図表4-2のようになります。

　また、変化の種類には、規則変化（変化のパターンが予測可能）と不規則変化（変化のパターンが予測不可能）があり、規則変化はさらに傾向変化（直線的もしくは曲線的に変化の傾向がわかる）と循環変化（変化が循環的な動きを示す）の2つに分けられます。

［図表4-2　変化の規模と頻度と環境変化モデル］

変化の規模

	小さい	大きい
少ない	（静的変化）	断続平衡モデル
多い	（動的変化）	？

変化の頻度

図表4-2からは、変化は大きく4つのタイプに分けられることがわかりますが、経済や市場の構造が変わってしまう大規模な構造的な変化が頻繁に起こることは考えにくいので、規模が小さく頻度も少ない静的な変化（これには規則変化が含まれます）、規模は小さいが頻繁に起こる動的変化、規模が大きいが頻繁には起こらない**断続平衡モデル**（長期の安定期と短期の急激な大規模な変化がまれにしか起こらない）の3つのタイプに分けることができます。

(2) 経営戦略論の変遷

　アメリカを中心とした先進諸国における主要な経営戦略論の変遷について整理すると図表4-3のようになります。先に見てきた断続平衡的な変化という点では、第二次世界大戦（1945年終結）、第一次・第二次石油危機（1973年および1978年）、プラザ合意（1985年）、リーマンショック（2008年）といった変化が該当します。日本においては、阪神大震災（1995年）、東日本大震災（2011年）などもこれに該当するものと考えられます。

　そこでこうした動きの中で経営戦略の考え方がどのように変遷を遂げていったのかについて、まず概観しましょう。

　1945年に第二次世界大戦が終結し、1950年代の後半までは、ヨーロッパも日本も戦後復興の時代でありましたが、1960年代に入るとアメリカを中心に経済が成長期に入りました。この時期には企業の目的も成長に向かい、**成長戦略**が志向されるようになりました。その主要な経営戦略論は、チャンドラーとアンゾフが提唱した戦略論でした。

　この状況が一変したのが、1973年と1978年の二度に渡る石油危機でした。これによって経済成長が急成長から低成長に転換し、それまで多角化を含めて成長路線を歩んでいた企業が、事業構成の最適化を目指すようになりました。この時期の主要な経営戦略論はボストン・コンサルティング・グループ（BCG）のプロダクト・ポートフォリオ・マネジメント（PPM）とマッキンゼーとゼネラル・エレクトリックが共同で開発した戦略事業グリッドでした。

　しかし、これらの経営戦略論はいかに緻密な分析を行い、計画を立てるかに重点があり（**分析型戦略論**）、分析麻痺症候群という現象を引き起こし、次第

に機能不全を起こすようになりました。

これに対して、1980年を境に、計画よりも実行を重視する**プロセス型経営戦略**がピーターズとウォーターマンやミンツバーグなどにより提唱されるようになりました。他方、経済や市場の成熟化により、企業の競争が成長期のWin-Winの関係から、ゼロサム競争へと競争が激化し、いかに競争をするかが企業の目的になりました。このような背景から競争戦略論が、ポーターを中心に提唱されるようになりました（**ポジショニング戦略**）。さらに1990年代に入ると、競争優位の源泉を企業が有する経営資源に求める**資源ベース戦略**が、バーニーやハメルとプラハラッドを中心に展開されるようになりました。

[図表4-3　先進諸国における主要な経営戦略論の変遷]

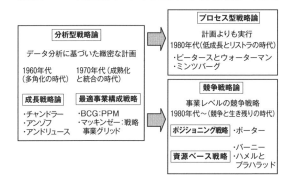

4-2-2　成長戦略と事業構成の最適化

(1) 成長戦略

経営学に経営戦略という言葉を最初に導入したのは、1962年に出版された**チャンドラー**（Chandler 1962）の『戦略と組織構造』です。彼は、米国の主要な企業の経営史研究を通じて、企業の組織構造は企業の成長戦略に従うことを明らかにしました。すなわち、単一の産業内に単一の事業を行う単一の事業所として発生した企業は、量的拡大→地理的拡大→垂直統合→製品多角化、の4つのステージを通じて成長し、組織構造はそれに伴って、現業単位→単一職能企業→職能部門制組織→事業部制組織へと変化していくことを示しました。

チャンドラーはこのことから「組織構造は戦略に従う」という名言を残しました。

アンゾフ（Ansoff 1965）は、企業の成長戦略に関して、成長ベクトル構成要素を提案し、企業が成長のためにとりうるオプションを示しました（図表4-4）。その際、**シナジー**（相乗効果）という概念を導入し、「企業の資源から、その部分的なものの総計よりも大きな一種の結合利益を生み出すことのできる効果」、「2 + 2 = 5」となるような効果を利用することを提案しました。

成長ベクトル構成要素は、**製品—市場マトリクス**とも呼ばれ、製品とミッション（市場）をそれぞれ横軸と縦軸にとり、各々現在と新規に分けて、4つのセルを作り、①市場浸透戦略（現在の製品を現在の市場に投入）、②製品開発戦略（新規の製品を現在の市場に投入）、③市場開拓戦略（新規の市場に現在の製品を投入）、④多角化戦略（新規の製品を新規の市場に投入）、の4つの成長戦略を提案しています。

[図表 4-4　成長ベクトル構成要素]

製品 / ミッション	現　在	新　規
現　在	市場浸透	製品開発
新　規	市場開拓	多角化

出所：Anzoff,（1965）

(2) 事業構成の最適化

プロダクト・ポートフォリオ・マネジメント（PPM）は、ボストン・コンサルティング・グループ（BCG）が1970年代に提唱しました。ヘンダーソン（Henderson 1979, pp.232-237）によれば、企業が成功を収めるためには、それぞれ成長率と市場シェアの異なる製品群のポートフォリオ（組み合わせ）を持つことが必要であり、よいポートフォリオのためは、キャッシュフローが全体としてバランスしていることが必要です。高成長製品は、成長するために必要なキャッシュが必要であり、逆に低成長製品は、余分なキャッシュを生み出します。この両者のバランスがとれていることが必要です。また、市場シェア

第4章　経営戦略　　71

を増やすためにも投資が必要です。問題は、こうした必要な投資のためのキャッシュを、ポートフォリオにより生み出すことができるかどうかです。

　PPMは、成長率を縦軸、市場シェアを横軸にとり、それぞれ高低で二つに分けて、4つのセルを作り、市場シェアも成長率も高いセルを花形、市場シェアは高いが成長率が低いセルを金のなる木、市場シェアは低いが成長率が高いセルを問題児、市場シェアも成長率も低いセルを負け犬と名づけます。そして、戦略的事業単位（SBU：Stategic Business Unit）というまとまりで製品群をまとめて各事業単位ごとに、市場シェアと成長率を計算し、4つのセルのいずれかにプロットします。それによって、各事業単位がどこに入るのかを明確にすることができるようになります（図表4-5）。

　金のなる木に入るSBUは市場シェアが高く低成長なので多くのキャッシュを生み出すものと考えられます。花形製品に入るSBUは市場シェアは高いのですが、高成長のため中程度のキャッシュを生み出すものと考えられます。負け犬に入るSBUは低成長で市場シェアも低く、今後事業として期待することができないため、撤退するという選択を行うことになりますが、問題は問題児に入るSBUです。今後花形に成長する可能性がある問題児が成長するためには投資（成長コスト）が必要となりますが、そのための資金を多くのキャッシュを生み出す金の生る木から供給することにより、花形製品に成長することが可能になります（図表4-5）。

［図表4-5　プロダクトポートフォリオマネジメント］

出所：Henderson（1979）, p. 236

4-2-3 競争戦略　ポジショニング戦略と資源ベース戦略
(1) ポーターの競争戦略、競争優位の戦略

マイケル・ポーターは、1980年に『競争の戦略』、1985年に『競争優位の戦略』を著し、3つの重要な戦略概念もしくはツールを提案しました。ポーターはまず、**5つの競争要因**（図表4-6）を提示し、業界の競争の構造を明らかにしようとしました。5つの競争要因とは、①業界内の同業者間の競争、②売り手の交渉力、③買い手の交渉力、④新規参入の脅威、⑤代替製品・サービスの脅威、の5つです（Porter 1980, p.18）。

ポーターはつぎに、企業がとりうる競争の基本戦略を特異性と低コスト地位に求め、さらに戦略ターゲットを業界全体か特定セグメントだけかに分けて、①業界全体を対象に特異性を活かす戦略を**差別化戦略**、②業界全体を対象として低コスト地位を活かす戦略を**コスト・リーダーシップ戦略**、③特定セグメントを対象とする戦略を**集中戦略**としました（図表4-7）（Porter 1980, p.61）。

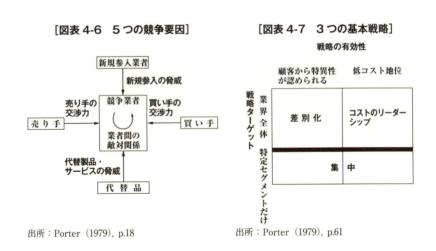

出所：Porter (1979), p.18　　出所：Porter (1979), p.61

さらに、ポーターは、企業の競争優位の源泉を明らかにするために、**価値連鎖**という戦略概念もしくは戦略ツールを導入しました。これは、製品やサービスが川上から川下へと流れていく中で、付加価値が追加されていく価値システムにおいて、自社が生み出す付加価値の源泉を明らかにするために、価値連鎖

の基本形という戦略ツールを提示しています（Porter 1985, pp.48-51）。

　これは、企業の活動を主活動と支援活動に分け、さらに主活動を購買物流、製造、出荷物流、販売・マーケティング、サービスの諸活動に分け、また支援活動は、各主活動に横断して支援を行う活動として、全般管理、人事・労務管理、技術開発、調達活動に分けています。そして、これらの活動のどこでどのような価値が製品・サービスに付加されているか、あるいはこれらの活動がどのように結びついて価値が生みだされているのかを明らかにすることにより、自社の**持続的競争優位**の源泉を明らかにしようとするものです（図表4-8）。

［図表 4-8　価値連鎖の基本形］

出所：Porter（1985）, p.49

（2）資源ベース戦略

　資源ベース戦略（RBV：Resource Based View）は、企業の競争優位性の源泉を事業が有する「価値があり希少でしかも模倣困難な各種の経営資源」に求める考え方です（河合2004, p.46）。資源ベース戦略は、事業レベルRBVと企業レベルRBVに分けられます（河合2004, p.46）。

・事業レベルRBV

　事業レベルのRBVは、ある事業における持続的競争優位の源泉となる経営資源を追求するもので、**バーニー**（Barney 2001）の**VRIO フレームワーク**が代表的です。これは、持続的競争優位を確保するための経営資源の要件としてつぎの4つを満たすことを提案しているものです。すなわち、①経済価値（Value：

価値があること）、②希少性（Rarity：希少であること）、③模倣不完全性（Imperfect Imitability：模倣が困難であること）、④資源を有効に戦略遂行に結びつける組織の存在（Organizations）です。

さらに、模倣不完全性については、模倣を困難にする条件として、つぎの4つのいずれか、あるいはそれらの組み合わせが有効であるとしています。すなわち、①独自の歴史的条件（ある製品やサービスには歴史があり、模倣するには過ぎ去った歴史をもう一度再生しなければならないこと）、②因果関係の不明性（模倣対象の企業が保有する経営資源や能力とその企業の競争優位との関係がよく理解できないこと）、③社会的複雑性（模倣しようとする資源が社会的に複雑な現象であり、企業の管理能力の限界を超えていること）、④特許、規制（許可、認可、免許）、ライセンス、です（Barney 2001, pp.250-279）。

なお、独自の歴史的条件には、①時間圧縮の不経済（企業が特定の資源を獲得、開発、活用する能力は、しばしばその企業が「いつどこにいたか」に依存するので、いったんその時点が過ぎ去ってしまうと、その獲得が空間と時間に依存する経営資源をもっていない企業は、その経営資源を獲得するには、過ぎ去った歴史をもう一度再生しなおさなければならない）と、②経路依存性（あるプロセスが展開するその初期におけるイベントがその後のイベントに大きな影響を与える場合、そのプロセスには経路依存性があるといい、競争優位が形成されていくプロセスにおいて経路依存性が意味するのは、企業が現時点で競争優位を獲得できるのは、それ以前の段階で獲得したり開発したりした経営資源のおかげである）の2つの条件が提示されています。これらの条件が単独もしくは組み合わされて独自の歴史的条件を形成して、それが模倣不完全性を生み出すものとされています（Barney 2002）。

• 企業レベル RBV

企業レベルの RBV は、持続的競争優位の源泉を企業のコア・コンピタンス（中核能力）に求めるものです。

ハメルとプラハラッドは、コア・コンピタンスについて次のように定義しています（Hamel & Prahalad 1994）。

コンピンタンス（能力）とは、個別の技術やスキルを指すのではなく、むし

ろ技術スキルを束ねたものを指します（Hamel & Prahalad 1994, p.223）。そして、コア・コンピタンス（中核能力）は、個々のスキルの組みあわせや組織の単位を超えた学習の蓄積であるとされます（同、p.223）。

　彼らは、コンピタンスがコア・コンピタンスである要件として、①広く多様なマーケットへの潜在的なアクセスを提供すること、②最終製品の知覚された顧客便益に重要な貢献を行うこと、③競争相手にとって模倣が困難であること、をあげています（Prahalad & Hamel 1990）。

　例えば、ヤマトの宅急便というビジネスのコア・コンピタンスは、ドア・ツー・ドアのパーセルサービスを行う仕組みにあります。これは、地域における集配、デポにおける仕分け、幹線輸送、荷物の追跡等を、全国をカバーする物流のネットワークと情報ネットワークシステムによって、宅配サービスというパッケージとして提供するものです。ヤマト運輸では、この宅急便という仕組みを長年にわたる学習プロセスを経て完成させてきました。そして、この仕組みをベースに、タイムサービス、クール宅急便、ゴルフ宅急便を含む多くの派生サービスを生み出してビジネスを展開してきました。

　このヤマト運輸のドア・ツー・ドアのパーセルサービスを行う仕組みは、宅急便という基本サービスをベースに、派生サービスを生み出しており、コア・コンピタンスの要件である「広く多様なマーケットへの潜在的なアクセスを提供する」ことに寄与しています。また、この宅配サービスを通じてドア・ツー・ドアの翌日配達やタイムサービス、冷凍・冷蔵サービスなどのサービスを通じて「最終製品の知覚された顧客便益に重要な貢献」を行っています。さらに、ドア・ツー・ドアのパーセルサービスという仕組みは、模倣が比較的困難でとくに長期の学習プロセスを通じて作り上げられた宅急便サービスは「競争相手にとって模倣困難である」といってよいでしょう。

(3) プロセス型戦略

　ピーターズとウォーターマン（Peters & Waterman 1980）は、分析型経営戦略の緻密な分析と計画に基づく経営戦略が「分析マヒ症候群」と揶揄される機能障害を起こしたことに対するアンチテーゼとして、緻密な分析と計画を立

てるよりもまず実行することが大事だと主張しました。なぜなら、戦略策定を
する人間は限定的合理性しか持ちえないので、戦略計画にすべての状況や要素
を想定して織り込むことはできないからです。このため、実行しながら修正し
ていく**戦略学習**が重視されることになります。

　彼らは、米国の企業を調査した結果、革新的な超優良企業が共通して持つ8
つの特徴を提示しました。すなわち、①行動の重視、②顧客に密着する、③自
主性と企業家精神、④ひとを通じての生産性向上、⑤価値観に基づく実践、⑥
機軸から離れない、⑦単純な組織・小さな本社、⑧厳しさと緩やかさの両面を
同時に持つ、です。

　ミンツバーグ（Mintzberg 1987）は、論文「戦略を工芸制作する」で、陶
芸家が陶土をこねながら陶器を作り上げていくように、「戦略は手作りで作り
上げていく（育てていく）ものである」ことの重要性を説いています。

　従来の分析型戦略は最初に計画ありきが前提でしたが、計画された戦略（編
成された戦略）が実現された戦略と必ずしも一致しないこと、また戦略には実
行過程で生み出される形成された戦略もありますが、これらの戦略が戦略学習
を通じて育て上げられることにより、実現された戦略となるからです。

　ミンツバーグは、草の根の戦略策定を提唱しており、雨傘的戦略（上級管理
者は大きな枠組みをつくり、細かい内容は現場に任せる戦略）と過程的戦略（上
級管理者は戦略形成過程を統制するが、実際の内容は現場に任せる戦略）の2
つを提案しています。この戦略の意義は、従来経営トップやそのスタッフに委
ねられてきた経営戦略の策定を、現場の人間も含めた企業のメンバー全員で学
習を通じて行うことを提案したことです。

　なお、ここで言う**学習**とは、試行錯誤を繰り返しながら、経験を通じて学ん
でいくことと言えます。

4-3　経営戦略の実際

4-3-1　戦略的経営

　戦略的経営もしくは戦略経営には、様々な定義および考え方があり、一様に

は定まっていませんが、ここでは経営戦略を体系的に経営管理に組み込むことと定義しておきます。経営戦略は、企業全体の中長期的な計画を定め、それを実行していく**全社戦略**、各事業ごとに具体的な事業展開や競争に関する計画を立て、実行していく**事業戦略**や競争戦略、営業や経理など職能部門ごとに計画を立て実行する**機能別戦略**あるいは職能別戦略、に分けられますが、これらの関係を図表4-9に示します。

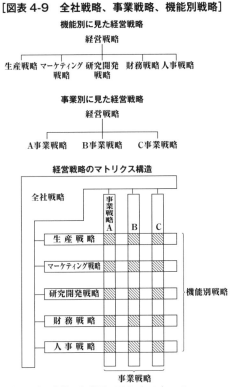

出所：石井・奥村・加護野・野中（1985), p.11

　図表4-9における全社戦略のマトリクス構造は、職能部門別組織形態におけるものですが、事業部制組織になれば職能別戦略は各事業部ごとに分かれるようになるでしょう。

4-3-2　経営戦略の内容

　主体的環境適応としての経営戦略という視点から経営戦略をみた場合、経営戦略の内容は、その企業の経営目標を達成するためのものであるので、個々に異なることになります。しかし、経営戦略を策定する場合に行うべきこと、つまり何をするべきかについては、一応の指針を出すことはできるでしょう。

　例えば、石井他（1985）は、経営戦略の内容を決定する際に、①ドメインの定義、②資源展開の決定、③競争戦略の決定、④組織間関係の決定、の4つの側面で検討すべきであることを指摘しています。

①ドメイン（事業領域）の定義

　ドメインの定義は、現在から将来にわたって、自社の事業はいかにあるべきかを決定することです（石井他 1985, p.8）。

②資源展開の決定

　資源展開は、経営資源の蓄積と配分にかかわる戦略であり、資源展開の決定は、必要な資源をいかにして蓄積あるいは獲得するか（経営資源の蓄積）、ドメインを形成する各事業分野に、限られた経営資源をいかにして配分するか（経営資源の配分）について決定することです（石井他 1985, p.9）。

③競争戦略の決定

　競争戦略の決定は、個々の事業分野において、蓄積・配分された資源をもとに、いかにして競争優位性を確立するかについて決定することです（石井他 1985, p.9）。

④組織間関係の決定

　組織間関係の決定は、企業と他の組織体（政府、競争企業、供給業者、外注企業、流通業者）との間にどのような交換関係を確立するかを決定することです（石井他 1985, p.10）。

4-3-3　SWOT 分析

　SWOT 分析は、企業の内部環境における強み（Strength）と弱み（Weakness）、外部環境が企業に与える機会（Opportunity）と脅威（Threat）、の4つを分析し、外部環境が与える機会や脅威に対して、企業がもつ強みや弱みをどのように対

第4章　経営戦略　79

応させていけばよいのかを検討することです。

　SWOT分析を行うには、まず自社のもつ強みと弱みを列挙します。つぎに外部環境が自社に与える機会と脅威を列挙します。そして図表4−10に示すように、列挙した強み、弱み、機会、脅威をそれぞれ該当する欄に記載します。そのうえで、(機会−強み)、(機会−弱み)、(脅威−強み)、(脅威−弱み)のそれぞれのセルに具体的な戦略を検討して、記述します。

　そして、それぞれの戦略を比較検討して、実現可能性と有効性(効果)を考慮して、優先順位をつけ、意思決定(選択)を行うことになります。

[図表4-10　SWOT分析のひな型]

			内部環境	
			強み	弱み
			(この欄には具体的に強みを列挙します)	(この欄には具体的に弱みを列挙します)
外部環境	機会	(この欄には具体的に外部環境の機会を列挙します)	外部環境の機会を強みを生かして掴んでいくための具体的な戦略を記述	外部環境の機会を弱みをカバーして掴んでいくための具体的な戦略を記述
	脅威	(この欄には具体的に外部環境の脅威を列挙します)	外部環境の脅威に対して強みを生かして対処するための具体的な戦略を記述	外部環境の脅威に対して弱みをカバーして対処するための具体的な戦略を記述

　このようにSWOT分析は、企業の内部環境のもつ強みと弱みと、企業の外部環境が与える機会と脅威、を明らかにし、具体的な戦略を検討し、意思決定を行うことができるというメリットがありますが、強みと弱み、機会と脅威、はしばしば表裏一体となることがあり、企業のある特性を強みと捉えるか弱みと捉えるか、あるいはある事柄を外部環境の機会と捉えるか脅威と捉えるかによって、取りうる戦略が異なってしまうという問題があります。

【参考文献】

Ansoff, Igor. (1965)*Corporate Strategy,* New York, NY.: McGraw-Hill. (広田寿亮訳『企業戦略論』産業能率大学出版部、1969年)

Barney, J. B. (2002)*Gaining and Sustaining Competitive Advantage 2nd Edition,* Upper Saddle River, NJ.: Prentice Hall. (岡田正大訳『企業戦略論—競争優位の構築と持続（上）（中）（下）』ダイヤモンド社、2003年)

Bennis, W. and Burt Nanus. (1985)*Leaders: Strategies for Taking Charge,* New York, NY.: Harper Collins.

Chandler Jr., A. D. (1962) *Strategy and Structure: Chapters in the History of the American Enterprise,* Cambridge, MA.: The MIT Press. (有賀裕子訳『組織は戦略に従う』ダイヤモンド社、2004年)

Duncan, R. B. (1972) "Characteristics of Organizational Environment and Perceived Environmental Uncertainty," in Zey-Ferrell, Mary. (es.). (1979) *Readings on Dimensions of Organizations: Environment, Context, Structure, Process, and Performance,* Santa Monica, CA.: Goodyear Publishing, pp.42-58.

Henderson, B. D. (1979)*Henderson on Corporate Strategy,* Cambridge, MA.: Abt Books. (土岐坤訳『経営戦略の革新』ダイヤモンド社、1981年)

Kast, F. E. and James E. Rosenzweig. (1972) "General System Theory: Applications for Organization and Management," *Academy of Management Journal,* Vol.15, No.4, pp.447-465.

Mackenzie, A., Andy, S. Bell, and Sonia R. Virdee. (1998)*Instant Notes in Ecology,* New York, NY., Springer-Verlag.

Meyer, J., W. Richard Scott, and Terrence Deal. (1981) "Institutional and Technical Sources of Organizational Structure: Explaining the Structure of Educational Organizations," in Meyer, John W., and W. Richard Scott. (eds.). *Organizational Environments – Ritual and Rationality, Updated Edition,* Newbury Park, CA. pp.45-67.

Miles, R. E. and Charles C. Snow. (1978)*Organizational Strategy, Structure, and Process,* New York, N.Y.: McGraw-Hill (土屋守章・内野崇・中野工訳『戦略型経営—戦略選択の実践シナリオ』ダイヤモンド社、1973年)

第4章 経営戦略 **81**

Mintzberg, H. (1987) "Crafting Strategy," *Harvard Business Review,* July-August, 66-75.

Peters, T. J. and Robert H. Waterman, Jr. (1982)*In Search of Excellence: Lessons from America's Best-Run Companies, Warner Books Edition,* New York, NY.: Warmer Books. (大前研一訳『エクセレント・カンパニー』英治出版、2003 年)

Porter, M. E. (1980) *Competitive Strategy,* New York, NY.: Free Press. (土岐坤・中辻萬治・服部照夫訳『競争の戦略』ダイヤモンド社、1982 年)

Porter, M. E. (1985)*Competitive Advantage: Creating and Sustaining Superior Performance,* New York, NY.: Free Press. (土岐坤・中辻萬治・小野寺武夫訳『競争優位の戦略』ダイヤモンド社、1985 年)

Prahalad, C. K. and Gary Hamel. (1990) "The Core Competence of the Corporation," *Harvard Business Review,* May-June, pp.79-91.

Hamel, G. and C. K. Prahalad. (1994) *Competing for the Future,* Boston, MA.: Harvard Business School Press. (一條和生訳『コア・コンピタンス経営』日本経済新聞社、1995 年)

Scott, W. R. (1992) "Introduction: From Technology to Environment," in Meyer, John, W. and W. Richard Scott. (eds.). *Organizational Environments, Updated Edition,* Newbury Park, CA.: Sage Publications.

Wiley, J. C. (1967)*Military Strategy: A General Theory of Power Control,* Piscataway, NJ.: Rutgers University Press. (奥山真司訳『戦略論の原点―軍事戦略入門』芙蓉書房出版、2007 年)

石井淳蔵・奥村昭博・加護野忠男・野中郁次郎 (1985)『経営戦略論』有斐閣

伊丹敬之(1993)「企業とは何か―問題状況と研究の方向」伊丹敬之・加護野忠男・伊藤元重編『リーディングス日本の企業システム第1巻 企業とは何か』有斐閣、pp.1-18.

河合忠彦 (2004)『ダイナミック戦略論―ポジショニング論と資源論を超えて』有斐閣

山田啓一 (2008)『企業戦略における正当性理論 – レピュテーション経営を志向して』芙蓉書房出版

第5章 雇用と組織

5-1 雇用管理とは

　企業は、その目的を達成するために必要とされる従業員を雇い入れ、仕事をしてもらうことで利益を創出しています。このため、必要とされる人材の量や質の確保とともに、雇い入れた人にふさわしい適切な仕事を割り当てることが重要な課題となります。このように、仕事の量や内容に応じて、人材の量や質を適切にマッチングさせていくことを**雇用管理**といいます。雇用管理には、大きく入口、組織内、出口の3つのフローがあります（上林他2013）。

5-1-1 入口のフロー（採用）

　企業が求める人材像とは、どのような人なのでしょうか。例えば、海外にグローバルな事業展開を予定している企業であれば、「語学力の堪能な人材が欲しい」といった具合に、その企業の経営戦略を実現してくれる人材に他なりません。このように企業が求める人材の採用においては、それぞれの企業の経営戦略に基づいた**採用計画**が立てられることになります。このため、採用計画では、雇用形態や人数、職務経験の有無、採用の時期、募集や選考の方法などを詳細に決めて盛り込む必要があります。一例を挙げると、繁忙期に対応するための一時的な人員の確保が必要なケースでは、正社員よりもパートやアルバイト採用といった雇用形態が選択され、職務経験の有無については、即戦力としての人材が必要なケースでは、転職希望者を対象とした中途退職者の採用が選択され、将来の幹部候補として時間をかけて人材の育成を行いたいケースでは、新規卒業者の採用が選択されることになります。採用の時期については、多くの企業が、毎年4月に**新規学卒者の一括採用**を行っていますが、これにこだわ

らず、優秀な人材を確保するために**通年採用**を選択する企業も増えてきています。募集については、最近では自社ホームページや就職情報サイトを活用したWeb広告が主流になっていますが、**ハローワーク（公共職業安定所）**も多くの企業で利用されています。

5-1-2　組織内のフロー（異動、出向・転籍、昇進・昇格）

　異動とは、組織内において異なる部署や部門に水平的に動くことです。このため、移動ではなく「異動」という表記が使われます（上林他 2013）。詳しくは5-3で学習しますが、従来の日本企業では、様々な職務をこなせる人材の育成を行うために、**定期異動（ジョブ・ローテション）**が行われてきました。この他にも、職場での不正防止を目的として定期的に行われる異動や個人の能力や適性、仕事の難易度などを加味して行われる異動もあります。このように業務を円滑に遂行することを目的として人の配置を行うことを**適正配置**といいます。

　異動は、組織内だけで行われるとは限りません。組織を超えた外部組織との間で行われる場合があります。それが、**出向**と**転籍**です。出向とは、現在所属している組織に籍を置きながら子会社や関連会社で仕事を行うことです。このため、指揮命令系統は出向先の組織に従うことになります。次に転籍ですが、これは、出向とは異なり、現在所属する組織との雇用関係を解消、すなわち、退職して移籍先組織と新たに雇用関係を結ぶ異動のことです。

　最後に昇進と昇格についてです。**昇進**とは、従業員が組織内の上位の職位（役職）に異動することで、社員から係長へ、係長から課長へ任命されるといった事例がわかり易いと思います。一方、**昇格**は、従業員が現在格付けられている組織内の資格が上位に異動することです。資格とは組織内で序列付けられた格付けのことで、従業員に求められる能力を基準に格付けが行われており、資格の序列の高い低いは、求められる能力の高さ低さとリンクしています。したがって、既述のように「異動」は、組織内における**水平的な異動**ですが、「昇格・昇進」は、組織内における**垂直的な異動**であるということになります。

　このように、昇進と昇格は厳密には異なるものですが、一般的には一体的に

使われているケースが多く、昇進と昇格は混同されて使われています。組織内で、昇進と昇格が行われる理由はいくつかありますが、組織の原理と個人の原理に分けて考えることができます。まず、組織の原理では、昇進や昇格によって今までより難易度の高い仕事を経験させて成長をさせるといった人材育成や従業員のモチベーションを向上させるといった側面があります。次に、個人の原理では、報酬の獲得といった側面があります。これは、昇進や昇格によって高い給与を得たい、あるいは、権限の獲得や大きな仕事をしたい、自分のやりたい仕事をやりたいといった誰しもが持つ個人の欲求に基づくものです。

5-1-3　出口のフロー（退職）

　組織に雇用されている人は、必ず組織を離れる時が来ます。それが「**退職**」です。退職には事前に合意した雇用契約に従って雇用が終了する**定年退職**（**終身雇用**）と**雇止め**（有期雇用）、組織からの申し出によって雇用契約が終了する**解雇**（リストラ）、働く人の方からの申し出によって雇用契約が終了する**退職**や**辞職**があります。

　雇用者が組織を離れる時は、様々なトラブルが発生しやすいため、退職管理の重要性は高いといえます。

5-2　日本的経営

　ここでは、我が国における代表的な雇用システムとして正社員を対象に行われてきた終身雇用を中心に見ていくこととします。

　我が国における雇用制度の特徴が「**日本的経営**」という概念で広く知られる契機となったのは、1958年に発行された**ジェイムズ・アベグレン**（Abegglen,J.C.）の『日本の経営』です。この本の中でアベグレンは、日本の企業経営における固有の特徴として、**①終身雇用制度、②年功制による賃金と昇進制度、③企業別労働組合（企業内労働組合）**などを指摘しました。そして、1972年のOECD（経済協力開発機構）による『OECD対日労働報告書』でも取り上げられ、これら3つの特徴が日本企業の強みであるとして「**三種の神器**」と呼ばれるよ

うになりました。

　この頃の日本は、第二次世界大戦後の復興を成し遂げて高度経済成長を実現し、GDP（国内総生産）がドイツを抜いてアメリカに次ぐ世界第二位になった時期（1968）と重なったため、日本企業固有の制度である「三種の神器」が日本企業の競争力の源泉であるとして世界の注目を集めました。

5-2-1　終身雇用制度

　終身雇用制度とは、定年まで雇用される慣行のことをいいます。つまり、終身雇用制度とは、あくまでも慣行であって、法的な拘束力を持つ制度ではないのです。したがってこの制度は、主に大企業を中心として、長期に渡る雇用を保証することで、組織と従業員との関係を維持してきた雇用管理のやり方のことを指します。

　労働基準法では、第14条の労働契約においては、期間の定めのない契約と期間の定めのある2つの契約を規定しています。一般的に正社員として雇用される人たちは、期間の定めのない労働契約が結ばれることから、社会通念上、定年まで雇用が維持されると考えられ、また社会でもこの考え方が暗黙的に広く受け入れられて来ました。しかしながら、企業の業績が悪化したり、従業員の勤務態度に問題があるなどの一定の法的要件を満たせば、解雇することが可能であり、経営基盤の不安定な中小零細企業では終身雇用制度を維持していくことは容易なことではありません。先程、主に大企業を中心とした制度であるといったのは、この様な理由からです。

5-2-2　終身雇用制度のメリット

　それでは、終身雇用にはどのようなメリットがあるのでしょうか。まず、長期にわたり雇用が保証されることによる働く側の安心感があります。暗黙的であっても定年まで雇用が約束されることで、従業員は安心して仕事に取り組むことができます。このため、組織への愛着が高まったり、従業員のモラールが高まることにつながるため、これを生産性の向上につなげることで組織にとってもメリットが生じます。

次に、中長期的な視点での様々な取り組みが可能となります。従業員にとっては、例えば、来年の雇用のことを心配することがないので、ローンを組んで自家用車を購入したり、旅行を楽しんだりといったライフ・プランに応じた生活設計が可能です。また、組織にとっては、時間をかけてじっくりと教育訓練を行うことができるため、自社にとって必要な技能を身に付けた人材の育成が可能となります。経営学では、このような所属する企業で必要とされる特有の技能のことを**企業特殊的スキル**と呼んでいます。

5-2-3　終身雇用制度のデメリット

しかしながら、終身雇用制度にもデメリットがあります。まず、暗黙的であっても、定年まで雇用が約束されることで従業員が安心して仕事に取り組むことができる反面、簡単には解雇されないだろうという「甘え」が生じ、緊張感に欠ける状況が生まれやすいことがあげられます。次に、同じ組織に永年に渡って勤務し続けることで、金太郎アメと揶揄されるような人材の**同質化**が進みます。同質化が進むと、行動や思考がワンパターンになり、組織内での革新的な行動が求められる時の阻害要因となります。また、1つの企業に長くいることでその企業で必要とされる企業特殊的スキルは高まりますが、その一方で、他の企業でも通用する技能が高まらないため、結果的に雇用される側の能力である**エンプロイヤビリティー（employability）**を低めてしまうことになります。

5-2-4　日本的経営と有期雇用

雇用契約に期間の定めのある雇用のことを有期雇用（短期雇用）と呼んでおり、正社員以外で雇用される人たちの雇用契約はこれに該当します。このような雇用契約で働く人たちは**非正社員（非正規社員）**と呼ばれ、雇用契約の形態によって、さらに**パート、アルバイト、派遣社員、契約社員、嘱託社員**などに区分されています。

日本的経営といえば、終身雇用が取り上げられますが、実は、正社員として終身雇用されている人たちの割合は年々減少し続けており、逆に、有期雇用される非正社員の人たちの割合が増加しています。例えば、総務省が毎年行って

いる「労働力調査」によると、働く人に占める非正社員の割合は2005年では32%でしたが、2015年には37%と10年間で5ポイント増加しているのに対して、正社員は67%から62%へと5ポイント低下しており、この傾向は今後も続くと予想されています。それでは、なぜ、非正社員が増え続けるのでしょうか。

厚生労働省が行った「平成26年度就業形態の多様化に関する総合実態調査の概況」によると、企業側が非正社員を活用する理由は雇用区分によって少し異なっています。例えば、パート・アルバイトの場合、「賃金の節約」と「仕事の繁閑への対応」がその理由として最も多く、契約社員では「専門的業務への対応」、派遣社員や嘱託社員では「即戦力としての人材確保」が最も多くなっています。

それでは、非正社員として働く人たちの仕事に対する意識はどうでしょうか。これも雇用区分によってその理由が異なっています。まず、パートやアルバイトでは、「都合の良い時間に働ける」が最も多く、派遣社員では、「正社員として働ける機会がなかった」が最も多い理由でした。契約社員や嘱託社員では「専門的な知識・技能を活かせる」が最も多い理由となっていました。

このように非正社員の雇用においては、雇用区分によって企業側の活用する理由や働く側の仕事に対する意識が異なっています。しかしながら、非正社員の8割近くをパート・アルバイトとして働く人たちが占めていることから、企業側が人件費の節約を目的に非正社員比率を高めているということができます。

その一方で、非正社員という就業形態のまま働き続けたいと希望する人たちは、全体の約66%を占めていることから、働く側に一定のニーズがあることも非正社員比率を高めている一因なのです。

[図表5-1　所得格差の実態]

事業所規模	正社員		非正社員	
	平均年齢	年収	平均年齢	年収
5～9人	44.1歳	3,562千円	47.5歳	2,383千円
10～99人	42.4歳	3,682千円	46.6歳	2,509千円
100～999人	40.6歳	4,899千円	45.6歳	2,697千円
1,000人以上	40.5歳	6,432千円	42.8歳	2,922千円

出所：厚生労働省平成24年賃金構造基本調査を基に自製

非正社員としての雇用機会が増えていることについては、働く側の選択肢が増えることにつながっていると評価ができる一方で、賃金などで正社員との格差が生じていることへの批判もあります。図表5-1を見てもわかる通り、従業員が1,000人以上の大企業で働く非正社員の年収は、従業員が5人から9人といった小規模な企業で働く正社員よりも低いことがわかります。このため、優秀な人材を確保しようと非正社員にも昇給や昇進制度を取り入れたり、希望者には、正社員への登用制度を設けるなどの取り組みを行う企業も最近は増えてきています。

5-2-5　年功制と企業別労働組合

ここでは、終身雇用とともに日本的経営の三種の神器として称される年功制と企業別労働組合について見ていきます。

年功制とは、年齢や勤続年数が上がると共に賃金が上がる**年功賃金制**と職位や職階が上がっていく**年功序列制**のことを指します。この制度は、我々日本人に古来から根ざしてきた「長幼の序」を重んじる国民性、すなわち、年上の人に対する畏敬や年長者や経験者を立てるといった慣習を経営にもシステムとして取り入れた日本企業固有の制度だといえます。この方が、組織の「和」が保たれやすく、日本人にとっては組織運営がやり易かったのだと思われます。また、年齢が上がっていくとともに家族も増え、生活費や学費も増すことなどを考えても、合理的な制度であったといえるでしょう。しかしながらその一方で、若くて優秀な人材にとっては、実力に見合ったポジションや報酬が得られないことから、モチベーションの低下を招くことにつながります。また、仕事での成果に関わりなく、年齢や勤続年数と共に賃金や職位・職階が上がっていくことから、組織の活性化につながらず、緊張感のないぬるま湯的な組織体質を生むといったデメリットが指摘されています。

次に、**企業別労働組合**（企業内労働組合ともいいます）について見ていきます。企業別労働組合とは、組合構成員の職種に関係なく、企業や事業所を一構成単位として結成された労働組合のことです。これに対して、組合員がどの企業に所属しているかは関係なく、企業を横断的に職種や職業毎に構成される労働組

合のことを**職業別労働組合**といいます（上林・厨子・森田 2013）。欧米では、職業別労働組合が中心ですが、我が国の労働組合は、全体の9割以上を企業別労働組合が占めています。しかも、ほとんどの企業別労働組合は、正社員によって構成されていることから、同じ正社員を対象とした終身雇用とそれと連動した制度である年功制と共に、これらの制度は、日本企業固有の制度として「三種の神器」と称されたのです。

5-2-6 見えざる出資

終身雇用と年功賃金は、セットになって機能する仕組みです。図表5-2はそれをモデル化したものです。

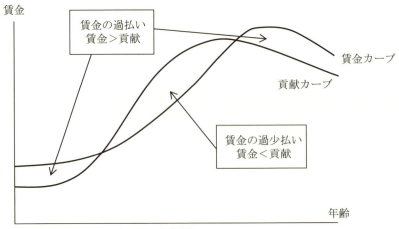

[図表 5-2　見えざる出資]

出所：伊丹・加護野（2005）を基に著者作成

入社して間もない若年層では、なかなか賃金に見合う貢献ができませんが、ある時期に逆転をします。その後、働き盛りの時期の間は、もらう賃金よりも会社への貢献の方が高い期間が続くというアンバランスが生じます。しかしながら、年功賃金のもとでは、年齢や勤続年数に応じて賃金が上がっていくので、将来、貢献度が働き盛りの頃よりも下がって行っても取り返すことができます。

このため、働く側にとっては、将来受け取れるべきお金として、企業に一種の投資をしているような状況であることから、**見えざる出資**と呼ばれています。したがって、定年まで働かずに途中で退職をしてしまうと投資をしたお金が受け取れずに損をしたことになるため、定年まで働き続けようということになります。

　理論的には、定年まで働き続ければ、総賃金と総貢献量は一致することになります。このようなことから、年功賃金制度は終身雇用とセットになってうまく機能する制度であるといえます。

5-2-7　その他の日本的経営の特徴

　日本的経営には、三種の神器として有名な終身雇用、年功制、企業内労働組合以外にもいくつかの特徴があります。まず、**新卒者一括採用**です。5-1-1 でも述べたようにほとんどの日本企業は、毎年 4 月に 3 月に学校を卒業した新卒者たちを一括して採用します。欧米では、日本とは異なり転職率が高く労働市場の流動化が形成されていることから、通年採用が一般的です。このため、新卒者一括採用は、日本的経営の特徴の 1 つであるといえます。こうして、一括採用された新卒者は、従業員として企業内で時間をかけて教育・育成されます。詳しくは、5-3-4 で見ていきますが、欧米では、従業員個人がビジネス・スクールやロー・スクールに通い自らに教育投資を行うことも多く、このような**企業内教育**も日本的経営の特徴の 1 つといえます。また、社宅や独身寮を提供したり、制服の貸与、社員食堂や保養施設を設けるなどの**福利厚生の充実**も日本独特の制度であるといわれています。このような日本的経営の特徴は、我が国の労働市場の流動性が低いことから、**優秀な人材の囲い込み**を行うことによって、安定した労働力の確保することを目的としたものであるのです。

5-3　人事管理

5-3-1　仕事と報酬

　私たちは、仕事を通じて**報酬**（reward）を得ます。すなわち、仕事をするた

めに提供する労働の対価が報酬であり、まさに仕事と報酬は交換関係にあるのです。それでは、具体的に仕事を通じて得られる報酬にはどのようなものがあるのでしょうか。まず思いつくのは、給与や賞与（ボーナス）といった賃金でしょう。

　賃金以外にも仕事で好成績をあげると、表彰されたり昇進や昇格が行われることがあります。このように、他者（外側）から与えられる報酬のことを**外的報酬**といいます。

　一方、仕事からは、それ自体からやりがいや喜び、達成感、充実感といった普段では感じることのない特別な感覚が得られることがあります。このような個人の内面（内側）に与えられるポジティブな感覚もまた仕事を通じてもたらされる報酬であるといえ、**これを内的報酬**と呼んでいます。

　このように、仕事の報酬には大きく外的報酬と内的報酬に分類することができますが、経営管理を行う上では、従業員や組織の状況に応じたそれぞれの報酬の管理を行う必要があります。

5-3-2　賃金の体系

　ここでは、賃金についてみていきます。図表5-3に示すのは基本的な企業での賃金体系の例です。

　まず、賃金は現金給与と現金給付以外の労働費用に分けられます。現金給付以外の労働費用とは、退職金等費用、法定福利費、法定外福利費、教育訓練費などです。現金給与は、定期給与と賞与・一時金に分けられます。そして、定期給与は、さらに所定内給与と所定外給与に分けられます。所定内給与とは、例えば、9時から18時までの1日8時間などといった予め決められた所定内での労働時間に対して支払われる給与であり、所定外給与は残業などを行った場合に支払われる時間外手当などの給与です。そして、所定内給与は、基本給と諸手当に分けられます。基本給は、まさに所定内給与の根幹をなす給与の中心的な項目です。諸手当は企業ごとに異なりますが、主なものに住宅手当や通勤費、役職手当、扶養家族手当などがあります。

　私たちが労働の対価として受け取る賃金は、組織内にて行われる仕事への評

価によって影響を受けるという側面があります。次項では組織における評価についてみていくことにしましょう。

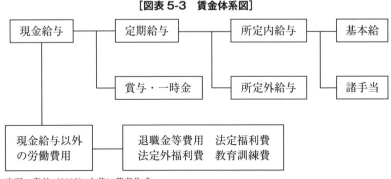

[図表 5-3　賃金体系図]

出所：奥林（2008）を基に著者作成

5-3-3　人事評価

　組織内で働く従業員の人たちの評価を行うことを**人事評価**といいます。他にも企業によっては、**人事考課**や**人事査定**といった呼称が使われており、統一はされていません。そこでここでは、企業で行われる評価の総称を人事評価と呼ぶことにします。人事評価は、なぜ行われるのでしょうか。その理由は大きく3点あります。まず最初に、従業員の**処遇決定**のために評価が必要だということです。

　仕事で成果を出しているのに、成果を出してない人と評価が同じだったり、あるいは低かったりすると組織への貢献意欲や仕事へのモチベーションは低下してしまいます。このようなことを避けるためにも、従業員の働きぶりに関する正しい情報を集めることが必要なのです。これらの情報をもとに賃金や昇格・昇進に反映させていくことが人事評価に求められる役割としてあるのです。

　次に、職務と人のミスマッチを避け、**適正配置**を行うという目的があります。仮に、現在の職場で仕事の成果が出せてないのであれば、どこに問題があるのか、どうすれば解決できるのか、配置転換を含めて検討する必要があります。企業にとっては、適材適所に人材が配置さることは、業績に直結する問題です。

そして最後に、**人材育成**といった側面があります。評価される側と評価する側には、常に認識のギャップが生じます。評価者が被評価者に対して、なぜこのような評価をしているのか、といった評価情報を伝え、課題を提示することは被評価者の成長を促すことにつながります。

それでは、どのような評価基準から評価が行われているのでしょうか。評価基準は企業によって異なりますが、一般的に使われている4つの基準をみていきましょう。

1. 成果評価

成果評価は、仕事の成果に応じて評価が行われるものです。すなわち、成果が良ければ評価が高く、成果が悪ければ評価が低くなります。この成果を測定する仕組みのことを**目標管理（Management By Object：MBO）**といいます。MBOは、目標管理シートといったツールを使って行われます。成果評価の例は、次のような手順を踏みます。まず、期首に評価者と被評価者が面談をして目標を決定します。その後、中間時点で目標達成への進捗状況の確認が行われます。そして期末に、目標達成に対する評価が行われます。まず、被評価者が自己評価を行い、評価者に提出を行って面談が行われます。評価者は、状況を確認しながら評価を行い、評価根拠を被評価者に伝えて納得性を高めます。そして、必要に応じて来期への課題や方向性の提示を行います。

2. 能力評価

成果評価は1年間の業績や貢献度が評価対象ですが、すぐに結果の出る仕事ばかりではありません。例えば、研究開発職のようにある程度の時間をかけなければ、成果が期待できない仕事もあるからです。このため、短期的な業績評価だけではなく、従業員の将来性を見据えた評価が必要になります。それが能力評価です。能力評価の対象となるのは、潜在能力を含んだ**職務遂行能力**です。

3. 情意評価

情意評価の対象となるのは、従業員の仕事への意欲や取り組み姿勢です。

具体的には、**責任性**（指示や命令を最後までやり遂げようとしているか）、**協調性**（同僚の仕事の支援や業務の連携を図っているか）、**積極性**（新しいことへの挑戦や仕事の改善・工夫を行っているか）、**規律性**（組織のルールや職場

の規律を守って仕事をしているか）などがあります。

4. 行動評価（コンピテンシー評価）

この評価の対象となるのは、**コンピテンシー**と呼ばれる成果に直結する高い行動能力です。コンピテンシーとは、特定の職務で高い業績を発揮する行動特性のことです（上林他 2013）。いくら仕事に必要な高い能力を有していても、行動が伴わなければ、それが仕事の成果に結びつくことはありません。また、組織や担当する業務によって求められるコンピテンシーは異なるので注意が必要です。

このように人事評価では、様々な側面から被評価者の働きぶりが評価されますが、常に正当な評価が行われるとは限りません。評価者が誤った評価を行う**評価エラー**はその原因の一つです。評価者が陥りやすい代表的な評価エラーには、以下の6つがあります。

①期末誤差（近日誤差）

6か月や1年前の出来事ではなく、最近の出来事に引っ張られて評価をしてしまうこと。

②ハロー効果

被評価者の特に際立つ点に影響されて、他の項目の正しい評価ができなくなってしまうこと。

③論理誤差

事実によらず推測で、「○○ならば、△△のはずだ」といった具合に評価項目間の関係のある項目のつながりを意識して評価をしてしまうこと。

④対比誤差

評価者が自分自身の能力や行動、価値観と比較しながら評価する傾向のこと。自分の得意な項目には厳しく、自身のない項目には甘くなる傾向がある。

⑤寛大化傾向

部下との対立を避けたい時や評価に対して自信がない時に実態よりも良く評価してしまうこと。

⑥中心化傾向

部下の行動の観察不足などで、評価差をつけるのを避け、可もなく不可もな

くといったように中央値付近に集中して評価をしてしまうこと。

このように評価者は、評価には様々な要因からバイアスが生じやすいことを認識して公正な評価を心がける必要があります。

5-3-4　人材の育成

それでは、組織に雇用される従業員は組織の中で、どのように教育や育成が行われるのでしょうか。

我が国の企業において、行われてきた人材教育は大きく2つに分けることができます。**OJT（on the job training）**と**Off-JT（off the job training）**です。

OJT は、仕事をしながら上司や先輩従業員から仕事のやり方を学んでいくものであり、Off-JT は、職場や仕事を離れて教育をうけるもので、一般的には研修と呼ばれているもので、OJT をカバーする目的で行われています。主な Off-JT としては、教育対象者を職能資格や勤続年数などで捉えて同一内容の教育を行う階層別研修（新入社員研修・中堅社員研修など）や特定の職種ごとに行う職能別研修（営業部門研修・生産部門研修など）があります。そしてこれらの人材育成では、計画的に職務間の異動をくり返す**ジョブ・ローテーション（job rotation）**が行われ、**ゼネラリスト（多能工）**として育成されていくといった日本企業の特徴があります。企業にとっては、従業員一人一人の能力を高めることは、企業の能力を高めることにつながり、競争力を高めるために必要なことです。このため、時間やコストをかけてまで、人材の育成が行われるのです。

しかしながら、近年では企業が中心になって行われてきた能力開発から、その責任の主体が従業員個人へと変化してきています。従業員の教育訓練には費用（コスト）がかかるため、企業の業績に左右されやすいからです。このため、正社員と非正社員との間でも企業が行う教育訓練においても課題が生じています。厚生労働省が行った調査では、平成27年に働く人に占める非正社員の割合は約37.5%であり、10年前より約5ポイント上昇しています。しかしながら、計画的な OJT を実施している事業所は、正社員が58.9%であるのに対して、非正社員は30.2%、同じく Off-JT を実施している事業所は、正社員が72%であ

るのに対して、非正社員は36.6%でした。OJTやOff-JTを受ける非正社員は正社員の約半分程度といった結果になっています。

　企業にとって、従業員の教育訓練にはコストがかかります。しかしながら、教育訓練によって従業員のスキルが向上すれば、生産現場などでは、生産性が向上します。向上した生産性は収益もたらすため、企業にとっては教育訓練はまさにコストをかけた投資であるといえます。長期雇用を前提とした正社員は投資の回収期間が長いのに対して、長期雇用を前提としない非正社員は不確実性が高い投資対象であるため、コストをかけた教育訓練へのインセンティブが低いと考えられます。

5-3-5　キャリア・マネジメント

　キャリア（career）の語源は、ギリシャ語で「車が通った軌跡」という意味ですが、実に多義にわたって使われています。例えば官僚のことをキャリア組とノンキャリア組といった具合に資格で区分してみたり、職業人として第一線で活躍する女性をキャリア・ウーマンと称してみたり、ただ単に経験や経歴をキャリアと捉えて、キャリアが豊富あるいはキャリア不足といったように表現することもあります。

　それでは、組織におけるキャリアとは、どのように捉えればよいのでしょうか。組織におけるキャリアは、大きく2つの意味をもっています。それは、転職を繰り返しながら複数の組織を経験することで形成される**組織間キャリア**と1つの組織の中での職務を経験しながら形成される**組織内キャリア**です（開本2014）。

　このうち、組織内キャリアについて、**エドガー・シャイン**（Schein, E.H.）は、組織内でのキャリアを3種類の次元で捉えた**組織の3次元モデル**で示しています（図表5-3参照）。

[図表 5-3　組織の3次元モデル]

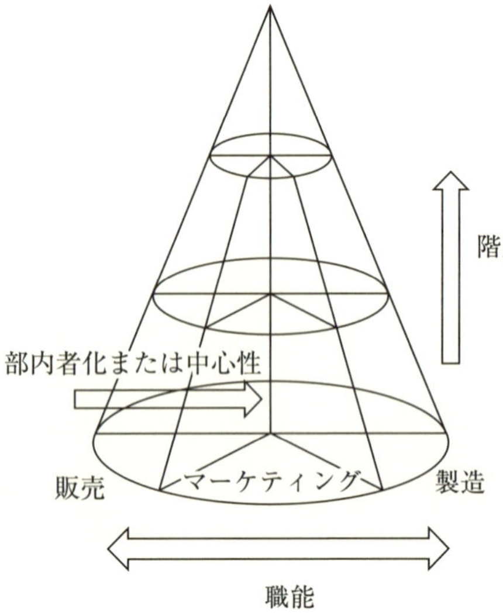

階層

部内者化または中心性

販売　　マーケティング　　製造

職能

出所：E.シャイン（1991）を基に著者作成

　まず、タテの方向の動きで、これは階層や職位の動きのことです。社員から
主任になり、そして係長、課長、部長へとまさに階層というハシゴをタテに上
るように移動をして行くことで、これによって地位や権限が得られます。次に
ヨコ方向の動きです。これは、例えば、製造からマーケティングへ、あるいは
販売からマーケティングへといった職能を横断的に異動していく動きのことで、
仕事に変化をもたらすため、個人の専門能力や技能の発達に影響を与えます。
そして最後が、中心方向への動きです。これは、部内者化または中心化とも呼
ばれ、組織の中でどれだけ中心的で重要な役割を果たしているかを意味してい
ます。中心方向への動きは、タテやヨコの動きのように外見的に目に付くもの
ではありませんが、例えば、組織内の重要な情報にどれだけアクセスできるか
といったことで分かるとされています（開本 2014）。これによって、権限や影
響力を獲得することが可能になります。
　このように組織内でのキャリアの変化には、タテ・ヨコ・中心といった3つ
の動きがあり、複雑に絡み合って形成されていくことになります。

従来は、個人のキャリアは、組織が提供することによって形成されるのが一般的でした。しかしながら今日では、経営環境の変化や個人の価値観の多様化から、個人が自分自身のキャリアを自律的に形成する姿勢が求められています。即ち、自らエンプロイヤビリティーを高め、自分に合った働き方を築きあげていく自律的なキャリア・マネジメントが求められているのです。

【参考文献】

Schein, E. H.（1978）*"Career Dynamics: Matching Individual and Organization Needs"*, Addison-Wesley.　邦訳シャイン. E. H., 二村敏子ほか訳（1991）『キャリア・ダイナミクス』白桃書房

飯田史彦（1998）『日本的の論点』PHP 新書

伊丹敬之・加護野忠男（2005）『ゼミナール経営学入門』日本経済新聞社

奥林康司編著（2008）『入門人的資源管理』中央経済社

上林憲雄・奥林康司・團泰雄・開本浩矢・森田雅也・竹林明（2011）『経験から学ぶ経営学入門』第 3 版　有斐閣ブックス

上林憲雄・厨子直之・森田雅也（2013）『経験から学ぶ人的資源管理』第 3 版　有斐閣ブックス

佐久間信夫他（2005）『現代経営用語の基礎知識』学文社

鈴木正俊（2006）『経済データの読み方』岩波新書

開本浩矢編著（2014）『入門組織行動論』中央経済社

藤田誠（2012）『スタンダード経営学』中央経済社

第6章 生産管理

6-1 生産と生産管理

6-1-1 生産管理とは

JIS（日本工業規格）によれば、生産管理は「所定の品質（Quality）の製品を、期待される原価（Cost）で、所定の数量および納期（Delivery）に生産するように組織的に需要を予測し、生産のための諸活動を計画し統制・調整して、生産活動全体の最適化を図ること」と定義されています。

生産管理の範囲は、広義には、技術予測から製造までを指しますが（図表6-1）、狭義には、資材の投入→製品の製造→製品の産出のプロセスをいいます。図表6-1では製造準備→製造→マーケティングの一部までを指すものと考えられます。

[図表6-1 生産管理の範囲]

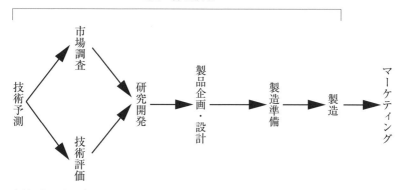

出所：小川（1982），p.14

生産管理の要素としては、人（Man）、設備（Machine）、資材（Material）、方法（Method）、および資本（Money）の5つがあげられます。これらを生産管理の5Mもしくは最初の3つをとりあげて3Mと呼んでいます。それぞれの管理対象および内容は図表6-2に示すとおりです。

[図表6-2　生産管理の対象と内容]

活動	管理対象	内容
投入	人	採用、配置、移動、昇進、休退職、勤怠状況、教育訓練、技能等
	設備	設備の購入、設置、稼働、保全、廃棄等
	資材	原材料・部品などの資材の発注、購買、在庫（入出庫、棚卸）等
	方法	（技術）基礎・応用技術、設計等 （製造）製造技術、製造方法、作業差立、検査等
	資本	生産要素調達のための資本の調達・運用、製品の原価、会計報告等
製造	製造プロセスにおける生産要素の動きや状態	製品の製造の進捗状況、設備の稼働状況、作業者の作業状況、事故、不良品の発生等
産出	製品の販売・流通、サービス	販売、受注、製品在庫、物流等
		製品の売れ行き、価格、品質、アフターサービス、クレーム等

出所：野長瀬（1996), p.7を加筆修正

6-1-2　生産形態の分類

　生産管理について考える際には、まず生産形態について分類する必要があります。生産形態の分類には、販売の方法による分類、品種と生産量による分類、生産の方法による分類、および生産ロットの大きさによる分類などがあります。販売の方法による分類では、見込生産方式（あるいは計画生産方式）と受注生産方式の2つに分類されます。前者は、需要予測に基づいた生産計画に従ってあらかじめ製品を製造し、製品を在庫としてストックし、注文と同時に在庫の中から出荷・納品を行うものです。これに対して後者は、注文を受けてから（受注）、製品の製造を行い、出荷・納品を行うものです（図表6-3参照）。

　品種と生産量による分類では、少品種大量生産方式、中品種中量生産方式、

および多品種小量生産方式、の3つに分類されます。少品種大量生産方式は、フォードシステムに代表される流れ生産、分業、専用設備、標準化による生産方式（野長瀬1996）であり、品種が少なく、品種ごとに大量生産する製品の生産に適しています。反対に、多品種小量生産方式は、トヨタシステムに代表される混合作業、多能工（多工程持ち）、汎用設備、グループテクノロジーによる生産方式（野長瀬1996）であり、品種が多く、品種ごとの生産量が少ない製品の生産に適しています。中品種中量生産方式は、両方の中間です。

[図表6-3　見込生産と受注生産]

見込生産方式の業務フロー

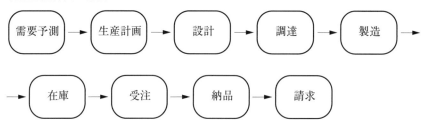

受注生産方式の業務フロー

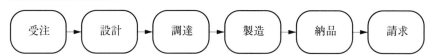

出所：山田（1995），p.36

　生産のしかたによる分類では、連続生産方式と断続生産方式の2つがあります。連続生産方式は製品の製造を絶え間なく連続的に生産する方法であり、断続生産方式は製品の製造をあるまとまり（ロット）にまとめて、あるいは一個一個別々に生産する方法です。

　生産ロットの大きさによる分類には、個別生産方式、小ロット生産方式、中ロット生産方式、大ロット生産方式、連続生産方式、の5つがあります。以上の生産形態の分類について図表6-4に示します。

[図表 6-4　生産形態の4分類]

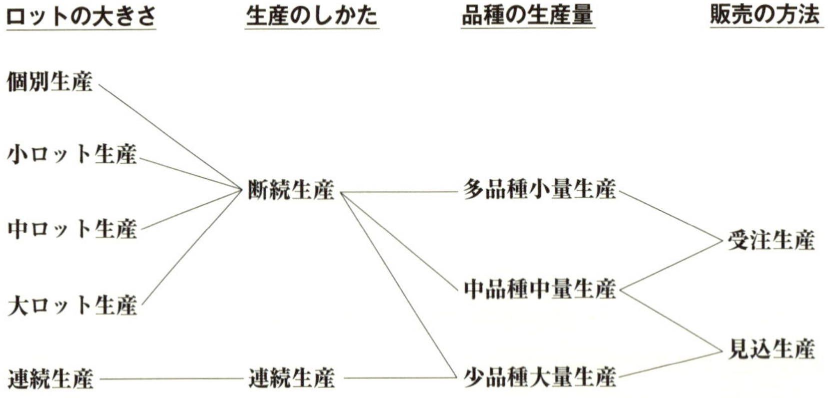

ロットの大きさ	生産のしかた	品種の生産量	販売の方法

個別生産

小ロット生産　　　　断続生産　　　　　　多品種小量生産

中ロット生産　　　　　　　　　　　　　　　　　　　　　　受注生産

大ロット生産　　　　　　　　　　　　中品種中量生産

　　　　　　　　　　　　　　　　　　　　　　　　　　　　見込生産

連続生産　　　　　　　連続生産　　　　　少品種大量生産

出所：小川 (1982), p.34

6-1-3　生産管理の項目と内容

　生産管理の項目は、品質 (Quality)、原価 (Cost)、納期 (Delivery)、生産性 (Productivity)、安全性 (Safety) とされています (図表6-5)。このうち品質、原価、納期は、需要の3要素ともいわれており、これらを満たすことが顧客満足につながることになります。

① 　品質

　製品の品質が顧客の要求と一致していること、コストとの関係が適切であること、品質にばらつきがなく均質であり不良品が少ないこと、などが品質管理の目的です。品質管理は、設計、材料調達、製造、物流、販売の各段階で行われます。

② 　原価

　製品の原価 (コスト) が価格との関係で適正なものであること、当初計画した目標原価に合致していることなどが原価管理の目的です。

③ 　納期

　納期とは、製品を顧客に届けるタイミングのことです。納期管理には2つの目的があります。1つは短納期化であり、もう1つは納期の正確化です。短納

期化は、製品の製造サイクルを短縮することであり、納期の正確化は顧客の要求する納期にマッチすることです。

④　生産性

　生産のプロセスは大きく分けると、投入→製造→産出となります。生産性は、いかに少ない投入量でいかに多くの産出量を生み出すかを示すもので、産出量／投入量で表されます。生産性の指標には、設備の稼働状況を表す稼働率、作業者の作業状況を表す作業能率、材料の使用効率を表す歩留率、などがあります。また、投入量の代わりに労働量を基準とする従業員一人当たりの産出量（通常は製品の個数や重量、あるいは生産した金額で表される）を表す労働生産性指標があります。

⑤　安全性

　安全性は、対外的な側面と企業内の側面の２つの側面があります。対外的な側面はさらに、製品自体の安全性の問題、製品の製造プロセスにおける安全性の問題、の２つに分けられます。製品自体の安全性は、製品を使用する際に安全性が確保されていることであり、製品の製造プロセスにおける安全性は、製造過程で排気ガス、汚水、汚染物質、有毒物質の流出など、環境を破壊したり人間や動植物を危険にさらさないことです。企業内の側面では、従業員の安全性や設備の安全性の確保の問題があります。従業員の安全性には、作業環境や作業方法、労働時間、健康管理などについて肉体的側面と精神的側面の両面で安全性の確保が図られなければなりません。作業環境については、塵埃、放射線、危険物、騒音、照明などの問題があり、また作業方法には、重量物の手作業による荷役・運搬、作業に適さない服装などの問題があります。また、機械などの設備についても、破損や火災などが起らないような環境の整備や作業方法の改善などに留意すべきです。

[図表 6-5　生産管理の項目]

出所：山田（1995），p.35

6-2　フォード生産方式とトヨタ生産方式

6-2-1　フォード生産方式

(1) フォード生産方式

　フォード生産方式（フォードシステム）は、ヘンリーフォードがT型フォードの生産で確立した流れ作業による大量生産方式であり、自動車生産の基準となる生産方式です（大野1978, p.171）。フォード生産方式の特徴は、製品（車種）や部品の標準化と、移動組立方式にあります。

(2) 標準化

　標準化とは、何らかの標準（基準）を設定し、それに統一すること、ですが、ここでは、製品の標準化と部品の標準化が関連します。まず製品の標準化としては、フォードは黒のT型フォード一種類に統一して大量生産を行い、量産効果すなわち**規模の経済性**を活かして大幅なコストダウンを図りました。それに

より、価格を引き下げ、それまで金持ちのぜいたく品であった自動車を庶民の乗り物にすることを可能とし、自動車市場を拡大することに成功したのです。

部品の標準化については、**部品の互換性**という点が強調されています。フォードでは、各地の部品工場で部品が作られ、それが組立工場に集められて、自動車として組み立てられていったのですが、各工場でつくられた部品の規格が一致していないと組み立てができない、あるいは不良品ができてしまうため、ばらつきをなくす、という点が重視されています（Ford 1926, pp.97-98）。

なお、フォードは、標準化について生産者のための標準化と顧客のための標準化という点に触れ、つぎのように述べています（フォード2000：32頁）。ここにフォードの経営哲学であるフォーディズムが標準化の問題を通じて表明されています。

　　私の理解する標準化とは、一つのよく売れる製品を作ることでもなく、それに集中することでもない。それは大衆に最も適した製品は何か、そして、それをいかにして生産するか、そのために計画を真剣に慎重に練ることである。その標準化された生産方式は、その過程で自然と開発されるものだ。そして、生産を利益第一主義からサービス第一主義に移行するようになれば、利益はすべてにもたらされ、事業は本当の姿になっていくものなのだ。・・・(中略)・・・社会の95％の人びとに対して奉仕（サービス）するのが事業の基本である。また、社会に自ら奉仕するのも当然である。

(3) 移動組立方式

移動組立方式は、流れ作業による大量生産方式あるいは**オートメーション方式**と呼ばれる方法であり、「素材がベルト・コンベアによる流れ作業のなかで機械加工され、組み立てられて完成部品となり、完成された多種類の部品が、一定速度で動く最終組み立てラインの各工程に供給され、組み付けられ、完成車がつぎつぎにライン・オフしていく本格的な量産システム（大野 1978, p.172)」です。

フォードは、移動組立方式について次のように述べています（フォード

2000, pp.67-68)。

　　我が社の最初の組立工場では、車を作業場床の一ヶ所で組立て、作業員は
必要な組立部品をちょうど家を建てる時のようにその車の組立場所へ持って
来て組立作業を行っていた。生産のスピードが上がるに伴って、作業員相互
の動きが重複しないように作業計画を工夫する必要が生じた。特に担当作業
のない作業員は、組立作業よりも材料部品や工具を探すのに多くの時間を費
やしていた。・・・(中略)・・・組立工場での最初の改良は、作業員が車の組
立て場所へ移動する代わりに、作業員のいる所へ組立作業を移動させること
から始められた。そこで我々は2つの原則をすべての作業に適用した。それ
は作業員は決められた1つの作業しかしないこと(筆者注、専門化・分業化
の原則)、そして、作業員は立ったままの姿勢で作業をすること、身をかがめ
て作業はしないこと、であった。

6-2-2　トヨタ生産方式

(1) トヨタ生産方式

　トヨタ生産方式は、トヨタ自動車工業が生み出した石油ショック以降の低成
長時代の生産方式です。トヨタ生産方式の基本思想は「徹底したムダの排除」
です(大野 1978, p.9)。これを達成するために、トヨタ生産システムは、ジャ
スト・イン・タイムと自働化という2つの柱で成り立っています(大野 1978,
p.9)。

　ジャスト・イン・タイムは、「一台の自動車を流れ作業で組み上げてゆく過
程で、組み付けに必要な部品が、必要なときにそのつど、必要なだけ、生産ラ
インのわきに到着するということ(大野 1978, p.9)」であり、「その状態が全社
的に実現されれば・・・(中略)・・・物理的にも財務的にも経営を圧迫する『在
庫』をゼロに近づけることができる(大野 1978, p.9)」ことになります。**自働
化**は、「自動化」ではなく、ニンベンのついた「自働化」です。この「自働化」
の意味は、トヨタでは「自動停止装置付の機械」をいいます(大野 1978:15 頁)。
これによって、「人は正常に機械が動いているときにはいらずに、異常でスト

ップしたときに初めてそこへ行けばよい（大野1978, p.15）」ことになります。

　トヨタ生産方式は、ジャスト・イン・タイムと自働化が両立し、相互にかみ合って機能する仕組みです。以下、ジャスト・イン・タイム（JIT）生産についてみていきます。

(2) JIT 生産

　JIT（Just In Time）とは、多品種小量・短納期化に対応して、顧客の望む製品を、よい品質で、安く、早く、安全かつ確実に提供するために、必要とする部品が必要なときに、必要なだけ生産工程に到着することをいいます（平野1990, pp.12-16）。

　JIT は、図表6-6に示すとおり、目で見る管理と少人化を柱として、意識改革→5S（整理、整頓、清掃、清潔、躾）→流れ生産→平準化→標準作業というステップで実現されます。

① 目で見る管理

　目で見る管理とは文字通り、「目で見て管理すること」ですが、そのためには「目で見て管理できるようにすること」つまり**見える化**を行うことが必要です。目で見る管理には、赤札、看板、白線表示、赤ライン、アンドン、かんばん、生産管理板、標準作業票、さらし首、ミス防止板があります（図表6-7）。

　これらの方法は、生産管理を行ううえで、重要な管理情報を提供してくれる情報システムであることに留意することが大切です。目で見る管理は、JIT 生産の円滑な運営を図るために必要であるばかりでなく、QC 活動やゼロ・デフェクト活動などの**小集団活動**を通じた改善活動を行っていくうえでも重要な役割を果たしています。とくにアンドンとかんばんは JIT 生産を実施するうえでの情報伝達に欠かすことができない道具です。

● アンドン

　アンドンは、現場の作業状況や設備の稼働状況を点灯表示することにより明示するものであり、呼び出しアンドン（部品を請求する）、異常アンドン（異常事態を知らせる）、稼働アンドン（設備の稼働状況を知らせる）、進度アンドン（作業の進捗状況を知らせる）があります。

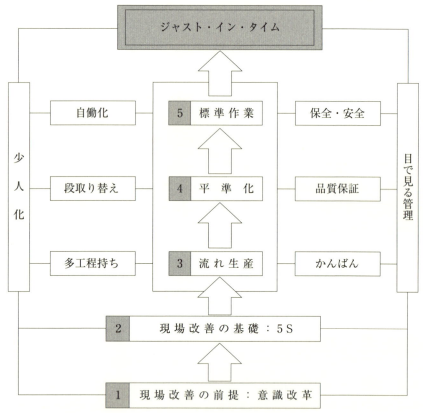

[図表 6-6 JIT 生産の全体像]

出所:平野(1990), pp.17

● かんばん

かんばんは、ジャスト・イン・タイムを円滑に行うために、必要な情報を表示した板です。かんばんは、部品や原材料の引き取り情報を伝達する引取かんばん（運搬かんばん）と、製造工程の作業指図などの情報を伝達する生産指示かんばん（仕掛かんばん）に大別されます。引取かんばんは、さらに外注先への情報伝達を行う外注部品納入かんばんと、工程間での情報伝達を行う工程間引取かんばんの2つがあり、生産指示かんばんは、ロット生産に使用される信号かんばんと、ロット生産以外に使用される工程内かんばんの2つがあります。

第 6 章　生産管理　111

[図表 6-7　目で見る管理の概要]

No.	名　称	イメージ図	説　明
1	赤　札	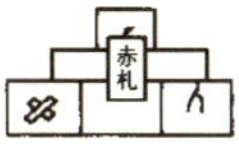	いるものと，いらないものを区別するための赤い札。赤札作戦で使う。
2	看　板	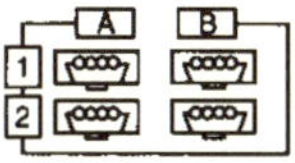	どこに，何が，どのくらいあるかをだれが見てもわかるようにするための表示板。看板作戦で使う。
3	白線表示	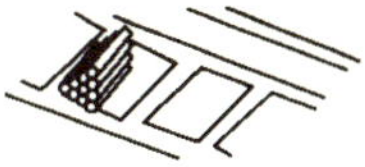	仕掛かり置場や通路などを，はっきりさせるために引いた区画線。整理・整頓で用いる。
4	赤ライン		倉庫の在庫や置場の仕掛かりなどの最大在庫を示す。看板作戦で使う。
5	アンドン	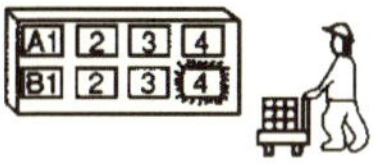	工場内の異常を直ちに管理・監督者に知らせるための表示灯。
6	かんばん		ジャスト・イン・タイムを守るための運用の道具。引取かんばんと仕掛かんばんがある。
7	生産管理板		ラインにおける生産状況を示すための表示板。生産実績稼働状況，停止原因などを記入する。
8	標準作業票		人と機械と物を有効に組み合わせて仕事のやり方を決めた票。ラインごとに提示する。
9	さらし首	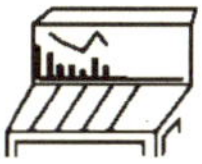	不良生産をいましめるため，職場の人々にみせしめにした現品不良。
10	ミス防止板	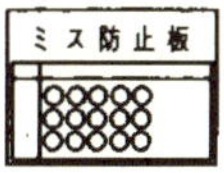	ミスを減らすための，自主管理による防止板。

出所：平野（1990），p.129

6-2-3　フォードシステムとトヨタシステムの比較

　社会や市場の成熟化とともに、マーケティングコンセプトは、「作って売る」すなわち**生産者志向**（product oriented）から「売れるものを作る」すなわち**顧客志向**（customer oriented）へと転換しました。モノが足りない時代には、作れば売れる市場でしたが、モノが豊富な時代にはただモノを作っても売れませんので、顧客のニーズやウォンツに合ったモノを作らなければなりません。社会の成熟化とともに顧客もまた成熟し、そのニーズやウォンツも多様化します。そこで、多くの種類のモノを少しずつ作る技術が必要となってくるのです。

　フォードがT型フォードを生産した時代は、まだ自動車が一部の金持ちの道楽品であり、庶民の手が届くような実用品ではありませんでした。自動車市場もまだ小さく自動車が不足する状態でした。こういう市場では、モノは作れば売れる状態にあります。このため、規模の経済性を活かして、少ない種類のモノを大量生産をすることによりコストダウンを図ることが重要であり、部品や製品の標準化を図り、移動組立方式でモノを生産するフォードシステムが最大の効率性を発揮することになります。

　他方、1980年代以降のように、モノが市場に溢れ、また社会の成熟化とともに消費者のニーズやウォンツが多様化してくると、多くの種類の製品を少しずつ作る技術が重要となり、必要なモノを必要なときに必要なだけ供給するトヨタシステムが、最大の効率性を発揮するようになります。もう少しいえば、消費者のニーズやウォンツが多様化すると、何が売れるかが分からなくなるので、大量生産を行うことはリスクが大きくなります。そこでいろいろな種類のモノを少しずつ作り、市場に出して売れ行きを見ていく必要があるのです。

6-3　生産の合理化と生産性の向上―改善と自動化

　生産の合理化を行い生産性を向上させる方法としては、以下のようなものがあります。

第 6 章　生産管理　113

6-3-1　IE（インダストリアルエンジニアリング）

IE（Industrial Engineering）は、「生産能率を高めるために、生産を合理化する科学と技術の総称（師岡 1971, p.10）」です。IE は、**テイラーの科学的管理法、ギルブレイスの動作研究**を基に発展してきたもので、作業のムリ・ムダ・ムラをなくして効率的な生産ができるようにするものです。このため、IE では、方法研究、作業測定、作業設計という 3 つの方法により生産性の向上が図られています（師岡 1971）。

（1）**方法研究**

方法研究は、「作業の方法を分析して改善し、標準化を図ること（師岡 1971, p.30）」です。方法研究は、工程分析（原材料・部品などを使って製品を作る過程の分析）、作業分析（作業者の活動を詳細に分析して、最も経済的な作業方法を発見するための分析（師岡 1971, p.60））、動作分析（作業を構成する動作そのものを改善するための分析（師岡 1971, p.63））で現状を把握した後、方法改善（工程を合理化したり、作業方法を直したり、動作系列を修正したりすること（師岡 1971, p.69））を行うものです。工程分析は、原材料・部品が製品になっていく「モノ」の流れを分析する製品工程分析と、作業者が原材料・部品を加工して製品にしていく「ヒト」の流れを分析する作業者工程分析に分けられます。

（2）**作業測定**

作業測定は、「作業を測定し、その作業の改善と設計ならびに標準化に測定結果を応用しようとするもの（師岡 1971, p.82）」です。作業測定は、時間分析（作業にかかる時間を分析すること（師岡 1971, p.83））と稼働分析（仕事の稼働状態を分析すること（師岡 1971, p.85））を通じて標準時間（特定の作業を遂行するのに要する時間の標準値（師岡 1971, p.89））を設定し、PL（Plant Layout：工場計画、設備配置（師岡 1971, p.104））や MH（Material Handling：運搬・貯蔵・包装など資材の取り扱いに関する方法技術（師岡 1971, p.106））に活かしていこうとするものです。

（3）**作業設計**

作業設計の手法に、ワークデザインという方法があります。**ワークデザイン**

は、「作業を一つのシステム、すなわちワークシステムとして取扱い、作業の改善や設計を行うもの（師岡 1971, p.110)」であり、「意図した、または現存する作業システムを組織的に検討して、必要な機能を果たす作業システムを、理想システムの概念を通じてデザインすること（師岡 1971, p.111)」とされます。

　ワークデザインは、現存システムから出発する分析的アプローチと、意図するシステムを設計する設計アプローチがあります。前者は、問題の認識→データの収集・分析→仮設と開発→実験→結果の検討→結果の適用、という手順で行われ、後者は、設計するシステムの選択→システムの機能展開→システム開発→実験→システムの選択→システムの導入、という手順で行われます（師岡 1971, p.111)。

6-3-2　TQC と小集団活動

　TQC（Total Quality Control：総合的品質管理）は、「全社をあげて品質を設定し、その管理を通じて、研究開発からサービスまでの一連の業務の質の強化、ひいては企業体質の強化を図ること（森 1983, p.9)」とされます。

　TQC は、**SQC**（Statistical Quality Control：統計的品質管理）がベースとなっていますが、その対象は、品質だけでなく、コスト、納期という３大要素にかかわっています。すなわち、品質、コスト、納期のいずれにおいても顧客のニーズ・ウォンツを満たしていなければ、いくら品質がよくてもよい製品とはいえないからです。

　SQC は、抜き取り検査、管理図、実験計画法という手法によって構成されています（森 1983, p.12)。抜き取り検査は、出来上がった製品の中からサンプルを抜き取り、検査し、確率・統計の手法を使って、製品の母集団の品質を管理するものです。管理図は、出来上がった製品のばらつきを管理するためのもので、ばらつきが許容範囲内に収まっていれば製造工程に問題がないことになります。また実験計画法は、製造工程などに問題がある場合に、ある仮説を立てて、それを実証するためのサンプルをつくり、それをもって統計的手法を使用して実験を行う方法であり、それによって製造工程などの問題を明らかにしようとするものです。

品質管理は、SQC をベースにいわゆる **QC 七つ道具** とよばれるツールを使ってデータを処理し、分析を行います。QC 七つ道具は、①グラフおよび管理図、②パレート図、③チェックシート、④ヒストグラム、⑤散布図、⑥層別、⑦特性要因図、です。SQC はデータ分析により主として定量的な問題の発見と解決を図るものでしたが、SQC では発見・解決が難しい定量的な問題および定性的な問題については、**新 QC 七つ道具** が使われるようになりました。新 QC 七つ道具は、①親和図法、②連関図法、③系統図、④マトリックス図、⑤アローダイアグラム、⑥ PDPC（過程決定計画図）、⑦マトリックス・データ解析法、となっています（納谷 1987, pp.8-22）。

　こうした改善活動は、日本では現場の小集団が単位となって行われており、QC サークルあるいは ZD グループ（Zero Defect Group：欠陥ゼログループ）といった名称で行われています。小集団とはいえ、一つの明確な目標を達成するための集団であるので、仕事を進めていくための責任と分担、相互信頼、権限の委譲、情報伝達の方法、評価の方法等を明確に決め、遵守することが大切です（森 1983, p.130）。

6-3-3　生産システムの自動化

　生産システムの自動化は、NC 工作機 → MC → FMC → FMS → CAD ／ CAM → FA → CIM の順番で発展してきました（図表 6-8）。

（1）NC 工作機

　NC 工作機は、機械工作時に必要な工作物に対する工具の位置決めや工具・工作物の移動経路、その他加工に必要な作業工程などを数値情報化し、それに基づいて自動加工を行うものです。NC 工作機のメリットは、一般の工作機械による工作に比べて、ばらつきが少なく、しかも生産性が向上することにあります。

（2）MC（Machining Center）

　MC は NC 工作機械に複数の工具を自動交換機を使ってあらかじめプログラムされた工作順序にしたがって自動的に順次セットアップしていくことにより、複数の工作を 1 回の段取り（工作の準備）で行うことができるようにしたもの

です。これによって、段取時間・運搬時間の短縮による生産リードタイム（所要時間）の短縮、仕掛在庫の削減、作業スペースの効率活用を図ることができるようになります。

(3) FMC（Flexible Manufacturing Cell）

FMC は、MC に加工品の自動着脱装置と加工品のストッカー（自動倉庫）を加えて複数種類の製品の自動加工を行えるようにしたものです。

(4) FMS（Flexible Manufacturing System）

FMS は、FMC に自動搬送装置を加えたもので、多品種小量化に対応するために、多品種の加工作業を柔軟かつ効率的に行えるようにしたものです。

(5) CAD ／ CAM（Computer Aided Design / Computer Aided Manufacturing）

CAD はコンピュータ支援による設計システムであり、CAM は CAD により作成された設計図の設計データから数値制御データを自動生成し、これを使って自動加工を行うシステムです。CAD ／ CAM は、設計から加工までを自動的に行うシステムであり、FMS に CAD を加えたものです。

(6) FA（Factory Automation）

FA は FMS に自動倉庫を加えたもので、加工・運搬・検査・保管の4つの工程の作業の自動化を図るものであり、自動加工システム、自動搬送システム、自動検査システム、自動保管システムにより構成されます。

(7) CIM（Computer Integrated Manufacturing）

CIM は、図表6-9に示すとおり、各種の自動化システムを組み合わせて、コンピュータにより統合的に生産管理を行い、コストダウン、品質の向上、納期の短縮化、柔軟性の向上、サービスの向上を実現し、生産の有効性と効率性を高めようとするものです。これによって企業は市場における競争優位性を確保することができるようになります。

なお、CAE（Computer Aided Engineering）は「コンピュータ上で設計された製品が要求される性能を満たすかどうかをシミュレーションで検討する」もの、CAPP（Computer Aided Process Planning）は「作業の日程や使用する機械の割り当てなど製品の生産計画をコンピュータ・シミュレーションにより最適化する」もの、MRP（Material Requirements Planning）は「製品の生産

計画を基に部品や原材料の必要数量の計画を立てる」もの、POP（Point of Production）は「小売りにおける POS システムと同様に、工場の現場で作業終了時にバーコード入力を行うことにより、リアルタイムに進捗状態を管理する」もの、CAT（Computer Aided Testing）は「コンピュータを使用してテストを行うもので、製品が仕様・設計どおりかどうかを自動的に測定・検査する」ものです。

[図表 6-9　生産の自動化の変遷]

出所：山田（1995）, p.81

【参考文献】

Ford, H.（1926）*Today and Tomorrow*, New York, NY.: Double Day.（竹村健一訳『藁のハンドル』中央公論社、2002 年）

池永謹一（1971）『現場の IE 手法―わかりやすい解説と演習』日科技連

大野耐一（1978）『トヨタ生産方式―脱規模の経営をめざして―』ダイヤモンド社

小川英次（1982）『現代の生産管理』日本経済新聞社

納谷嘉信編著、新 QC 七つ道具執筆グループ（1987）『おはなし新 QC 七つ道具』日本規格協会

野長瀬裕二（1996）『CIM 時代の生産情報システム』学文社

平野裕之（1990）『ジャスト・イン・タイム生産の実際』日本経済新聞社

ヘンリー・フォード（2000）『20 世紀の巨人企業家―ヘンリー・フォードの軌跡』創英社／三省堂書店

森秀太郎（1983）『TQC の知識』日本経済新聞社

師岡孝次（1971）『IE の手ほどき』日本経済新聞社

山田啓一（1995）『生産情報の利用と分析Ⅳ』産能大学（非売品）

第7章 マーケティングの考え方と戦略

7-1 マーケティングの身近さ

　マーケティングには不思議な魅力があります。今までに世の中になかったものを生み出す力です。マーケティングを実践する人のことを**マーケター**（**Marketer**）と呼びますが、そのマーケターは市場（Market）を動かしている役割を担っています。あったら便利なのに、これをこのように使ったら良いのに、など日常生活の中で、あなたはそのようなことを感じたことはありませんか？そのことを**ニーズ**（**Needs**）と呼び、その日常生活の中での問題を発見し、解決をしていくことはマーケティングの始めでもあります。マーケティングの教科書によく示されている内容として、女性が口紅を求めるのは、口紅そのものではなく、美しくなりたいからであると書かれています。このことは、まさに問題解決への糸口を示しているとともに、ニーズへの対応がマーケティングであることを意味しています。では、次にマーケティングの定義をみていくことにします。

7-1-1 マーケティングの定義の変遷

　マーケティングとは、「顧客志向にもとづき、顧客満足の向上の為に、売れる仕組み作りを行うこと」です。それは、単に営業、販売や市場調査に限定されるものではありません。企業の会計で損益計算書がありますが、その構造上最初にくるのは売上高です。これを計上していくには、経営理念のもとに会社としての全社の方向性などがまとまっていなければなりません。つまり、企業組織において、マーケティングとは営業部門や販売部門だけで行うものではなく、全社的規模で行うものであることを意味しています。売上高というのは、

会社の経営戦略と深く結びついているからです。

　これまでに、マーケティングについては様々な定義がなされてきています。主な定義をみてみることにします。現在は、1985年のAMAの定義が普及していますが、2004年と2007年に改定されました。

① 　NATA（全国マーケティング教師協会　1935年）

　「マーケティングは、商品やサービスの生産から消費までの流通に携わるビジネス諸活動を含む。」

② 　AMA（アメリカ・マーケティング協会　1960年）

　「生産者から消費者もしくはユーザーまでの、商品やサービスの流れを方向づける企業活動の遂行である。」

③ 　AMA（アメリカ・マーケティング協会　1985年）

　「個人や組織体の目的を満足させるために、アイデアや商品やサービスに関する企画、価格設定、販売促進、及び流通を計画し、遂行する過程である。」

④ 　JMA（日本マーケティング協会　1990年）

　「マーケティングとは、企業及び他の組織がグローバルな視野に立ち、顧客との相互理解を得ながら、公正な競争を通じて行う市場創造のための総合的活動である。」

⑤ 　フィリップ・コトラー（P.Kotler　1996年）

　「マーケティングとは、価値を創造し、提供し、他の人々と交換することを通じて、個人やグループが必要とし要求するものを獲得する社会的、経営的過程である。」

⑥ 　AMA（アメリカ・マーケティング協会　2004年）

　「マーケティングとは、組織とステークホルダーの両者にとって有益となるように、顧客に向けて価値を創造・伝達・提供し、顧客との関係性を構築するための組織的な動きとその一連の過程である。」

⑦ 　AMA（アメリカ・マーケティング協会　2007年）

　「マーケティングとは、顧客、依頼人、パートナー及び一般社会にとって、価値あるものを創造し、コミュニケーションを行い、送り届け、交換する活動、一組の制度及びプロセスである」。

第7章　マーケティングの考え方と戦略　121

　以上が多少、表現の違いがあるものの日本における訳です。AMA の 1960
年と 1985 年における違いは、主体がビジネス組織から個人やすべての組織に
範囲が拡大されていること、また、客体としてのアイデアが追加されているこ
と、そして、マーケティング・ミックスといわれる 4P 及び実施のプロセスが
示されていることです。日本において普及しているのは、1985 年 AMA の定
義であり、これにそってマーケティングのテキストも書かれていることが多い
のです。

　次に 1985 年と 2004 年の AMA の定義で大きく異なることは、①価値にシ
フト、②顧客関係性の重視の 2 点です。①価値にシフトとは、1985 年のマー
ケティング・ミックスの項目が、価格をベースに価値創造・伝達・提供へとシ
フトしていることです。②顧客関係性の重視とは、従来が顧客創造に重点がお
かれていたのに対し、顧客維持にシフトしてきたことです。

　マーケティングの定義の変遷は、マーケティングの本質とも大きくかかわっ
ています。マーケティングの本質は、交換とされていましたが、関係性へとシ
フトされてきていることは大きな変化です。

　マーケティングとは、売れる仕組み創りであるとか、売れ続ける仕組み創り
であるともいわれています。マーケティングは 1955 年に日本に導入されてか
ら、適訳がなく、市場管理や販売管理など様々な概念を含む多義性を有しなが
ら、今日に至っています。マーケティングを日本語に訳すと、顧客価値である
といえます。これは、ターゲットである顧客に価値を創造し、価値の提供を通
じて、顧客満足を継続的に提供していくことを意味しています。女性が口紅の
使用で何らかの価値を感じたり、顧客満足を得ている場合は、口紅を提供して
いるメーカーや小売業は、女性に対する顧客価値の提供を行っていることにな
り、それがまさにマーケティングなのです。

7-1-2　マーケティング・コンセプト

　次に、マーケティングの考え方のことを**マーケティング・コンセプト**といいます。マーケティング・コンセプトは、市場の需給関係から、次の3つの発展段階があるとされています[1]。

(1)　生産志向

　需要に対して供給が少ない、いわゆる売手市場でみられる考え方です。作れば売れるといった物不足状況では、企業の関心は生産量の増大にあり、「いかに増産するか」に重点があり、販売のウエイトは少ないのです。

(2)　販売志向

　生産量が増えてくると、「いかにして売りさばくか」という販売に企業の関心が移ってきます。生産の後で、どうやって販売していくかという、「**プロダクト・アウト**」の考え方です。つまり、顧客ニーズがあまり考慮されていないのです。

(3)　マーケティング志向

　「売れるものをいかにして生産するか」という考え方です。生産の前に販売を考えることを「**マーケット・イン**」といいます。つまり、顧客ニーズに基づいた企業活動が行われます。コトラーによれば、マーケティング・コンセプトの基本構成要素は、顧客志向、利益志向、統合努力の3つを含むものであるとされています。つまり、顧客志向をベースに容認される利益水準のもとで、企業内諸活動を統合化するものであるといえます。

　また、事業運営の基本構造（図表7-1）の中で、マーケティングの位置付けは、イノベーションとともに、事業機能をつかさどっています。事業の基本命題はゴーイング・コンサーン（永続性）であり、その為には顧客の創造と維持が目的となり、その事業理念として顧客満足があり、顧客満足を達成する為に事業機能としてマーケティングとイノベーションがあります。そして、売上高や利益を追求するために、人、物、カネ、情報などの経営資源機能があるのです。

---

(1) マーケティングの有名な学者であるコトラーは、著書：Marketing Management（1991年）の中で、マーケティング・コンセプトを生産志向、製品志向、販売志向、マーケティング志向、社会志向の5区分としている。

第7章　マーケティングの考え方と戦略　123

[図表 7-1　事業運営の基本構造]

基本命題：　　　　　　　　　　　永続性

↓

事業目的：　　　　　　　　　　　顧客の創造と維持

↓

事業理念：　　　　　　　　　　　顧客満足

↓

事業機能：

マーケティング　イノベーション

↓

経営資源機能：
・人材開発（ヒト）

・生産・ロジスティックス（モノ）

・財務（カネ）

・研究開発（技術）

・情報（情報）

・その他

出所：嶋口（1997），p.84

7-2 マーケティング戦略

マーケティング戦略とは、マーケティング目標を達成するために、**ターゲット（標的）**市場を明確にし、適切なマーケティング・ミックスを構築することです。そして、①環境の分析、②ターゲット市場の決定、③マーケティング・ミックスの構築、という3つの基本ステップによって構成されています。それをベースに、マーケティング戦略は諸側面から検討できることになります。図表7-2にマーケティング戦略の構成を示します。

図表 7-2 マーケティング戦略の構成

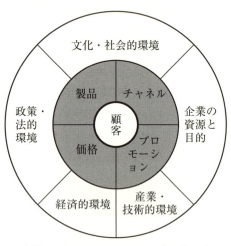

出所：McCarthy & Perreault, Jr. (1990), p.48.

7-2-1 マーケティング戦略の基本ステップ
(1) 環境の分析

環境の分析とは、企業を取り巻く環境を、文化・社会的環境、政治的・法的環境、経済的環境、産業・技術的環境、企業の資源と目的、の5つに区分し、それぞれに、環境の現状や動向を示し、強み・弱み・機会・脅威の「**SWOT（スワット）**」**分析**を行うことです。

(2) ターゲット市場の決定

ターゲット市場を選択するために、人口統計学的変数、地理的変数、パーソナリティ変数、心理的変数などの基準で、市場を区分することを「**市場セグメンテーション**」といいます。そして、自社を基準軸で構成されるマトリックスに新市場の空間の発見や、他社比較によるポジショニング（位置付け）を行うことによって、ターゲット市場を選定していきます。

(3) マーケティング・ミックスの構築

マーケティング・ミックスとは、マーケティング手段の組み合わせのことです。これは、Product（製品戦略）、Price（価格戦略）、Promotion（プロモーション戦略）、Place（チャネル戦略）の４つのことで、現在その頭文字をとって通称、「**4P**」といわれています。つまり、どのような製品を作り、どのような価格をつけ、どのような情報伝達をし、どのような販売ルートを使って販売すれば、標的顧客が買ってくれるかを考えることです。さらに、最近では企業観点の「**4P**」から「**4C**」という顧客観点も考えられてきています。つまり、Customer Value（顧客にとっての価値）、Cost to the Customer（顧客の負担）、Communication（コミュニケーション）、Convenience（入手の容易性）です（Kotler 1999, p.154）。

(4) マーケティング戦略の論理体系

また、戦略プロセスの観点からは、マーケティング戦略の論理体系として図表7-3のようになります。つまり、ターゲット市場を明確にするために、セグメンテーション基準によって市場をいくつかに区分し、そこにマーケティング目標設定との関係、自社の経営資源にマッチしているか、競合他社との差別優位性があるか、などを検討し、最適マーケティング・ミックスの選定を行うことになります。そして、損益分岐点分析などの収益性の検討を加味した上で、ターゲット市場の確定からマーケティング・ミックスの選定までをループしながら、自社に適切なマーケティング戦略を策定していくことになります。

【例】今、仮にあなたが博多駅近くでビジネス・ホテルを経営しているとしましょう。漠然と東京方面から宿泊客にきてもらいたいと考えているとすると、

マーケティング戦略の観点から、どんなことを考えなければならないのでしょうか？

　まず、はじめに泊まっていただきたいお客様、ターゲット顧客を考えなければなりません。それとともに、ビジネス・ホテル業界を取り巻く環境を知っていなければなりません。それらを考慮した上で、マーケティング・ミックスを考えることになります。これがマーケティング戦略立案の一応の流れです。以下は、想定のマーケティング戦略です。

　ターゲット顧客：若手ビジネスマンが中心
　環境分析：1）経済的環境：ビジネスマンの出張使用可能経費、日本の経済
　　　　　　　　　　　状況、東京本社・博多支店の数の動向他
　　　　　　　2）法的環境：ホテル税の動向他
　　　　　　　3）技術的環境：インターネットの普及他
　　　　　　　4）社会的環境：東京—福岡間は日帰り可能な距離他
　マーケティング・ミックス：
　　　　　　　商品戦略：満足感の演出（部屋の広さ、清潔感、照明などの設備
　　　　　　　　　　　　面の充実、フロントの応対の良さ）
　　　　　　　価格戦略：低価格で泊まれる
　　　　　　　プロモーション戦略：ポイント・カードによる囲い込み、東京方
　　　　　　　　　　　　面でビジネスマンがよく読む雑誌、新聞な
　　　　　　　　　　　　どへの広告など
　　　　　　　チャネル戦略：ホテルまでのアクセスの良さ、インターネット予約

といった具合になります。

　まず、ターゲット顧客を若手ビジネスマンに絞った理由が求められることになります。統計データやアンケート調査によってビジネスマンの年代別の出張動向を調べる必要があります。また、マーケット規模がどのくらいあるのか、その内、どれくらい自社にきてもらえそうかなどの調査も求められます。さらに、近隣の競合ホテルの状況もおさえておく必要があります。

第7章　マーケティングの考え方と戦略　　127

　環境分析をもっと深めることによって、ビジネスのチャンスがみえてくるとともに、ビジネスの展開上の脅威もみえてくることになります。そして、マーケティング・ミックスの構築にはアート的センスも求められます。

図表 7-3　マーケティング戦略の論理体系

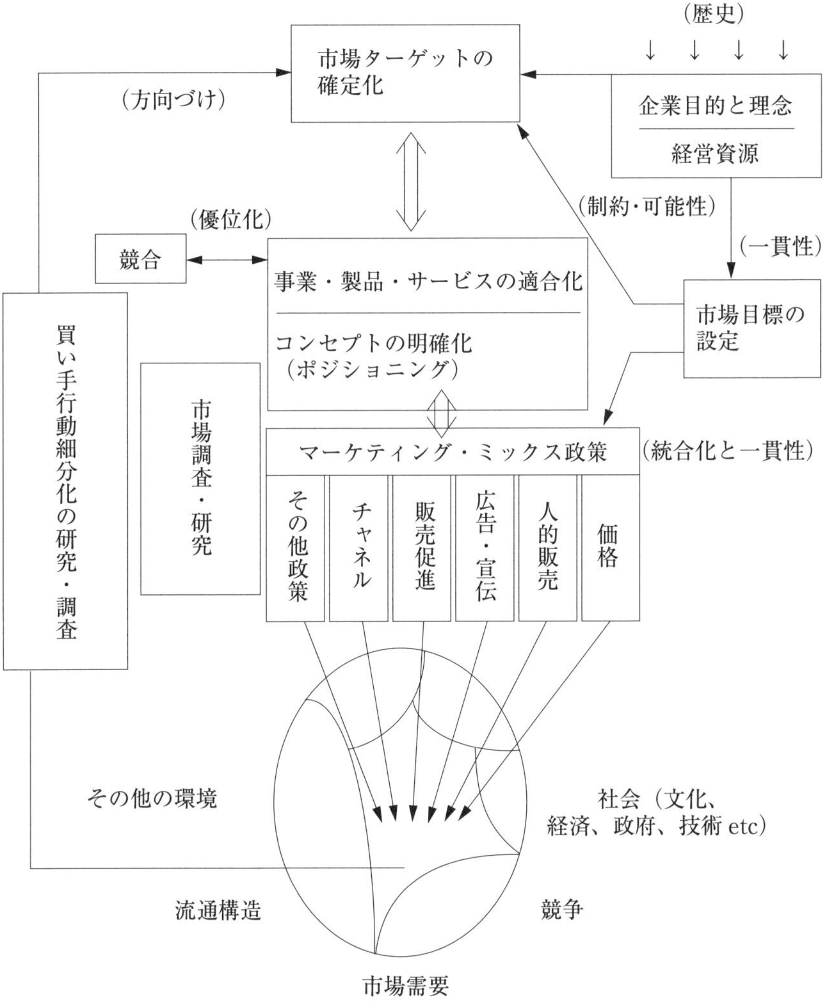

（歴史）
↓　　↓　　↓　　↓

市場ターゲットの
確定化

（方向づけ）

企業目的と理念
━━━━━━━
経営資源

（制約・可能性）

（一貫性）

（優位化）

競合

事業・製品・サービスの適合化

コンセプトの明確化
（ポジショニング）

市場目標の
設定

買い手行動細分化の研究・調査

市場調査・研究

マーケティング・ミックス政策　（統合化と一貫性）

その他政策

チャネル

販売促進

広告・宣伝

人的販売

価格

その他の環境

社会（文化、
経済、政府、技術 etc）

流通構造

競争

市場需要

出所：嶋口（1985）, p.136

7-3 顧客満足について

　ここで、マーケティングの重要な概念である顧客満足の定義についての検討を行います。顧客満足の諸定義は論者によって様々に論じられています[2]。顧客満足について統一されている定義はありません。しかし、前述のアメリカ・マーケティング協会（1985年）の定義の中に顧客満足を志向する文言がみられるように、また、マーケティング戦略の構成図の中心にターゲットとしての顧客が示され、顧客への満足提供が重視されているように、さらに、事業運営の基本構図のなかにも、顧客満足が重視されていることにみられるように、重要な概念であります。

　例えば、フィリップ・コトラー（Philip Kotler）は、マーケティング・マネジメントの中で、「**満足**とは、ある製品における知覚された成果（あるいは結果）と購買者の期待との比較から生じる喜び、または失望の気持ちである、とした上で、**満足度**は、知覚された成果と期待との相関関係で決まる。成果が期待を下回れば、顧客は不満を覚える。成果が期待通りであれば、顧客は満足する（Kotler 2001, p.28）」としています。

7-3-1 顧客満足に関する関連概念

　ここでは、顧客満足に関連する諸概念を検討し、顧客満足が経営にどのようにかかわっているのかを確認することにします。

(1) 顧客歓喜 (Customer Delight)

　顧客歓喜は、一般的な顧客満足概念を限定、希少化させることで、歓喜概念をきわだたせる意味を持ちますが、①マイナス満足をゼロ満足へ、②ゼロ満足をプラス満足へ、③プラス満足をロイヤル満足へ、のうち、特に③にあたるテーマと考えられます（嶋口 2000, p.52）。顧客満足の上位概念を表現したものですが、顧客歓喜が理論化されない限り、顧客満足に含まれるものといえます。

---

(2) 今日では顧客満足と呼ばれているが、1970年代のソーシャル・マーケティングがクローズアップされた時期は消費者満足と呼ばれていた。

(2) 顧客満足保証（Customer Satisfaction Guarantee）

　顧客満足保証は、企業が自らの提供する製品やサービスに対し、100％の顧客満足を保証しようとする試みのことであります。LL. ビーン社やノードストローム社では、無条件、無交渉の返品や取替えへの対応や、遅配に対する料金を無料にするなどの保証を与えるものです。その行為の根拠は、顧客が常に正しいと仮定し、もし顧客が気に入らなかったり不満であったならば、粗悪な品質やサービスを提供したことになるととらえ、満足を保証する対応を行うことになります（嶋口 2000, p.136）。顧客満足の追求の極みであると捉えられますが、顧客がすべて正しいとはいえないという考え方も存在し、企業収益への貢献という面から検討の余地があるといえます。

(3) 顧客価値（Customer Value）

　顧客価値は、顧客到達価値（Customer Delivered Value）ともいわれ、顧客が製品やサービスから期待するベネフィットの束と、その製品・サービスを評価・獲得・使用・廃棄することに伴う費用の束の差になります。ベネフィットの束とは、購買にあたって、そこに介在する製品、サービス、イメージなどから得られる利便の総体であり、費用の束とは、顧客が支払う金額の他、購買・消費プロセスに費やす時間、エネルギー、心理負担などの全体費用を指しています（嶋口2000, p.119）。また、類似概念として、顧客の生涯価値があり、顧客の生涯を通じてその企業との取引を継続した場合の価値のことであり、その価値を高めるにはリレーションシップ・マーケティングの考え方に通じています。

(4) 顧客ロイヤルティ（カスタマー・ロイヤルティ（Customer Loyalty））経営

　顧客ロイヤルティ経営とは、顧客を経営の中核において、顧客の評価に基づいてすべての構造、組織、戦略を組み立てている企業経営、継続的かつ長期的な利益の確保と維持を企業存続の目的にして、その前提条件に顧客満足、さらに顧客感動を与える経営のことです（佐藤 2000, p.104）。また、顧客維持率として測定された顧客ロイヤルティと企業収益性との間に強い相関性があることが示されています（Bhote 1996）。その中で顧客満足の概念がかかわっているのは、まさに顧客満足の概念を中心に企業経営を考えていることを意味してい

ます。

(5) サービス・プロフィット・チェーン (Service Profit Chain)

サービス・プロフィット・チェーンとは、サービス組織を内部と外部に区分し、成長へのサイクルを示したものです。サービス組織の内部的活動と組織が対応している外部市場をつないでいるのは、顧客にとってのサービス価値です。内部活動によって生み出された高いサービス価値が高い顧客満足を生み、高い顧客満足が顧客ロイヤルティを喚起します。この顧客ロイヤルティが顧客のリピートをうながし、企業に売上高と利益をもたらすという流れを示しています (Heskett et. al. 1997)。この中で、顧客満足はロイヤルティを高める要素と位置付けられ、顧客満足は提供されるサービス価値によって影響を受けるとされています。サービス・プロフィット・チェーンの考え方はサービス業のマネジメントを考える上で、重要な視点を示しているといえましょう。

(6) 顧客資産 (カスタマー・エクイティ (Customer Equity))

顧客資産とは、顧客を企業にとって最大の資産として考え、高い顧客維持率の創造がねらいです (Blattberg, et. al. 2001)。顧客資産は無形資産であり、その測定アプローチは会計手法などを活用しながら試行錯誤しており、現段階では確立されていませんが、企業ではマネジメントに適用しようとしてきています。顧客満足は、顧客ロイヤルティへ展開され、顧客資産に発展してきているものと考えられ、顧客満足はその流れの源といえます。

(7) CRM (Customer Relationship Management) カスタマー・リレーションシップ・マネジメント

カスタマー・リレーションシップ・マネジメントとは、顧客の生涯価値の拡大による顧客資産の増大を目指すことになります[3]。One-to-One Marketing(ワントゥワン・マーケティング) の経営手法として用いられるものです。顧客との信頼関係確立のためには、自社にとって大切な顧客は誰かを明らかにするこ

---

(3) アンダーセン・コンサルティング, 村山徹, 三谷宏治, CRM 統合チーム (1999)『CRM 顧客はそこにいる』(東洋経済新報社) をはじめ、CRM に関する著書が多く出版されており、基本的な内容は同じである。

第7章　マーケティングの考え方と戦略　**131**

とが重要です。顧客をよりセグメントする手法で、RFM分析があります。顧客別の最終購入日（Recency）、来店頻度（Frequency）、購入金額（Monetary）によって顧客を区分し、具体的なアクションプランを実行していくことになります。

(8) バランス・スコアカード（Balanced Scorecard）

バランス・スコアカードとは、マネジメント手法として用いられるものです。それは、目標と業績評価指標は、企業のビジョンと戦略から導き出し、財務的視点、顧客の視点、社内ビジネスプロセスの視点、学習と成長の視点という4つの視点から企業の業績をみるもので、バランス・スコアカードのフレームワークを作っています[4]。これまでの財務的業績評価指標を超えた形で、バリュー・ドライバー（価値創造要因）を明らかにするものです。顧客の視点に関する業績評価指標については、顧客満足度、新規顧客獲得率、顧客定着率、顧客の利益性、マーケットシェアが上げられています。特に、顧客満足については、顧客への価値提案プログラムを測定評価する重要な指標となっています。

(9) カスタマー・コンピタンス（Customer　Competence）

カスタマー・コンピタンスとは、顧客を企業の新たなコンピタンス（企業独自の競争力）の源泉にしていこうという考え方です。つまり、顧客のアイデアやニーズを企業の中に取り込んで、それらによって企業自身の競争優位を構築していこうとするものです（Prahalad & Ramaswamy 2000）。例えば、伊勢丹と顧客のコラボレーションによるネット上でのエプロンのPB商品開発があります。顧客は以前に比べ、情報を有しており、顧客の声やパワーをカスタマー・コンピタンスへ昇華させることで企業の活力を生み出そうと変化してきています。

---

(4) Robert Kaplan & David Norton（1996）. THE BALANCED SCORECARD, Harvard Business School の訳, ロバート・キャプラン＆デビット・ノートン著, 吉川武男訳(1997)『バランス・スコアカード』（生産性出版）が詳しい。近年では会計分野で関連書が多く出版されている。

（10）代理顧客満足

　顧客満足は、直接本人にその満足度を調査することができることが前提にあります。しかし、介護サービスの利用者にみられるように、本人の意思が確認しづらい場合や、赤ちゃんのようにその提供されている意味が理解できない場合があります。その場合には、顧客満足を受けている本人に代わり、代理の顧客満足を考えなければならないと思われます。介護サービスの利用者の場合には、その支援者であり、赤ちゃんの場合には、その母親が、代理としての顧客満足をあらわすことになります。そのような顧客満足をここでは、代理顧客満足と位置付けることにしました。これは、本人からの直接の顧客満足ではなく、間接の顧客満足を示していることになります。本人からの直接の意志表示が困難な場合には、この代理顧客満足をデータとして取らざるを得ないと考えられます。

　上記でみてきた顧客歓喜、顧客満足保証、顧客価値、顧客ロイヤルティは、顧客満足からの派生概念であり、顧客資産、サービス・プロフィット・チェーン、CRM、バランス・スコアカード、カスタマー・コンピタンスについては、顧客満足が経営マネジメントレベルに用いられている手法です。それらの概念は、顧客満足が基礎となりその発展系であることにかわりはありません。顧客満足が重視されており、根幹にあることが確認されたといえるでしょう。

7-3-2　顧客満足と収益の関係

　事業運営の基本構造において、顧客満足は事業理念として位置付けられ、顧客の創造と維持は事業目的として重要であると嶋口充輝は提唱しています。米国の調査では、新しい顧客を獲得するには現在の顧客にサービスする５倍の経費がかかります、また、満足できない顧客の91％は不満足にした会社の製品を２度と買わず、少なくとも他の９人にその不満をもたらすという結果報告がなされています。従来、ドラッカーは顧客の創造こそが事業の目的であると指摘していますが、事業の永続性を考慮すると、顧客の創造だけでなく、顧客の維持も必要なのです。

　「顧客維持率を高めれば、企業収益は高まる」ということを主張した代表的

第7章 マーケティングの考え方と戦略 133

研究者のライクヘルドとサッサールは「**サービス業の ZD 運動**」の中で、製造業ではゼロ・ディフェクト（欠陥ゼロ）運動という品質向上運動が行われていたのに対して、サービス業ではゼロ・デイフェクション（顧客離脱ゼロ）を目指すべきであると主張しました。顧客との関係が長期化すればするほど企業収益に貢献する理由としては、①開拓コストが不要になる、②営業コストが低減する、③顧客1人当りの購買額が増加する、④顧客が高価格を許容する、⑤他の顧客に紹介する、という5点が上げられています。ヘスケット、サッサー、シュレシンジャーは、顧客ロイヤルティを生み出すためのフレームワークとして、Retention（顧客維持）、Related Sales（関連販売）、Referrals（紹介・クチコミ）の「**3R**」を提示し、顧客維持の重要性を強調しています。

　また、クランシーとシュルマンは顧客満足と収益性の関係について、製品やサービスにおいての顧客満足はある点までは利益の増加をもたらすが、その点を超えると利益が減少に転じるとしています。これは、顧客ニーズの要望度合いが高いとペイしなくなることを意味しています。しかし、事業目的である顧客の創造と維持は重要であり、顧客満足の存在を忘れてはならないということです。

【参考文献】

Bhote, K. (1996) *Beyond Customer Satisfaction to Customer Loyalty*, AMACOM. (三田昌弘訳『実践顧客ロイヤルティ戦略』ダイヤモンド社、1999 年)

Blattberg, R., Getz, G. & Jacquelyn T. (2001) *CUSTOMER EQUITY*, Boston, MA: Harvard Business School. (小川孔輔・小野譲司監訳『顧客資産のマネジメント』ダイヤモンド社、2002 年)

Heskett, J. L., W. E. Sassar Jr. & L. A. Schlesinger. (1997) *The Service Profit Chain*, The Free Press. (島田陽介訳『カスタマー・ロイヤルティの経営』日本経済新聞社、1998 年)

Kotler, P. (1999) *Kotler On Marketing: How To Create, Win, and Dominate Markets*, New York, The Free Press. (木村達也訳『コトラーの戦略的マーケティング』ダイヤモンド社、2000 年)

Kotler, P. (2000) *A Framework for Marketing Management*, Prentice-Hall, (恩蔵直人監修・月谷真紀訳『コトラーのマーケティング・マネジメント』ピアソン・エデュケーション、2002年)

McCarthy, E. J. and W. D. Perreault, Jr. (1990) *Basic Marketing:A Managerial Approach 10th edition*, Richard D.Irwin,Inc.

Prahalad,C.K. & V.Ramaswamy. (2000) *"Co-opting Customer Competence"* HBR, 1-2, pp.79-87.(「カスタマー・コンピタンス経営」『DIAMOND ハーバード・ビジネス・レビュー』2000年、11月号、ダイヤモンド社)

片山富弘 (2009)『顧客満足対応のマーケティング戦略』五絃舎

佐藤知恭 (2000)『顧客ロイヤルティの経営』日本経済新聞社

嶋口充輝 (1984)『戦略的マーケティングの論理』誠文堂新光社

嶋口充輝 (1994)『顧客満足型マーケティングの構図』有斐閣

嶋口充輝 (1997)『柔らかいマーケティングの論理』ダイヤモンド社

嶋口充輝 (2000)『マーケティング・パラダイム』有斐閣

和田充夫・恩蔵直人・三浦俊彦 (1996)『マーケティング戦略』有斐閣アルマ

第8章 ロジスティクス

8-1 ロジスティクスの展開と企業経営

　本章では、経営学の視点から**ロジスティクス**の概念を明らかにし、時間軸における発展段階や**サプライチェーン・マネジメント**への高度化現象、そしてロジスティクスの背景に定位される統合概念について議論します。そして、ダイナミックな企業のロジスティクス展開能力は、戦略と構造、そしてコンピタンスの集合の結果であるという観点から、これらの相互作用による企業のプロセス変革を中心におきながら、戦略、構造、情報技術、競争優位、そしてコア・コンピタンス概念をロジスティクス・システムとのかかわりで理論的に考察し、ロジスティクス実践での含意について議論します。

8-1-1 ロジスティクスとはなにか

（1）ロジスティクスの定義

　ロジスティクスの定義に関して、米国サプライチェーン・マネジメント専門家協会（SCMP: Council of Supply Chain Management Professionals）では、「ロジスティクス・マネジメントはサプライチェーン・マネジメント[1]の一部であり、顧客の要求に適合させるために、商品、サービスとそれに関連する情報の、発生地点から消費地点に至るまでの効率的かつ効果的な前後方向のフローと保管

---

(1) サプライチェーン・プロセスは、顧客やサプライヤーまでをも含むロジスティクスより広い範囲での捉え方が一般的で、サプライチェーン・マネジメントはロジスティクス理論の延長線上にあると認識されている。

を計画、実施、コントロールすることである」と定義しています[2]。 これは、ロジスティクスの研究及び実践分野において最も広く受け入れられているものであります[3]。

図表8-1 では、このような定義の妥当性を示し、以降に議論されるロジスティクスの概念の理解を助けるために、代表的な論者のロジスティクスの捉え方を整理しておくことにします。

[図表 8-1　ロジスティクス概念]

研究者及びグループ	ロジスティクス概念の捉え方
F.R.Wentworth (1970, p.49)	トータル・ロジスティクス・システムは、先進的企業で導入されている流通管理統合のための新しい概念であり、その機能は物的流通（Physical Distribution）に加え、購買、需要予測、生産計画などを含む。
J.J.Coyle, E.J.Bardi, C.J.Langley (1980, p.6)	ロジスティクスは、供給地点から顧客に至るモノの物理的な移動と保管に担う活動である。
J.F.Magee, W.C.Copachino, D.B.Rosenfield (1985, p.2)	資源の獲得から完成品の究極的なユーザーに至るすべてのモノの流れとモノの移動を管理し、記録する活動であり、それはリバースな情報の流れをも含む。
D.J.Bowersox, D.J.Closs, O.Helfreich (1986, pp.16-20)	ロジスティクスの活動領域は、物流、製造支援及び購買であり、その物流は顧客にサービスを与えるプロセスである。また、製造支援は、製造作業を企画し、支援するプロセスであり、購買は外部供給者から製品や資材を獲得するプロセスである。
J.J.Coyle, E.J.Bardi, C.J.Langley (1988, pp.15-19)	ロジスティクスの活動範囲は、輸送、保管、包装、荷役、受注処理、予測、生産計画、購買、顧客サービス、立地場所（工場、倉庫）、その他（部品とサービスの支援、返品処理廃物利用、廃棄物処理）であり、この活動範囲の中には製品設計をも含む。

(2) 原文はサプライチェーン・マネジメント専門家協会のウェブサイトにおける 2016 年現在の定義（http://cscmp.org/supply-chain-management-definitions）を参照されたい。
(3) CSCMP でのロジスティクスの定義は少しずつ変更されてきたが、多くのロジスティクス学者がそれに参加しており、CSCMP はロジスティクス研究の中心的地位に位置している。

J.C.Johnson, D.F.Wood (1990, p.4)	ロジスティクスのトータルコストアプローチに含まれる領域は、資材管理と物流であり、その機能は、輸送、倉庫、在庫場所と工場の場所、機材と製品の在庫管理、荷役、受注処理を含む情報の流れ、保護包装、工場間移動、顧客サービス、生産計画、購買、返品、廃棄物のリサイクル処理、運輸管理、倉庫および流通センター管理である。
N.Attwood, P.Attwood (1992, p.2)	ロジスティクスは、広義では資材と製品の流れに関係し、物流はもとより調達をも含む。具体的には、原材料の供給、生産における原材料の保管、内部輸送および製品の保管、顧客への配達活動を含む。
M.Christopher (1992, p.2)	ロジスティクスの領域は、原材料の管理から最終製品へ調達に至るまでの組織に及ぶ。よって、ロジスティクスは、コスト効果的な注文充足によって現在と将来の収益性が最大化される方法で、原材料、部品、完成品を調達、移動、保管を管理するプロセスであるといえる。
R.H.Ballou (1992, p.3)	ビジネス・ロジスティクスとは、サービスを提供する際に、これに伴う時間と空間とを克服するのに必要となる費用に見合う十分な顧客サービス水準をもたらすために、原材料の調達地点から最終消費地点に至る製品の流れを容易にする移動と保管のすべてとこれに付随する情報とを計画し、コントロールすることである。また、ロジスティクス・マネジメントに期待される最大の領域は調達物流と物流である。
C.Gopal, G.Cahill (1992, p.7)	ロジスティクス・サプライチェーンは、資材の調達、インバンド輸送、アウトバンド輸送、サービスセンター管理を含むものである。
J.C.Johnson, D.E.Wood (1993, pp.4-5)	ロジスティクスは、企業に入荷し、経由し、これから出荷する資材に完成品のすべてのプロセスを指し、その活動要素は、顧客サービス、需要予測、書類の流れ、工事間移動、在庫管理、受注処理、包装、部品とサービス支援、工事と倉庫の立地選定及び生産計画である。
M.R.Quayle (1993, p.9)	ロジスティクスの機能は、資材調達と購買、資材管理および物流であり、この3機能は、資材の流れをベースとして統合的に、計画し、管理し、実行される。
J.Cooper, M.Brown, M.Peters (1994, p.2)	ロジスティクスは、調達ロジスティクス、生産ロジスティクス及び流通ロジスティクスの3領域に区分することができ、その活動は、資源の調達から最終的な配達の範囲に及ぶ。
J.W.Langford (1995, p.399)	ロジスティクスの活動には、需要量予測、受注処理、輸配送、在庫管理、包装計画、生産計画、在庫と保管、資材管理、生産資材管理、立地選定、顧客サービスが含まれる。
D.F.Wood, A.Barone, P.Murphy, D.L.Wardlow (1995, p.4)	ロジスティクスの機能には、顧客サービス、需要量予測、書類の流れ、返品処理、工場内移動、在庫管理、荷役、部品・サービス支援、受注処理、立地選定、生産計画、包装、購買、廃棄物処理などが含まれる。

| W.C.Copacino（1997, pp.6-7） | ロジスティクス概念は、需要予測、在庫管理、輸送、保管、受注と顧客サービス、生産計画などの業務を統合的にマネジメントすることである。 |
| Council of Logistics Management（2002）[4] | ロジスティクスは、サプライチェーン・プロセスの一部であり、顧客の要求に適合させるために、商品、サービスとそれに関連する情報の、発生地点から消費地点に至るまでの効率的、効果的なフローと保管を、計画、実施、コントロールすることである。 |

(2) ロジスティクス・システム

　以上のようなロジスティクスの概念を踏まえ、企業におけるロジスティクスの構造をより明確にするためには、プロセス部門、機能部門、コントロール部門の3つの異なる視点が統合された全体システムとして捉えることが必要です。

　まず、連続性の視点からとらえたプロセス部門においては、一般的なロジスティクスの捉え方のように物流と情報のプロセスだけに注目するのでなく（Bowersox et. al. 1985, pp.33-39）[5]、2つのプロセスの発生に関わる**業務プロセス**[6] をもう1つの軸として加えます。もちろんこれらのプロセスは1つに結合された形でシステム内に存在するようになり、業務プロセスも物流・情報プロセスに作用され再編成されることになります。このように、各プロセスは相互作用の過程を通じて融合することにより、新しい効果を生み出すロジスティクス・システムを構成することになります。

　つぎに、機能部門に関しては、企業活動内の位置という概念に注目します。それは、物流機能が集中される部分というような限定的な概念ではなく、前述の定義が示すように「発生地点から消費地点まで」という拡張された概念を用いているものです。

　そして、コントロール部門は、計画・実施を含むコントロール構造によって形成されるものであり、異なる類型の構造が結合するなど多様な構造が考えら

---

(4) CSCMP の前身である CLM（ロジスティクス・マネジメント協会）の 2002 年現在の定義（http://www.clm1.org/about/purpose.asp）。
(5) Bowersox らは在庫流と情報流を中心にロジスティクスの統合過程を説明している。
(6) ここでは、全体ビジネスプロセスの中で、物流・情報プロセスを除いた資金等の流れに関するプロセスを指すものである。

れます。

そこで、以上のような統合化された一つのシステムとしてのロジスティクス
は、中央集中管理が全体最適という結果を生み出していることが多くの先行研
究により明らかにされています。それは各部門とその中のサブシステムにおい
て、他への影響を考慮せずにそのシステム自体の効果的戦略が作用された時は、
部門最適またはサブシステム最適という結果をもたらすということを意味しま
す。

理論上では中央集中システムの意思決定者は各サブシステムの意思決定者が
行うすべての決定をも行えるために、中央集中化されたロジスティクス・シス
テムは分散されたそれに比べ効果的であるといえます。しかし、そのような中
央集中システムの構築のためには高度の情報技術を前提とした、どの部門にお
いても同一のデータおよび情報にアクセスできるシステム条件が必要であるこ
とが考えられます。

また、以上のようなロジスティクスは、上述の概念の整理からもうかがえる
ように時間の経過と共に発展しています（Lambert & Stock 1993, pp.14-16; 唐
澤 2000, pp.12-30; 寺嶋 1999）。

8-2　ロジスティクスの高度化

8-2-1　ロジスティクスの発展段階

菊地（2000）はロジスティクスの発展段階を、図表8-2が示すように①物流
システム、②ビジネス・ロジスティクス、③サプライチェーン・マネジメント
の3段階に分類しています。この分類は、各段階におけるロジスティクスの特
徴をよく捉えているものと考えられます（菊池 2000, p.37）。

140

[図表8-2　ロジスティクス発展の諸段階]

段階	システムの構成	基礎理論	内容	目標	思考方法
物流システム	諸要素活動（輸送・保管・包装・荷役・流通加工・物流情報）を統合	ギャップ理論	需要と供給とのギャップ特に空間的・時間的隔たりを克服する。	物流費の低減	合理化
ビジネス・ロジスティクス	製品物流・生産管理・原材料調達を統合	到達理論	必要な商品を顧客に到達せしめて、利用可能にする	トータル品質を高めて、顧客満足を増大	競争力の増強
サプライチェーン・マネジメント	構成システムのシステム間のカップリング	到達理論から循環理論への移行過程	パートナーシップによる戦略的提携を協同システムで構築	分担機能の効率的な分配による相互利益の増大	市場へのチャネルの強化

出所：菊地（2000）, p.37

　そこで、理論と実践におけるロジスティクスの高度化の各段階を再整理すると、以下のようなものになります。

　まず、物流流通と称される第1段階は、**輸送、保管、荷役、流通加工、物流情報**といった個別物流活動が行われる段階であります。個別物流間の競合も直接的には考慮に入れられず、個別物流活動単位での最適化が指向されたものであります。その意味で物的流通未発達の段階ということができます。

　第2段階は物流管理段階であり、第1段階における個別物流活動が統合された**企業内物流システム**として構築される時代であります。手法としては、物流部門全体の視点からの最適化が目標とされるようになり、物流以前の時代と異なり、初めてシステム的アプローチが用いられるようになります。しかしながら第2段階の物流管理も第1段階同様、物流以外の主要活動の事後処理的位置付けに過ぎず、主要活動部門の活動の結果を受動的かつ対処法的に取り扱っていく存在に過ぎませんでした。

　第3段階は**ビジネス・ロジスティクス**の段階であります。第2段階から同段階へ移行することで、領域は製品物流から原材料調達・生産管理・製品物流へと急拡大します。各部門が有機的に統合され、自社内マネジメントレベルの最適化が図られる段階であります。この段階でのロジスティクスは事後処理的存

在ではなく、経営戦略の立案や管理方式の選択に際して積極的に関わっていく能動的な存在であります。

続く第4段階は**サプライチェーン・ロジスティクス**の段階であります。この段階でのロジスティクスは、サプライチェーン・プロセスの中心を担うものであると考えられますが、全体範囲としてのサプライチェーンおよびそれをマネジメントするサプライチェーン・マネジメントは何かという議論が必要となります。

8-2-2　ロジスティクスとサプライチェーン・マネジメント

サプライチェーン・マネジメントに関しては、様々な視点からの定義が行われていますが、ロジスティクスとの関係性という観点からみると、以下のようなものに注目することができます。

まず、Cooper らは、サプライチェーン・マネジメントは顧客の満足を得るため、原材料の供給から最終ユーザーまでのモノの動きの全ステップが計画され管理されるよう、各チャネル間にある企業、行政、地域の壁を乗り越えることに焦点をあてることだとし、チャネルマネジメント概念にその本質を求めているとしています（Cooper 1994, p.17; Cooper, Browne & Peters 1994, p.2; Ross 1998, p.5）。

Christopher（2000, pp.13-16）は、サプライチェーン・マネジメントとは、最終消費者の手に商品とサービスを移転する価値を創出する多様なプロセスとその活動にかかわる組織のネットワークであると説明し、ロジスティクス理論の延長線上にあることを認識すべきだとしています。

また、Bowersox et al.（1999, p.6）は、サプライチェーン・マネジメントは市場機会の共有を獲得するために組織を越えたビジネス業務を結ぶ協働ベースの戦略だとしています。

これらの定義を踏まえると、同段階は単に一企業のロジスティクス政策に止まらず、取引制度や商慣行などのチャネル政策・戦略にまで影響を及ぼす極めて広範囲かつ高度な段階ということができますが、サプライチェーン・マネジメントに関しては、ロジスティクスより高度な次元であることは認めつつも、

はっきりとした全体像をつかむことは容易ではない状況です。また、ロジスティクス全体の発展に関しても、理論と実践における時間的乖離、国別の発展段階の差、理論の解釈の違いなど、少しは混沌とした状況が今日も続いていると思われます。

8-2-3　ロジスティクスにおける統合概念

それでは、そもそもなぜロジスティクスは高度化するのでしょうか。それに答えるためには、まずロジスティクスにおける**統合概念**を理解する必要があるように思われます。

まず、Lambert & Stock（1993）は、ロジスティクスにおける統合概念についてコスト最小化をあげています。すなわち「統合ロジスティクス・コンセプトの基礎は、望ましい顧客サービスを行うため、輸送、在庫、受注処理、情報システム、生産ロット調整によるコストなどのトータルコストを最小化するトータルコスト分析である（p.39）」と述べています。

また、Bowersox & Closs（1996）は、統合概念について同じように「トータルコストシステムをデザインすることはロジスティクス統合の目標である（p.509）」と述べています。

これらの見解からすると、統合概念については「モノの動き」のトータルコスト最小を追求する「**全体最適化**」として捉え、その概念をロジスティクスに用いていることがわかります。

一方、Kent & Flint（1997）は、ロジスティクスにおける統合概念として、「行動、機能、組織の境界越え」をあげ、これについて次のように述べています。「これは、行動問題のより深い理解、特に企業のロジスティクス・システムとそれに関連する行動の顧客認識への深い理解が必要になる。さらに、ますます統合サプライチェーン・マネジメントが進んでいく。そのため、機能間、組織間の協調や調整が必要になる。つまり、機能を横断的に捉えること（Cross-Function）と企業間の境界を越えていくこと（Boundary Spanning）が価値をもつようになる。」とし、ロジスティクスにおけるサプライチェーン・マネジメントへの高度化を示唆しています。

第8章　ロジスティクス　143

　また、菊地（2000）は、「将来におけるロジスティクスは、グローバル・サプライチェーンマネジメント化すること、統合デマンド・サプライチェーンマネジメントへの進展、サプライチェーンの機能を高めるためにサードパーティ・ロジスティクスの高度化、さらにグリーン・ロジスティクスやインターネット・サプライチェーンロジスティクスへの進展など、ロジスティクスは、ますます広域化、複雑化、高度化していくものと考える。」と述べながら、全体最適化システムへの変化を強調し、ロジスティクスにおける統合概念がサプライチェーン・マネジメントに結びつく様子を描いています。

　一方、以上のようなロジスティクスにおける統合概念は、システムとしての運動法則に基づくものであると、阿保（1992, pp.2-4）は述べています。つまり、一度ある領域を対象にしてシステムが設計されることになるが、その設計対象領域を拡大すれば、システムを操作する変数が増加し、意思決定の対象領域が増大することになります。よってシステムを統合することによる相乗効果や創発効果は一段と増幅されると阿保は主張しています。このような考えは、ロジスティクスの統合概念をベースとした高度化を説明する上で非常に有用な捉え方であるように思われます。

8-3　ロジスティクス戦略の展開

　80年代のはじめから、90年代のはじめにかけて大きな発展を遂げたロジスティクスの研究と実践においては、分析単位をまず企業におき、戦略、構造、コンピタンスの相互作用を中心とする企業のプロセス変革に焦点を当ててきました。つまり、分析対象となるダイナミックな企業のロジスティクス展開能力は、戦略、構造、コンピタンスの集合として捉えられ、企業の関心も、所与のプロセスで所与の製品・サービスを生産することよりも、企業の核心活動自体に焦点を当てるようになりました。

8-3-1　戦略・構造・コンピタンス

　まず、戦略概念に注目すると、それは企業の資源にコミットすることであり、

企業の目標、及びそれをどのようにして実現するかを定義したものであります。ただし、このコミットメントはトップ・マネジメントの信念のようなものであり、実行的なものでない場合が多いです。つまり、企業の戦略は企業行動の詳細を示したものではなく、その枠組みであると捉えるのが一般的であります。

　一方、Chandler（1990）によれば、戦略は一般的な方法で企業の構造を定義するが、詳細までも定義するものではないとしています。しかし、構造は企業がどのようにして組織化されるか、統制されるか、実際にどのように意思決定されるかに関連し、戦略を所与として実際の業務を規定するという考えは一般的にも支持されるものであると思われます。

　企業における戦略の大きな変化は企業構造の大きな変化も伴うということがいえます。そこで、組織のコンピタンスは実際に行われる企業活動を規定すると考えられ、このような考え方をロジスティクスに適用すると、その企業のロジスティクス戦略がロジスティクス・システムの構造を規定すると考えられます。

8-3-2　ロジスティクス戦略の構造分析

　引き続き、ロジスティクス・システムを戦略的な観点からその構造をみていくために、Copacino（1997）のフレームワークを用いることにします。

　Copacino は、ロジスティクスを戦略として捉えるにあたり、図表 8-3 のようなロジスティクス戦略ピラミッドというフレームワークを用いています（菊池 1998, p.15）。このフレームワークは、ロジスティクス戦略をシステム構造として立案するときに必要な検討事項を反映したツールであると思われます。このピラミッドではロジスティクスの要素が、戦略、構造、機能、実行の4つのレベルに分類され、ロジスティクス・システムの分析の際は、すべてのレベルをよく理解し考慮する必要があります。それぞれのレベルの内容は次のようなものであります。

第 8 章　ロジスティクス　　145

[図表 8-3　Copacino のロジスティクス戦略ピラミット]

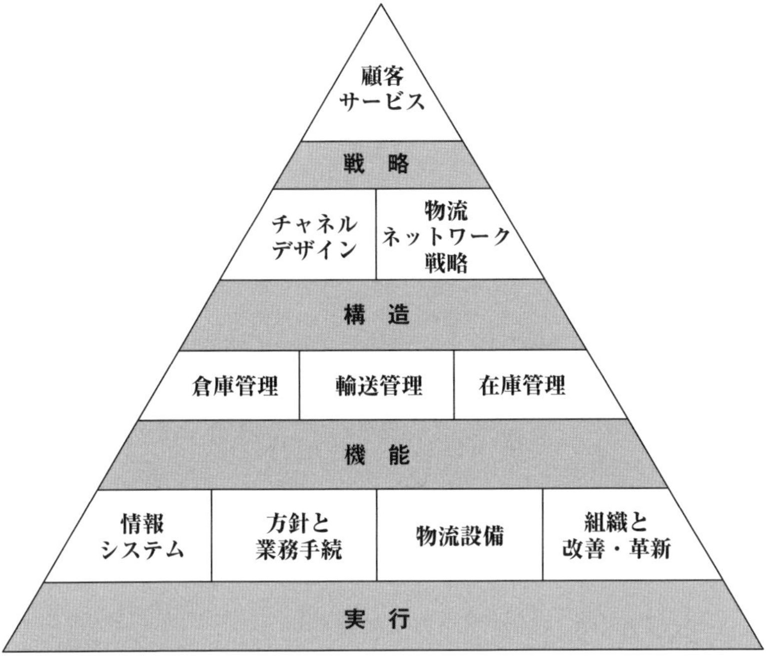

出所：菊地（1998），p.15

(1) 戦略レベル

　ロジスティクスでは、顧客に対し、どのように価値を提供し貢献するかを決定する必要があります。それには提供する基本的サービスとは何か、競争優位をもたらすサービスとは何かを検討する必要があります。要は、顧客サービスを通して戦略方法を設定することであります。

(2) 構造レベル

　戦略レベルの決定に基づき、構造レベル、つまりチャネル設計や物流ネットワーク設計を検討します。ここで、チャネル設計とは、例えば顧客に直接売るべきか、それとも流通業者を通して販売すべきかなどであり、物流ネットワーク設計は、出荷に関する製品・工場の決定や、倉庫の位置・数の決定などであります。つまり、これらの構造レベルの決定は、より少ないコストでより多くの価値を創出する機会を提供することになります。

(3) 機能レベル

　輸送管理、倉庫管理、需給管理、需要予測、在庫管理、生産計画、調達計画の機能を統合して全体最適化することであります。機能の優秀性を確保するためプロセス志向を目指してそれぞれの機能の業務レベルを統合する必要があります。

(4) 実行レベル

　実行がうまくいかなければ、ロジスティクス戦略やロジスティクス計画はうまくいきません。さらに実行する上では、組織と情報は欠かせないです。組織については構造、役割と責任、評価基準が重要であり、情報はロジスティクスを統合する上で必要不可欠であります。意思決定ツール、アプリケーション・ソフト、情報検索、システムの構造に関する情報は特に重要であります。

　以上のような、多くの研究者に受け入れられている「Copacino のロジスティクス戦略構造ピラミッド（Copacino 1997, pp.6-7）」は、ロジスティクス計画策定のための垂直的な分析の枠組みを提供しています。

8-3-3　ビジョンとロジスティクス戦略のリンク

　企業活動におけるビジョンは、基本的な企業のコンセプトを明示したものであり、企業がその活動を通じて何を提供するかを明らかにしたものであるといえます。そして、そのようなビジョンに基づき企業活動の基本目標が設定されますが、この基本目標は、長期的にその企業のあるべき姿を具体的に示したものであります。

　一方のロジスティクスにおいては、ロジスティクスの基本目標がビジョンに内包されるか、あるいは戦略に内包されるかは議論の対象となりますが、一般的には Holf & Shendel（1979）の見解のように、基本目標と戦略とは別個のものとして捉えられています。つまり、環境変化のもとで基本目標が示されると共に、企業は現状と基本目標との間にある隔たりを埋めようとし、基本方針が戦略になるという立場をとるのであります。

　ここで、以上のように導き出された戦略は、その管理活動として、戦略策定活動と戦略遂行管理とに区分して考えることができます。まず、戦略策定活動

とは、事業戦略を形成するにあたって必要なすべての諸活動を指し、戦略が形成された後の、実行計画を設定し、それに基づいて戦略を遂行、統制するための活動を戦略遂行管理とよぶことができます。このような考え方からすると、戦略策定活動と戦略遂行管理においては有機的結合が必要になると考えられますが、ロジスティクス・システムを対象とする場合は、戦略の策定と実行計画に始まる戦略遂行管理は、別の次元の問題として捉えられるのが妥当であると考えられます。

　また、実際のロジスティクス戦略策定以降の戦略システムの構築に関しては、システム構築の費用を中心に議論されることが多いように思われます。もちろん、Hamel（1996）が指摘するように、戦略実行計画は戦略の本質ではないかもしれませんが、以下の2つの理由から戦略実行計画および統制は、ロジスティクス・システムの構築において重要視されます。

　まず第1点は、ロジスティクスの戦略成果を十分引き出すためには、その戦略が予定されたとおりに遂行されなければなりませんが、そのためには高度な実行計画が不可欠であるということであります。ここには、企業のビジョン及びロジスティクス戦略を組織の構成員が完全に理解し、自らの行動が戦略に対してどのような影響を及ぼし、自らの行動によっていかにロジスティクス戦略が達成されるかを知る必要があります。

　第2点としては、ロジスティクス戦略の立案そのものにも関わるものでありますが、戦略の遂行の中で新たな戦略を生むというような相互作用の機能をロジスティクスの展開プロセスに持たせることであります。

　よって戦略的システムとしてのロジスティクスは大きく2つのシステムに区分することができ、1つは、戦略策定時に、それをサポートする意思決定のサポートを目的としたシステムであり、もう1つは、戦略遂行計画からその統制に至るまでの戦略と有機的に結合させた戦略遂行を目的としたシステムであります。

　一方で**競争戦略**及び**中核戦略**の概念を踏まえて、ロジスティクス・システム構築問題に注目すると、競争優位の源泉という視点を加えることで、そのシステム構築の方向性がより明らかになり、そのような視点は、大きく2つに分け

ることができます。

　まず1つ目の視点は、「差別化による競争優位の獲得」であります。顧客にとっての製品・サービスの価値を差別化し高めることで競争優位にたつことが可能となります。そして2つ目の視点は、「組織能力の向上による競争優位の獲得」であります。これは、ロジスティクス活動の遂行などのように組織能力に関わる視点であります。

　さらにこれらの2つの視点を結びつけるのが**コア・コンピタンス**の概念であり、Prahalad & Hamel（1990）のコア・コンピタンス論の含意は、企業の成長を支える本業あるいは持続的な企業成長の根源にあるものを解明しようとし、持続的競争優位の源泉としてのロジスティクスの分析視角を提供している点であります。また、Prahalad & Hamel は、企業間競争は、長期的には、製品のレベルではなく、製品を生み出す企業の能力のレベルで考えねばならないと主張していますが、それは企業の持続的競争優位の源泉は、変化する環境にすばやく適応し、競争相手が予想もしない製品・サービスを次々と生み出す能力に求めるべきであるということであります。そして、その能力は製品を生み出すコア・コンピタンスと、そのコンピタンスを構築する能力という2つの次元で捉えられています。

　コア・コンピタンス論では、資源や能力を組み合わせて、それらを統合する能力に注目しますが、これはロジスティクスにおける統合の概念と同じ考えに立っていると思われます。また、このような考えは、従来の経営資源論が企業の資源や能力を個々に取り上げたのに対比して、コア・コンピタンス論あるいは資源ベース論の重要な特徴をなしているともいえます。また、コア・コンピタンス論では、組織の部門境界にまたがる多くの人たちの協調が必要であることも強調されていますが、実際にこのような概念は、90年代におけるロジスティクスやその後のサプライチェーン・マネジメントの展開において広くうけいれられた概念であります。

第8章 ロジスティクス 149

8-4 ロジスティクス・マネジメント

ロジスティクス・マネジメントはサプライチェーン・マネジメントの一部であり、顧客の要求に適合させるために、商品、サービスとそれに関連する情報の、発生時点から消費地点に至るまでの効率的かつ効果的な前後方向のフローと保管を、計画、実施、コントロールすることであります。

統合化された一つのシステムとしてのロジスティクスは、強力な中央集中管理が全体最適という結果を生み出し、また、ロジスティクス・コンセプトの背景には、全体最適化を目指す統合概念が中心となっています。

ロジスティクスの発展及び高度化段階は、物流段階、ロジスティクス段階、そしてサプライチェーン・マネジメントの段階に分類することができ、戦略自体の高度化水準も同様に区分することができます。

戦略は、企業の資源にコミットし、企業の目標及びそれをどのように実現するかを定義するため、ロジスティクスが戦略としてとられたとき、そこには、ロジスティクス戦略によって規定される構造としてのロジスティクス・システムが存在します。また、コンピタンスとしてのロジスティクス情報システムは、ロジスティクス戦略の前提となります。

Copacino（1997, pp.6-7）が提案する戦略ピラミットのフレームワークは、ロジスティクス・システムの垂直的な分析の枠組みを提供しています。またロジスティクス・システムの構築に際しては、ロジスティクス戦略計画活動が最も重要な意味を持つことを示唆し、ロジスティクス戦略そのものの有効性を継続に検討するための、評価に関するフィードバック・プロセスが必要であることを示唆しています。

競争戦略と中核戦略の概念からすると、ロジスティクス・システムの構築方向は、差別化による競争優位の獲得と、組織能力の向上による競争優位の獲得が考えられ、これらを結びつけるコア・コンピタンス論の視点は、経営資源として持続的な競争優位性を生み出すロジスティクスの識別を可能にします。

【参考文献】

Attwood, N. and Attwood, P. (1992) *Logistics of A Distribution System*, Great Britain, Gower Publishing Company.

Ballou, R. H. (1992) *Business Logistics Management*, 3rd ed., Upper Saddle River, NJ., Prentice-Hall Inc.

Bowersox, D. J., Closs, D. J. and Helfreich, O. (1986) *Logistical Management A Systems Integration of Physical Distribution: Manufacturing Support Material Procurement*, 3rd ed., London, UK., Macmillan Publishing Company Inc.

Bowersox D. J. and Closs, D. J. (1996) *Logistical Management*, New York, NY., McGraw-Hill.

Chandler, A. D. (1990) *Scale and Scope: The Dynamics of Industrial Capitalism*, Boston, MA., Harvard University Press. (安部悦生他訳『スケール アンド スコープ：経営力発展の国際比較』有斐閣、1993年)

Christopher, M. (1992) *Logistics The Strategic Issue*, Final ed., London UK. , Chapman & Hall, 1992.

Christopher, Martin. (1998) Logistics and Supply Chain Management, 2nd ed., London, UK., Financial Times Prentics Hall. (e-Logistics訳『ロジスティクス・マネジメント戦略』ピアソン・エデュケーション、2000年)

Cooper, J. (1994) Logistics and Distribution, *Planning Strategy for Management*, 2nd ed., London, UK., Kogan Page Ltd.

Cooper, J., Browne, M. and Peters, M. (1994) *European Logistics Markets, Management and Strategy*, Hoboken, NJ., Blackwell Publishers.

Copacino, W. C. (1997) *Supply Chain Management*, Delray Beach, FL., The St.Lucie Press.

Coyle, J. J., Bardi, E. J. and Langley, C. J. (1980) *The Management of Business Logistics*, 2nd ed., Mason, OH., West Publishing Company.

Coyle, J. J., Bardi, E. J. and Langley, C. J. (1988) *The management of Business Logistics*, 4th ed., Mason, OH., West Publishing Company.

Gopal, C. and Cahill, G. (1992) *Logistics in Manufacturing*, Homewood, IL., Irwin.

第8章　ロジスティクス　　151

Hamel, G. (1996) "Strategy as Revolution," *Harvard Business Review*, Vol.74, No.4, pp.69-82.

Hofer, C. W. and Shendel, D. E. (1978) *Strategy Formulation: Analytical Concepts*, St. Paul, MN., West Publishing. (奥村昭博他訳『戦略策定』千倉書房、1981年)

Johnson, J. C. and Wood, D. F. (1990) *Contemporary Logistics*, 4th ed., London, UK., Macmillan Publishing Company

Johnson, J. C. and Wood, D. F. (1993) *Contemporary Logistics*, 5th ed., London, UK., Macmillan Publishing Company.

Kent, J. L. and Flint, D. J. (1997) "Perspective on the Evolution of Logistics Thought," CLM, *Journal of Business Logistics*, Vol.18, No.2, 1997, pp.15-25.

Lambert, D. M. and Stock, J. R. (1993) *Strategic Logistics Management* (3rd Edition), Homewood, IL., Irwin.

Langford, J. W. (1995) *Logistics Principles and Applications*, New York, NY., McGraw-Hill.

Magee, J.F., Copachino, W. C. and Rosenfield, D. B. (1985) *Modern Logistics Management; Integrating Marketing, Manufacturing and Physical Distribution*, New York, NY., John Wiely & Sons.

Michigan State University. (1999) *21st Century Logistics*, CLM.

Quayle, M. R. (1993) *Logistics An-integrated Approach*, Wirral, Merseyside UK., Tudor Business Publishing Ltd.

Ross, D. F. (1998) *Competing Through Supply Chain management*, Norwell MA., Kluwer Academic Publishers.

Wentworth, F. R. (1970) *Physical Distribution Management*, London, UK., Grower Press, London.

Wood, D. F., Barone, A. (1995) Murphy, P. and Wardlow, D. L., *International Logistics*, London, UK., Chapman & Hall.

阿保栄司 (1994)『ロジスティクス・マネジメント』同友舘

唐澤豊 (2000)『現代ロジスティクス概論』NTT出版

菊地康也 (2000)『ロジスティクス概論』税務経理協会

寺嶋正尚（1999）「グリーン・ロジスティクスの現状と21世紀に向けた課題」『季刊・輸送展望』No.250

第9章 財務会計と財務管理

9-1　財務管理とは

　財務管理とは、企業がその財務活動を効率的に遂行するために行う一連の活動をいいます。ここでいう財務活動とは、企業が受け取った株主（投資家）からの投資額や、銀行等（債権者）から借り入れた借入金の規模と構成に変動をもたらす活動をいいます。

　企業活動には資金が必要です。企業が販売活動や生産活動を行うには建物や機械といった設備が必要になります。しかし、これらの設備は永久に使用できるわけではありません。いつかは買い換えなければなりません。また、同じ製品ばかり生産・販売していてはやがて市場競争から取り残されてしまいます。新製品の開発が必要です。これら設備の買い換えや新製品の開発には多額の資金が必要になります。したがって、財務管理を適切に行って資金を調達・運用することは極めて重要な活動なのです。この活動を疎かにすると企業の資金といういわば血液の流れが悪くなり、最悪の場合死滅（倒産）してしまう事になってしまいます。

　ここでは、企業がその活動を継続させるために欠かすことができない財務管理について学習します。しかし、財務管理を行うためには財務会計の知識が必要になります。したがって、まずは財務会計の説明から入ります。そして、財務管理の初歩的な手法について財務諸表分析の視点から説明します。

9-1-1　企業の資金調達

　企業経営には資金が必要です。企業は株式や社債を発行することで資金を調達します。あるいは銀行からの借り入れにより資金を調達します。

[図表 9-1　企業の資金調達]

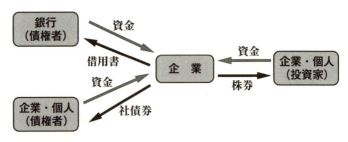

(1) 銀行借り入れ

　企業が、銀行から資金を集める場合は、提供を受けた資金に対して、借用証書を作成し、銀行に渡す事になります。

(2) 社債の発行

　企業が社債の発行により資金を他の企業や個人から集める場合は、社債券を発行することになります。これはいわば借用証書の代わりになります。

(3) 株式の発行

　企業が株式発行により資金を他の企業や個人から集める場合は、株券を発行することになります。株券は借用証書とは違う性質のものです。なぜなら株式の発行により調達した資金には返済の義務がないからです。

ポイント～社債の発行と株式の発行について

> 　銀行からの借り入れには、返済期限があり、その期限までに返済する義務があります。また社債の発行による資金の調達にも、償還期限という返済期限があり、その期限までに返済する義務があります。
>
> 　これに対して、株式の発行により調達した資金には、返済期限や償還期限がありません。したがって、返済義務は生じません。ただし、この場合企業は獲得した利益から株主へ配当を支払わなければなりません。

9-1-2　資金調達に不可欠な書類

　つぎに、資金を提供する側の立場に立って考えてみます。手始めに銀行の立場から考えてみます。銀行経営は資金に余裕がある企業や個人等から余剰資金を預かります。そして、資金を借りて運用したい企業や個人に貸し付けを行います。銀行の利益は、預かっている資金に対する利子と貸し付けた資金に対する利子との差額から生み出されます。つまり、預金利息より高い貸付利子率を設定することで利益を得ています。

　銀行が資金の貸し付けを行う際、返済が確実で、しかも当初の貸付額に利子を付けて返すことが可能であるかどうかに最大の関心が向けられます。そのため銀行は企業の財政状態や経営成績について審査することになります。この審査には財務諸表という書類が用いられます。

　財務諸表には貸借対照表、損益計算書、キャッシュフロー計算書、株主資本等変動計算書および付属明細書（表）などがあります。この中の貸借対照表と損益計算書が主要財務諸表といわれます。

　今度は株主の立場で考えてみます。株主の関心事は、利益の配当と株価に向けられます。利益の配当は前述の通り、企業が獲得した利益（当期純利益など）から行われます。したがって、株主は企業の当期純利益に着目します。つまり、当期純利益が多ければそれだけ多くの配当金がもらえると考えるからです。そしてまた、このような企業の株式は人気が出て値段が上がります。換言すると株が上がります。何か良いことをして、「株が上がったね」と言われたりしますが、語源はここにあるのです。企業の当期純利益（剰余金）は、損益計算書や貸借対照表（貸借対照表では利益剰余金として表示されます）で開示されています。したがって、株主も貸借対照表や損益計算書といった財務諸表に関心を持つことになります。

　次節では、財務管理に不可欠な財務諸表について概観します。

9-2 財務諸表

9-2-1 財務諸表とは

　企業の活動状況を貨幣価値で測定し、株主、債権者、経営者などの利害関係者に報告するための書類のことを財務諸表といいます。前述の通り、主たる財務諸表は貸借対照表と損益計算書です。他にキャッシュフロー計算書や株主資本等変動計算書があります。これらの財務書類は様々な利害を持つ、いわば不特定多数の利害関係者に情報提供を行う書類です。したがって、誰が見ても同じ尺度で解釈できるものでなければなりません。つまり、共通の作成方法が必要になります。この共通の作成方法を定めたものが**会計基準**です。それぞれの企業がそれぞれのやり方・手法で貸借対照表や損益計算書を作成しているとしたら、これを利用する株主・債権者あるいは税務署（税の徴収のために活用）などは混乱します。それぞれの会社の作成方法を熟知しておかなければ適正な評価はできません。それは至難の業です。ですから、企業は会計基準に則って財務諸表を作成しなければならないのです。

(1) 貸借対照表の概略

　貸借対照表は期末時点のストックを表すと言われます。企業は一度きりといった反証がない限り、半永久的に継続するという前提で活動しています。したがって企業の利益や財産の状態を把握するためには、人為的に**期間**を区切って利益計算や財産計算をする必要があります。これを**会計期間**（通常 1 年間）といいます。この最初の日を**期首**といい、最終日を**期末**といいます。例えば会計期間は 1 月 1 日から 12 月 31 日あるいは、4 月 1 日から 3 月 31 日などに区切られます。貸借対照表はこの期末の時点で企業が所有するストック（財産等）の状態を表すということです。

　貸借対照表には、**資産額**、**負債額**、そしてその差額としての**純資産額（資本の額）**が示されます。すなわち、株主や銀行等から資金を調達し、建物や備品といった設備等を購入している様子を表します。

[図表9-2 貸借対照表のイメージ]

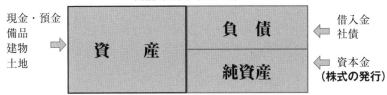

貸借対照表はバランスシートと呼ばれることもあります。また、略して B/S と表記されることもあります。図表9-2から解るように、表の貸方側（右側）で資金の**調達源泉**を現し、借方側（左側）で、その**運用形態**を現しています。

(2) 損益計算書の概略

損益計算書は一会計期間のフローを現すと言われます。換言すると一年間の収益と費用の流れを現します。その利益計算の構造は、売上高から仕入代金（売上原価）などを差し引き、そこからまた、事務所の家賃や従業員への給料等を差し引く、そしてさらに、金融取引等による利息などを加減して、当期純利益を算出します。

[図表9-3 即益計算書のイメージ]

損益計算書は、プロフィット・アンド・ロス・ステートメントと呼ばれることもあります。また略して P/L と表記されることもあります。図表9-3から解るように、売上高や受取利息といった収益と、売上原価や支払利息といった費用の差額として当期純利益が計算されます。

(3) 勘定式と報告式

財務諸表の形式には、**勘定式**と**報告式**があります。簿記を学習したことがあ

る読者は、その初期段階で、貸借対照表と損益計算書の作成を学んだと思います。この簿記の初学者が最初に学んだ形式が勘定式です。図表9-2および図表9-3の財務諸表は勘定式で示しています。すなわち、貸借対照表や損益計算書の左側を借方、右側を貸方として、表を左右、**借方・貸方に分けて作成する形式を勘定式**といいます。これに対して、借方・貸方に分けず、**収益と費用あるいは資産と負債・資本（純資産）を縦列に対応計算する形式を報告式**といいます。

　一般的に貸借対照表は勘定式で作成され、損益計算書は報告式で作成されます。図表9-4に報告式の損益計算書を示します。

[図表 9-4　報告式の損益計算書]

Ⅰ．売上高		×××
Ⅱ．売上原価	（−）	×××
売上総利益		×××
Ⅲ．販売費及び一般管理費	（−）	×××
営業利益		×××
Ⅳ．営業外収益	（＋）	×××
Ⅴ．営業外費用	（−）	×××
経常利益		×××
Ⅵ．特別利益	（＋）	×××
Ⅶ．特別損失	（−）	×××
税引前当期純利益		×××
法人税等	（−）	×××
当期純利益		×××

　図表9-4を見ると5つの異なる利益が記されています。それぞれの利益にはそれぞれの意味があります。詳しくは「9-3-4　財務諸表による財務管理」のところでのべます。

　次節では、主要財務諸表である貸借対照表と損益計算書について、より詳細に見ていきます。

第 9 章　財務会計と財務管理　159

9-3　財務諸表の仕組みと財務管理

9-3-1　貸借対照表の資産と負債

　前節で述べたように貸借対照表は一般的に勘定式で作成されます。したがってここでは、勘定式の貸借対照表を前提として説明します。

　貸借対照表は借方に資産の項目、貸方に負債と資本（純資産）の項目が対象表示されます。しかし、財務管理を行うためにはこれだけの理解では不十分です。資産・負債および資本（純資産）に含められるそれぞれの項目の性質について理解しておく必要があります。

　例えは自分の財産管理を考えてみてください。財産を総額で管理するより、どのような財産をどれだけ持っているかという視点で管理した方が、生活設計としてはやりやすいはずです。「すぐに使える財産がどれだけあるか」、「今は使えないが将来的には使える財産がどれだけあるか」など把握するといった具合にです。具体的には前者は現金や普通預金が考えられます。後者には定期預金などが考えられます。企業は取引の中で、すぐに使える財産と今は使えないが将来的には使える財産を区別して把握しておかなければなりません。「当座の資金として活用できるのかできないのか」、「将来の建物の建て替えなどに備えるための資金の蓄えが、どれだけあるのか」など、常に把握して経営活動を行っています。

　このことを他の側面から考えると、「近日中に返済しなければならない借金は、どれだけあるのか」、「すぐにではないがいずれ将来的に返済しなければならない借金は、どれだけあるのか」といった返済義務の面での把握も必要になることも理解できると思います。

　貸借対照表ではこのような必要性から、図表9-5のような区分が行われています。

[図表 9-5 貸借対照表の区分]

貸借対照表（B／S）

［資産の部］ 流動資産 固定資産 　有形固定資産 　無形固定資産 　投資その他の資産 繰延資産	［負債の部］ 流動負債 固定負債
	［資　本］ （純資産）

（1）資産の区分

　貸借対照表の資産の部は図表9-5に示すように、**流動資産**、**固定資産**および**繰延資産**の3つに区分されています。この内の繰延資産は特殊な資産（異質の資産）なので、別項で後ほど説明します。ここでは資産項目には流動資産と固定資産しか無いものと考えて下さい。

　ということで資産は、大きく分けると流動資産と固定資産からなります。先程の財産管理を思い出してください。端的にいうと1年以内に現金化できる資産を流動項目とし、1年以上は換金することが予定されていない資産を固定項目として区別しています。このように区別するための基準を**一年基準**（one year rule）といいます。他に**正常営業循環基準**というものもあります。これは正常な営業の循環過程に含まれる項目を流動資産とするという基準です。つまり、現金→商品購入→売却→現金→商品購入・・・・という循環の中で発生する資産項目を流動資産とする基準です。なお、これらの基準は負債項目についても同様に適用されます。

　こうして区分された流動項目は、一年以内に消費・支出等が可能ということになります。これに対して、固定項目は、将来への備えとして管理していくことになります。

① 流動資産

　流動資産は、短期間に現金化できる資産や費用化する資産です。それには現金及び預金、受取手形、売掛金、有価証券、商品、短期貸付金、前払費用、未

第9章　財務会計と財務管理　　161

収収益などがあります。ここでいう有価証券は売買目的で所有する株式や社債になります。また、短期貸付金とは貸付期間が1年以内のものです。

　流動資産は貸借対照表上では特別な区分項目としては示されませんが、これらの流動資産項目は**当座資産**、**棚卸資産**および**その他の流動資産**に分けることができます。

　当座資産とは、現金はもちろんのこと、現金と同等の資産および現金に換金される可能性が高い資産をいいます。

　棚卸資産とは、文字通り決算において棚から1つずつおろして1個、2個と数えることができる資産で、その代表が商品です。

　その他の流動資産とは、当座資産と棚卸資産以外の流動資産をいいます。まとめると図表9-6のようになります。

[図表 9-6　流動資産の分類]

当座資産	現金及び預金、受取手形、売掛金、有価証券（売買目的）
棚卸資産	商品、製品、半製品
その他の流動資産	短期貸付金、前払費用、未収収益

②　固定資産の細分類

　固定資産は、事業への使用資産および回収期限が1年を超える資産です。図表9-5に示したように、固定資産は**有形固定資産**、**無形固定資産**および**投資その他の資産**に細分類されています。

　有形固定資産とは、長期にわたり利用する有形の資産です。これらは時の経過や使用により価値が減価していきます※。したがって、その多くに減価償却計算が行われます。

　無形固定資産とは、長期にわたって所有する無形の資産です。特許権や実用新案権といった**知的財産**などがあります。したがってそのほとんどが権利といって良いものです。ただし、無形固定資産には「**のれん**」も含まれます。のれ

※ただし、土地などは時の経過や使用による減価は生じませんので、減価償却計算は行われません。

んとは他の企業に勝る超過収益力を一定の貨幣価値で現したものです。買収や合併に際して発生する経済上の価値です。

投資その他の資産とは、有形・無形の固定資産以外の固定資産です。すなわち形がなく権利や経済上の価値ではない固定資産です。長期貸付金や長期性預金などがこれに当たります。まとめると図表9-7のようになります。

[図表9-7　固定資産の分類]

有形固定資産	建物、備品、車両運搬具、土地、建設仮勘定
無形固定資産	特許権、実用新案権、商標権、のれん
投資その他の資産	長期貸付金、長期性預金、投資不動産、投資有価証券、子会社株式、関連会社株式

③　繰延資産

繰延資産とは、**創立費、開業費、新株発行費**などで、実際は費用といえます。したがって、繰延資産項目の多くは最後が「費」という文字で終わっています。これらの費用には次のような特徴があります。

　　○すでに代価の支払いが完了し、または支払い義務が確定している。

　　○これに対する役務の提供を受けたにもかかわらず、その効果が将来にわたって発現すると考えられる。

例えば、創立費を創業した初年度だけの費用として良いかどうかを考えてみると、その費用は会社が存続する限り貢献することになります。会社を解散する予定は通常ないと考えられますので、会計基準では5年間に分けて費用処理することが認められています。繰延資産とは、その効果が及ぶ数機間に合理的に配分するために、経過的に貸借対照表上資産として計上されているものです。

(2) 負債の区分

負債の部は、図表9-5に示したように、流動負債と固定負債に区分されています。流動負債とは、短期に支払期限の到来する債務で、支払手形、買掛金および短期借入金などです。これに対して固定負債は、支払期限の到来が長期にわたる債務で、長期借入金や社債などです。なお、負債の区分に関しても1年基準および正常営業循環基準が適用されます。まとめると図表9-8のようにな

ります。

[図表9-8　負債の区分]

流動負債	支払手形。買掛金、短期借入金、未払費用、賞与引当金、未払法人税等
固定負債	長期借入金、社債、退職給付引当金

9-3-2　貸借対照表の資本（純資産）

貸借対照表の純資産の部は、図表9-9に示すように、株主資本（資本金・資本剰余金・利益剰余金）、評価換算差額等および新株予約権に区分されます。

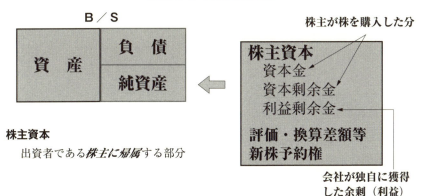

[図表9-9　純資産の区分]

(1) 株主資本
①　資本金と資本剰余金
　株式会社の資本金の額は、設立または事業拡張等に際して、株主となる者が当該株式会社に対して払い込み、または給付をした財産の額になります。**会社法**では、この払込金額の**2分の1を超えない額を、資本金に組み入れないことができる**とされています。この資本金に組み入れなかった金額を**資本準備金（株式払込剰余金）** といいます。この資本準備金は資本剰余金に含まれます。資本剰余金には資本準備金の他に、**その他資本剰余金**があります。これには、**資本**

金減少差益、資本準備金減少差益および自己株式処分差益などが含まれます。これらについては原則として、貸借対照表において内訳表示をする必要はありません。その他資本剰余金として一括計上することになります。

② 利益剰余金

利益剰余金とは、企業がこれまでに稼得してきた利益の留保額です。これには会社法で積み立てが強制されている利益準備金とその他利益剰余金があります。利益準備金は、株式会社が利益の配当を行った際に一定額を積み立てておくというものです。投資家である株主は多くの配当を期待します。これに対して債権者である銀行等は多くの配当には懸念を抱きます。なぜかというと配当金の額だけ留保額が社外に流出することになるからです。債権者にとっては、債権を回収する際の資金が減少することになるのです。したがって、会社法が債権者保護の立場から利益準備金の積み立てを要求しているのです。利益剰余金には利益準備金以外に、その他利益剰余金があります。これはさらに、任意積立金と繰越利益剰余金に分かれます。任意積立金とは会社が任意で積み立てを行うもので、事業拡張積立金や新築積立金などがあります。つまり、○○積立金として任意に積み立てを行うものです。繰越利益剰余金とは、通常、次の株主総会において利益処分の対象になる剰余金です。その多くが当期純利益になりますが、過年度の残高があればその金額をも含めた額が利益処分の対象となります。利益処分というと分かりにくいのですが、要するにこれは会社が稼ぎ出した利益の使い道を株主総会で決定するということです。この時に前述の配当の額や、利益準備金の積立額、および新築積立金等への積立額が決定されるのです。

③ 自己株式

株式会社が既に発行している自社の株式を取得したら、その取得額を自己株式とします。これは、純資産の項目ですが、マイナス項目になります。したがって貸借対照表上は、金額の前にマイナスを意味する△印を付して計上することになります。例えば自社の株式を100,000円で取得した場合は、△100,000と表記することになります。

（2）評価・換算差額等

　現行の会計制度では、資産・負債を時価で評価することが限定的に認められています。例えば、決算において、売買目的有価証券の時価が下落していると、有価証券評価損を損益計算書に計上します。これは売買目的で所有するものであるから、そうするのですが、売買目的ではない「その他有価証券」の時価が下落、または上昇した場合を考えてみます。これらは売買することが目的ではありませんので、その評価損益を損益計算書に計上することには疑問があります。そこで、会計制度上、損益計算書に計上せず、貸借対照表の純資産の部に直接計上することが、限定的に認められています。このような純資産に直入する評価差額などを評価・換算差額等といいます。これには、その他有価証券評価差額金、繰延ヘッジ損益などがあります。

（3）新株予約権

　新株予約権とは、その保有者（新株予約権者）が、一定期間（行使請求期間）のうちに一定の価格（行使価格）で新株を受け取れる、または自己株式の移転を受けることができる権利のことです。

　新株予約権は、発行している企業からすると、新株予約権が行使されれると、新株の発行や自己株式が移転されることになります。つまり、現在は株主資本ではありませんが、将来的には株主資本になる可能性を有することになります。したがって、現時点では未だ株主資本になっていないので、株主資本とは区別して、貸借対照表の純資産の部に計上されることになります。

　図表9-10に純資産項目をまとめておきます。

[図表 9-10　純資産の細分類]

株主資本	資本金		
	資本剰余金	資本準備金	
		その他資本剰余金	
	利益剰余金	利益準備金	
		その他の利益剰余金	任意積立金
			繰越利益準備金
	自己株式		
評価・換算差額等	その他有価証券評価差額金		
	繰延ヘッジ損益		
新株予約権			

9-3-3　損益計算書の仕組みと財務管理

損益計算書は前述のように、一般的に報告式で作成されます。したがってここでは、報告式の損益計算書を前提として説明します。

(1) 売上総利益

売上総利益は、売上高から売上原価を差し引いて計算されます。図表9-4では既に計算された売上原価を売上高から差し引く形式で示されていますが、図表9-11のように損益計算書上で売上原価の計算過程を表示する方法もあります。

[図表 9-11　損益計算書 (売上総利益まで)]

```
Ⅰ. 売上高                          × × ×
Ⅱ. 売上原価
   1. 期首商品棚卸高      × × ×
   2. 当期商品仕入高      × × ×
        合　　計          × × ×
   3. 期末商品棚卸高   (-) × × ×      × × ×
      売上総利益                     × × ×
```

なお、製造業の場合は、商品と表記されている箇所が製品となります。例えば、期首商品棚卸高であれば、期首製品棚卸高と表記されることになります。

第9章　財務会計と財務管理　167

(2) 営業利益

　営業利益は、企業の主たる営業活動から得られた利益を意味します。売上総利益は商品やサービスの提供による利益です。商品の販売やサービスを提供するためには、販売員活動や広告宣伝等が必要になります。また、商品や製品を保管したりする管理業務も必要になります。したがって、販売員等に支払う給料や広告料、あるいは管理費といった費用を差し引いた金額が、営業活動による利益と考えられます。これらの費用のことを**販売費及び一般管理費**といいます。

　販売費一般管理費には、給料、旅費交通費、通信費、支払地代、支払家賃、支払手数料、保険料、修繕費、消耗品費、水道光熱費、租税公課、貸倒引当金繰入および減価償却費などがあります。

(3) 経常利益

　経常利益は、企業の主たる営業活動ではなく、企業活動に付随して発生する金融収支に関する取引を考慮に入れて計算された利益です。経常利益は、営業利益に受取利息などの**営業外収益**を加え、そこから支払利息などの**営業外費用**を差し引いて計算されます。金融に関する取引は企業経営上不可欠なものです。したがって、経常利益が企業業績判断の基礎として重要視されています。

　営業外収益には、受取利息、有価証券売却益、有価証券評価益および仕入割引などがあります。そして、営業外費用には、支払利息、手形売却損、有価証券売却損および売上割引などがあります、

(4) 当期純利益

　当期純利益は、経常利益に毎期経常的に発生するとは考えられない**特別利益**や**特別損失**を加減して計算されます。ただし、この段階では、法人税などの税金を考慮していませんので、正確には**税引前当期純利益**といいます。そして、この税引前当期純利益から**法人税額**を控除して当期純利益が計算されることになります。法人税については**税効果会計**という処理方法が適用され、**法人税等調整額**というものが支払った法人税額を調整するために加減されます。

　特別利益には、固定資産売却益や投資有価証券売却益などがあります。そして、特別損失には、固定資産売却損や投資有価証券売却損などがあります。

　図表9-12に、利益計算の仕組みと収益・費用の分類関係について、まとめて

おきます。

[図表9-12　利益計算と収益・費用の分類]

営業損益計算	営業収益	売上高 など
	営業費用	売上原価 など
	販売費及び一般管理費	給料、旅費交通費、通信費、支払地代、支払家賃、支払手数料、保険料、修繕費、消耗品費、水道光熱費、租税公課、貸倒引当金繰入および減価償却費 など
経常損益計算	営業外収益	受取利息、有価証券売却益、有価証券評価益、仕入割引 など
	営業外費用	支払利息、手形売却損、有価証券売却損および売上割引 など
純損益計算	特別利益	固定資産売却益、投資有価証券売却益 など
	特別損失	固定資産売却損、投資有価証券売却損 など

9-3-4　財務諸表による財務管理

企業が財務管理を行う際に有効な手段として、財務諸表を用いた財務分析の手法があります。財務分析には様々な指標が用いられます。これらの指標の用途は、企業の安全性、収益性、生産性および成長性を分析・管理するために利用されます。ここでは、このうちの安全性分析と収益性分析に焦点を当てます。

(1) 安全性分析

安全性分析とは、主に貸借対照表を使って、当該企業が財務的に安定しているかどうかを分析するものです。安全性分析に用いられる指標には、**自己資本比率**、**流動比率**、**当座比率**、**固定比率**および**固定長期適合率**などがあります。

① 自己資本比率

総資本全体に占める自己資本の割合を見る指標です。次の式を用いて計算します。

$$自己資本比率（\%）= \frac{株主資本＋評価・換算差額等}{負債・純資産合計} \times 100$$

$$= \frac{自己資本}{総資本} \times 100$$

第9章　財務会計と財務管理　169

※この指標の判断の目安は、50％以上です。50％以上であれば安全な企業と判断されます。ただし、この判断の基準は、業界や企業の置かれている環境等によって変わります。ここでいう目安は一般的なものです。このことは、以下の指標すべてについても言えることです。

② 流動比率

流動比率は、流動負債を流動資産でカバーできているかどうかを見る指標です。流動負債の多くは1年以内に返済期限が到来する債務です。そして、流動資産の多くは1年以内に現金化できる財貨や債権です。流動負債の合計額より流動資産の合計額が大きい必要があることは、容易に理解できると思います。流動比率は、次の式を用いて計算します。

$$流動比率（\%）= \frac{流動資産}{流動負債} \times 100$$

※この指標の判断の目安は、200％以上と示された文献もありますが、現実的には150％以上であれば安全な企業と判断されます。

③ 当座比率

流動資産には、商品などの棚卸資産が含まれます。もしこれらに不良在庫があれば、思うように換金できません。そこで、換金性の高い流動資産に置き換えて算出するのが、当座比率です。次のように計算されます。

$$当座比率（\%）= \frac{当座資産}{流動負債} \times 100$$

※この指標の判断の目安は、100％以上です。100％以上であれば安全な企業と判断されます。

④ 固定比率

土地・建物および機械設備等の購入には、多額の資金を要します。これらの固定資産の調達資金は、返済期限のない自己資本でカバーしておく方が企業にとって安全です。固定比率は、次の式を用いて計算されます。

$$固定比率（\%）= \frac{固定資産}{自己資本} \times 100$$

※この指標の判断の目安は、100％以下です。100％以下であれば安全な企業と判断

されます。

⑤　固定長期適合率

　上記の固定比率ですが、現実には固定資産のすべてを自己資本で賄うということはかなり難しいようです。したがって、自己資本に長期借入金や社債などの返済期限が長期に渡る固定負債を含めることもあります。固定長期適合率は、次の式を用いて計算されます。

$$固定長期適合率（％）= \frac{固定資産}{自己資本＋固定負債} \times 100$$

　　※この指標の判断の目安は、100％以下です。100％以下であれば安全な企業と判断されます。

（2）収益性分析

　収益性分析とは、損益計算書と貸借対照表を使って、企業が儲けを出しているのかや、投下した資本が効率的に活用されているのかを分析するものです。収益性分析に用いられる指標には、**総資本経常利益率**、**経営資本営業利益率**、**自己資本当期純利益率**、**売上高総利益率**、**売上高営業利益率**、**売上高経常利益率**、**売上高純利益率**などがあります。

①　総資本経常利益率

　収益性とは、簡単にいうと企業の利益獲得状況を意味します。利益を獲得するためには金銭や物品を投入します。この投入した金銭や物品に相当するものを投下資本といいます。資本利益率は、貸借対照表に示されている資本の額と損益計算書に示されている利益の比率によって求められます。総資本経常利益率は、次の式を用いて計算されます。

$$総資本経常利益率（％）= \frac{経常利益}{総資本（前期・当期平均）} \times 100$$

　　※総資本とは、負債と純資産の合計、または資産合計です。
　　この指標は、10％以上が理想とされています。

②　経営資本営業利益率

　総資本営業利益は、経営資本と営業利益の比率です。本業に用いている資産のことを**経営資本**といいます。この本業のための資産である経営資本でどれだ

第9章　財務会計と財務管理　171

けの利益を獲得しているか見る指標です。経営資本営業利益率は、次の式を用いて計算されます。

$$経営資本営業利益率（％）＝ \frac{営業利益}{経営資本（前期・当期平均）} \times 100$$

※経営資本＝総資産−（建設仮勘定＋投資その他の資産＋繰延資産）

③　自己資本当期純利益率

株主などの投資家が投下した自己資本で、どれだけの利益を獲得したかを見る指標です。この指標は株主や投資家が最も重視する指標だといわれています。自己資本当期純利益率は、次の式を用いて計算されます。

$$自己資本当期純利益率（％）＝ \frac{当期純利益}{自己資本（前期・当期平均）} \times 100$$

④　売上高総利益率

売上高総利益率は、売上原価の額に深く影響を受けます。売上原価が大きいと、この指標の数値は小さくなります。また、この指標は業種によってかなり差があります。売上高総利益率は、次の式を用いて計算されます。

$$売上高総資本利益率（％）＝ \frac{売上総利益}{売上高} \times 100$$

⑤　売上高営業利益率

売上高営業利益率は、販売費及び一般管理費の額に深く影響を受けます。販売費及び一般管理費が大きいと、この指標の数値は小さくなります。売上高営業利益率は、次の式を用いて計算されます。

$$売上高営業利益率（％）＝ \frac{営業利益}{売上高} \times 100$$

⑥　売上高経常利益率

経常利益とは、金融関係の取引から生ずる損益を営業利益に加味した利益です。つまり、営業利益に受取利息や支払利息などを加減した利益となります。売上高経常利益率は、次の式を用いて計算されます。

$$売上高経常利益率（％）＝ \frac{経常利益}{売上高} \times 100$$

⑦ **売上高純利益率**

　当期純利益は、企業の最終利益です。企業の損益には営業損益、営業外損益の他に、経常的に発生しない損益、すなわちその会計期間だけに発生した特別な損益があります。当期純利益はこのような特別損益を加味して算出されます。売上高当期純利益率は、次の式を用いて計算されます。

$$
売上高当期純利益率（\%）= \frac{当期純利益}{売上高} \times 100
$$

　企業は以上のような財務分析指標等を用いて、財務分析や財務管理を行います。

9-4　おわりに

　企業経営の目的は、「社会に貢献する営利組織としての存続と発展にある」（熊野 2006, p.3）といわれます。そしてその目的は「資本提供者（株主と債権者）に帰属する企業価値（株主資本価値と負債価値）を最大化することによって達成」（熊野 2006, p.3）されます。この目的達成のためには資本調達と資産運用の総合的管理が必要となります。本章ではまず財務諸表の種類とその内容について学習しました。これは財務管理を行うためには財務諸表の理解が欠かせないからです。そして財務管理の手法として安全性分析と収益性分析について学びました。これらの手法は基本的なものです。このほかにも多くの財務管理モデルがあります。興味がある人は経営分析や財務管理に関する著書を手に取ってみてください。そこには新たな企業経営の世界があるでしょう。

【参考文献】

熊野雅之（2006）『企業・家計・銀行の財務管理モデル』税務経理協会

桜井久勝（2016）『財務諸表分析』中央経済社

関根恵子・石井宏宗（2012）『ゼロからの経営分析ワークブック』創成社

広瀬義州（2012）『財務会計〈第11版〉』中央経済社

山下壽文・高木正史・日野修造・山形武裕（2009）『企業会計の基礎』中央経済社

第10章 経営情報システム

10-1 経営組織と情報システム

　企業による情報システム導入の目的は、組織の構造変化やICTの発展といった歴史的な変遷によって変わってきました。大きな流れとしては経営の効率化を目的としますが、時代とともにビジネスに直結した戦略的な利用までを目的として含むように発展し拡大してきた経緯があります。ここでは、現在の経営情報システムへの基礎を築いた黎明期からの流れを追いながら経営情報システムとは何かを述べます。

10-1-1 情報システムの必要性

　企業は効率的な管理ができるように組織化されます。規模の違いはありますが、どのような企業にも、部や課といった組織体系があります。これは類似した業務に分割をすることにより、専門性を明確にすることで、部署としての機能が向上し効率的に業務遂行ができるようになるからです（専門化の原則）。

　また、分業化を進めるうえで指揮命令系統を明確にする必要が出てきます。そのため、組織の構成員は明確な権限のもとに階層化され、部や課などの階層組織になり、いわゆるピラミッド型組織になります（階層化の原則）。

　組織が大きくなると、1人で管理できる部下の数に限界が生じてきます。そのため、専門化の原則により複数のグループに分割し、それぞれに管理者をおき新しい階層を作ります。もともとの管理者は各グループの管理者を管理することで、負担は軽減されることになります（統制範囲の原則）が、階層が深い組織となるためピラミッド構造がより高くなります。

　当然ながら管理する範囲が決まり、指揮命令系統が明確な組織であれば部下

から見れば上司は一人であり、指揮命令は上から下され、下からの情報はその逆をたどり吸い上げられていくことで混乱を避けることができます（命令一元性の原則）。

さらに、指揮命令系統の中で、その職務には一定の権限が与えられますが、その責任は権限に相応したものでなければなりません（権限責任一致の原則）。

これらは、企業組織を管理する上で、効率的な組織を管理するために行われているのですが、その反面、大きな組織になり、内部が細分化されるほど、上述の5つの原則の副作用として、情報の遅延や停滞、部門の壁による情報の共有の困難さが目立ってきます。スピード経営やワンストップ・サービスといったことが求められる現代社会においては、肥大化した組織では、これらは大きな問題となります。これを解決に導く技術やツールがITまたはICTといえます。

大きく、そして細分化された組織を効率的に迅速に管理するためには、そこに流れる情報を統合的に管理し活用しなければなりません。これが経営情報システムの必要性といえます。しかし、企業にコンピュータが導入された最初の目的は組織全体を効率的に管理するためのものではなく、データ処理のためでした。以下では企業にコンピュータが導入され始めたころから、普及するまでの経緯と目的について述べます。

10-1-2　初期の情報システム

（1）世界初のコンピュータからビジネスへの導入まで

世界で最初に開発されたとされるコンピュータは諸説ありますが、1946年に完成した**ENIAC**とされています。諸説ある理由は、コンピュータの定義が曖昧なためです。実は1940年代には世界初のコンピュータといえるものがいくつかあります。そのため多くの研究者がコンピュータと認めているものの中で世界初と言えばENIACということになります。ENIACとは、ペンシルバニア大学のムーア校で、MauchlyとEckertらによって開発されました。

ただし、このENIACは現在主流となっているコンピュータの構造とは異なる点があります。それはプログラムをメモリに内蔵できないのです。そのため配線を変えてプログラムし直すといった作業が必要でした。現在のコンピュー

タに近いメモリを使ったプログラムを内蔵する構造をもつコンピュータとしては **EDSAC** が挙げられます。EDSAC は ケンブリッジ大学の Wilkes によって1949年に開発されました。

いずれにしてもコンピュータは1940年代にその原型が開発され稼動し始めたのです。

(2) コンピュータのビジネスへの導入

世界初のコンピュータは第2次世界大戦中から東西冷戦の始まった頃、すなわち1940年代に開発されています。これは、コンピュータの開発目的が戦争と関連しているためです。つまり、コンピュータは軍事目的で開発されたといえます。この時代、コンピュータは軍事または科学技術計算を主目的として限られた場所の限られた人間だけが使うものでした。

しかし、1950年に世界初となる商用コンピュータ、**UNIVAC I** が開発され、翌年1951年には実際に販売されるようになりました。もちろん、この時代のコンピュータは高額で、20万ドル前後で販売されています。当時の為替レートで換算すると、7200万円もしました。当時の国家公務員行政職の大卒初任給が5500円ですから、どれくらい高額であるかが理解できると思います。しかも販売台数は47台しかありません。現在のパソコンのように廉価で大量生産されるようなものではないのです。

つまり、商用コンピュータといっても、誰もが買えるようなものではないということです。一部の大企業にのみ導入されたということに他なりません。ですから、この時期、コンピュータは夢の存在であり、そのため、コンピュータに対する期待も高まりました。

(3) EDPS

その後も商用コンピュータの開発は続きます。日本でも開発され販売され始めました。日本の高度経済成長期に合わせて、企業のコンピュータ導入も進んでいきました。1960年代前半、企業でのコンピュータ利用の位置づけはDP（デー処理）業務が中心であり、EDPS（Electronic Data Processing System　データ処理システム）と呼ばれていました。しかし、コンピュータを使用するためには、専門的な知識が必要で、現在のようなGUIによるOSの操作によって、

その上で稼動するソフトウェアを使用するといったことはできませんでした。専門的な知識を用いて、処理に必要なプログラムを作成することから始めなければなりませんが、これもカードに穿孔してコンピュータに読み込ませる作業が必要でした。結果もプリンタに出力されたものを見るというものでした。

　このような専門的な知識が必要で手間のかかる作業であるがために、一部の技術者によって構成された電算室（のちの情報システム部門に相当）が、大量データの定型的処理をシステム化するという利用形態が一般的でした。この時代に処理対象となった業務は、給与計算等の人事部門、売上、売掛金管理、請求書等の発行などの販売部門、会計処理などの経理部門といった、全社的な大量データを定型的に処理する基幹業務です。

(4) MIS

　コンピュータはビジネスで大量に発生するデータを処理していくには非常に頼もしい道具となりました。大量のデータを高速で正確に処理していくことは、確かに人間より優れています。そのため、この時期になると、コンピュータへの期待は一気に高まりました。それが、1960 年代後半に MIS（Management Information System：経営情報システム）という概念や用語を生み出す契機となりました。

　この MIS がどのくらい期待されていたのかは、日本生産性本部が「MIS 視察団」を米国に派遣し、その報告書が大反響であったことからもうかがえます。これまでの情報システムがデータ処理という現場の業務支援であったのと異なり、MIS が想定していたのは、経営者支援です。経営者は、現場で発生したデータの分析結果を迅速に報告してもらうことを期待していました。しかし、現在のようなデータベースもなく、扱うデータや分析に応じてその都度プログラムを作成しなければならないなど、迅速な経営者支援は不可能でした。さらに結果の出力は紙へのプリントでしたし、日本語処理も不可能、グラフィックの利用も不可能という技術水準ですから、とても経営者支援のシステムを完成させることはできませんでした。しかし、この時に求められていた機能や性能は、現在では可能となっています。そのため、この時期の MIS という用語や概念は、学術的には狭義の経営情報システムとして扱われており、現在の用語とは区別

第 10 章　経営情報システム　177

し、当時の MIS は未完成、または幻想であったとされています。

(5) DSS

　前述のとおり、MIS は、当時の技術では理想に追いつくことができず実現不可能でした。しかし、その後もビジネスプロセスや企業形態は変遷していきます。それにつれて IT を利用した問題解決方法のアイデアも変わっていきます。

　MIS の次に提唱されたのが DSS（Decision Support System：意思決定支援システム）です。この考え方は MIS の失敗の反省とその後の技術進歩に基づいています。コンピュータに経営意思決定はできないが、人間の意思決定を支援することはできる、意思決定を支援する情報を入手する仕組みであればコンピュータを利用することで実現できるというものです。

(6) OA

　ここまでの時代は、汎用コンピュータ、すなわちメインフレームによる集中処理が一般的で、専門家が利用するものと考えてよいでしょう。もちろん、TSS[1] により端末を一般のユーザが利用するといった形態は見られていましたが、情報システム部門の管理によるメインフレームの共同利用が一般的でした。つまり業務でコンピュータが必要な場合は、それを情報システム部門に依頼して処理していたわけです。しかし 1980 年代に入ると様子が一変し、現在の情報化社会の形態に近くなります。一般の社員がパソコンをある程度自由に使って業務を遂行する姿が見られるようになるのです。これをエンドユーザ・コンピューティングといいます。これは、パソコンの 16 ビット化や日本語への対応などにより、ビジネスでの利用に耐えられる進化と発展があったためです。この変革により情報システム部門以外の利用者がコンピュータを手にすることになったのです。この時代を表す言葉としては、オフィス業務の生産性を向上させる目的でパソコンを含む情報機器を積極的に導入し活用する動きを指す

---

(1) メインフレームを利用する場合、一台のコンピュータを複数の端末で使用することになりますが、見かけ上、端末を操作している利用者には一人で 1 台を利用しているように感じます。これは、コンピュータの処理時間を非常に小さな時間単位に順番に振り分けて利用者が操作しているからです。このように時間を振り分けてコンピュータを利用する形態を TSS、タイムシェアリングシステムといいます。

OA（Office Automation：オフィスオートメーション）が挙げられます。また、1980年代の後半になると、さらに低価格でコンパクトなパソコンや情報機器が普及していきます。この動きをダウンサイジングと呼び、エンドユーザ・コンピューティング同様この時代を特徴づけるキーワードといえるでしょう。

(7) SIS によるビジネスと経営の変化

1980年代後半になると、企業戦略として他社と比較して競争優位を確立するために、戦略的に情報システムを活用することが注目され始めました。それをSIS（Strategic Information System：戦略的情報システム）といいます。従来の情報システムの利用目的はこれまで述べてきたように業務や経営者を支援することが目的でした。しかし、この時期、航空機の座席予約システムやオンラインの受注システム、顧客管理システムなどが登場し、業務の支援はもちろんのこと、このようなシステムを持っていることが、他社との競争を有利にすることが注目され始めたのです。つまり、情報システムそのものが企業戦略実現のために利用されるようになったのです。

SISの概念が経営戦略に必須のものとして企業に浸透するにつれてIT部門の役割が変化していきます。従来、DP業務、すなわちシステム構築やコンピュータの運用が主流であった情報システム部門は、SISによる経営戦略との密接な関係から、IT業務という新しい位置づけに変わっていきます。IT業務は情報技術と経営戦略を統合する業務といえます。そのため、情報システム部門が行っていた、DP業務は子会社化したり、外部の専門業者に委託したりすること、つまりアウトソーシングが急速に進んだのです。SIS概念の浸透は、情報システム部門を戦略部門化し、そこで行っていた業務をアウトソーシングによって行われるように社会を変化させたといってもよいでしょう。

これにより企業はこれまで以上に情報システム部門を重要視し、CIO（Chief Information Officer：情報担当役員、最高IT責任者）という役職を設けるようになります。すなわち経営と情報技術の両方に詳しい人材が必要とされるようになったのです。

第 10 章　経営情報システム　179

10-2　現代の経営情報システム（BPR から BCP へ）

　前節では企業組織にコンピュータが必要となった理由と、企業へのコンピュータ導入の黎明期から普及の時代までを述べました。パソコンの登場やダウンサイジング、SIS というコンピュータ利用の位置づけにより、現在の情報システム利用形態の基礎が完成したと考えてもいいでしょう。すなわち、現在、社内業務で一般の社員がコンピュータを利用することが当然となり、一方で消費者が受けられるサービスの基本形もコンピュータや情報システムを利用したものが普及し始めた時代が到来するまでを述べてきました。

　その後も技術発展は目覚しく、インターネットの登場によって、様々な利用形態が登場してきます。その中で、企業において情報システムはどのように変化しているのか現状を述べます。

10-2-1　BPR の時代

(1) BPR

　BPR（Business Process Reengineering：リエンジニアリング）は、日本企業に圧倒されていた 1990 年代の米国において M.Hammer & J.Champy が提唱した考え方で、顧客満足の達成のために、費用、品質、サービス、スピードのような、重大で現代的なパフォーマンス基準を劇的に改善するために、ビジネス・プロセスを根本的に考え直し、抜本的にデザインし直すことを言います。日本でもカイゼンと称される社内運動が広がり、自動車産業を中心にボトムアップ型の改革が行われてきましたが、米国発の BPR はトップダウンによる論理的で根本的な改革アプローチであり、ICT をインフラとして積極的に導入することにより成果をあげました。その延長線上にあるのが ERP パッケージです。

(2) ERP パッケージによるシステム化

　BPR を実現するものとして ERP（Enterprise Resource Planning：企業資源計画）という発想が生まれました。これは全社的な経営資源の有効活用という視点から業務全体を統合的に管理し、経営の効率化を図るための手法や概念、そしてその実現に必要な情報システムやソフトウェアを指します。特に、ERP

実現のための統合型、すなわち業務横断型の業務ソフトウェアパッケージ製品をERPパッケージと呼びます。また、ERPパッケージは現在多くの企業に浸透してきており、単にERPと呼ぶことあります。

　全社的な効率化を達成するためには、基幹業務を部門ごとに最適化するのではなく、統合的に管理しなければなりません。ERPパッケージはそれを可能とするソフトウェアパッケージなのです。これまでは、技術的に難しかったり、組織の縦割りという問題などもあったりして、部門ごとに別々にシステムが構築されていたことも多かったのですが、それらを統合し、経営資源であるデータを相互に参照・利用できるようにしようというものです。具体的には財務会計や人事などデータの一元管理が可能となり、それに伴いシステムのバージョンアップや保守点検が容易になり、また他部門で行われている業務がリアルタイムに参照できるようになるなどのメリットがあります。これが全社的なシステムの最適化であり、経営の効率化を実現するわけです。

　後述しますが、一度に全社的なシステム導入ができない場合でも、モジュール化したソフトウェアを後から追加・拡張する機構を備えたものもあり、個々の企業に合わせてある程度カスタマイズできる製品もあります。パッケージとはいえ、業務を完全にソフトウェアにあわせなければならないわけでなく、ある程度の自由度はあります。

10-2-2　Webの時代

　インターネットが普及するのに大きな役割を果たした技術はWeb技術だといえます。もともと軍事技術であった**ARPANET**の技術がアメリカの大学間で学術利用され始め、さらに1980年代後半になって商用へと開放されました。これにより地球規模のコンピュータネットワークが確立され始めたのです。しかし、インターネットを簡単に利用するためには現在のような仕組みが必要でした。これを可能にしたのがWWW（World Wide Web）でありTim Berners-Leeが1991年に公開しました。さらに現在と同じようなWebブラウザによる利用を可能にしたのが1992年のMarc AndreessenによるMosaicというWebブラウザのリリースといえます。その技術が現在のWeb利用を形成したとい

第 10 章　経営情報システム　181

っても過言ではありません。この延長線上に、現在のブログや SNS を利用した
コミュニケーションが普及しており、企業はこれを経営の効率化やビジネスに
利用しています。

(1)　グループウェアによる情報共有

　Web 技術は社内での情報共有を円滑に行える仕組みを作り出しました。その
ひとつがグループウェアです。グループウェアはこれまで社内にあった掲示板
や回覧板による情報共有、施設の予約、さらには他の社員のスケジュール確認
や管理といったものを各自のパソコンから権限の範囲内で行えるというもので
す。

　利用者は一般の Web サイトを利用するときと同じようにパソコンを操作す
るだけで、様々な情報をリアルタイムに共有し、活用することができます。また、
モバイル端末でも利用できるため、出張先でもリアルタイムに情報共有や発信
ができます。それゆえ会社という物理的な場所を超えて、組織の中で働くこと
ができるという革新的なツールといえます。

(2)　社内 SNS による情報共有

　社内での SNS 利用も広がっています。全社員から様々なアイデアを募り、そ
れにより新しいサービスが生まれたというような話はよく聞きます。また、業
務プロセスの改善も現場の社員からの意見によって実現することが少なくあり
ません。しかし、そのようなアイデアや意見をトップマネジメントが知り全社
的に実現していくことは、組織が大きくなるほど難しくなっていくと考えられ
ます。

　一方で、現実社会を振り返ってみると、人気商品の情報は、SNS による口コ
ミで加速度的に広まっていき、一部の地方でしか知られていなかった商品が全
国から注文されるようになったという話も聞きます。ならば、社内での口コミ
も同様に全社員を通じて広まりやすくなるのではないかと考えられるわけです。
つまり、強制的に情報共有するのではなく、自発的な情報の拡散による共有が
期待できるのです。さらに文章ではなく、「いいね」というボタンひとつでア
イデアに対する評価が一目瞭然となります。これが意思決定の支援材料となる
こともありえます。

また、社内SNSによって業務別に分類されたノウハウが集積されるという事例もあります。例えば、いつどこで何が起こったのか、どんなときに、どんな話し合いがもたれたのか、様々な場面での気づきや教訓といった情報が集積されていきますから、これらの情報を共有することで引き継ぎなども円滑に行えます。

　現在、様々な期待をこめて社内SNSが広まりつつあります。新しい形態の社内コミュニケーションがSNSによって実現しつつあるのです。

(3) Web と新しい媒体による戦略的な情報活用

　企業はビジネスを戦略的に展開するために顧客情報を大量且つ正確に確保しようとしています。例えば、従来のPOSデータでは、消費者の購買行動は一定の傾向として掴むことしかできませんでした。もちろん、需要予測や在庫管理、商品開発など様々なところで成果をあげてきたことは事実です。

　しかし、特定の個人が、どんな購買行動をしているのかまでを判別することはできませんでした。ところが、通販サイトでは個人の購買行動が個人レベルの顧客データとして蓄積していきますし、通販サイトを閲覧しただけでも、その個人の興味関心を自動的に分析し、Web広告を表示させることで、顧客の購買意欲を刺激するような仕組みまで完成しています。さらに、店頭でも電子マネーの利用履歴やポイントカード会員の購買記録が蓄積されていくことで、顧客別の購買行動が把握され、メールなどの電子媒体を通じて販売促進ができるようになっています。つまり、Webや電子マネーといったシステムを企業が活用して、ピンポイントに顧客情報を戦略的に活用できる時代となったのです。

10-2-3　ビジネスの継続と情報システムの役割

(1) BCP（Business Continuity Planning 事業継続計画）

　2011年3月11日に発生した東日本大震災において、中小企業の多くが、貴重な人材や、設備を失ったことで、廃業に追い込まれました。また、被災の影響が少なかった企業においても、復旧が遅れ自社の製品・サービスが供給できず、その結果顧客が離れ、事業を縮小し従業員を解雇しなければならないケースも見受けられました。このように緊急事態はいつ発生するかわかりません。

BCPとは、こうした緊急事態への備えのことをいいます。

このBCPを実現するために、情報システムの利用方法や導入方法なども変化しています。

(2) BCPとクラウドコンピューティング

これまで企業が情報システムを導入する際には自社の建物にサーバを設置することがほとんどでした。もちろん、そのサーバはインターネットなどのネットワークで外部にも接続されていますから、グループウェアに代表されるような利用方法も可能ですし、ネットワークを通じて本社と支社との間でも情報共有ができます。しかし、本社のサーバにトラブルが発生した場合、社内の情報システムは機能しなくなる恐れがあります。それが一時的であるならばまだしも、大災害による壊滅的な被害により重要なデータが失われるとすれば、業務の継続は困難となるでしょう。すなわちBCPを考慮した情報システムの導入が必要となります。

これに応える技術のひとつがクラウドコンピューティングです。クラウドコンピューティングはもともとBCPではなく、費用削減を意図して導入されることが多かった技術です。社内に必要なコンピュータはクライアントだけであり、サーバは不要です。ソフトウェアを個別にインストールしていなくてもインターネット経由で、いつでもソフトウェアは利用でき、さらにデータを個別のコンピュータに保存しておく必要がなく、必要なときにどのコンピュータからでもデータアクセスできるため導入費用も運用費用も削減できます。そのため、企業ではクラウドコンピューティングを導入する動きが進んでいます（図表10-1参照）。しかし、今回の震災によってリスク低減や障害対策にまでユーザ企業が注目するようになったのです。つまり、クラウドコンピューティングを採用するだけでも十分にBCP対策になる、言い換えれば、災害による自社内のサーバやストレージの損壊を未然に防ぐという意味では、そのメリットを十分に受けることができる仕組みがクラウドコンピューティングなのです。

企業の情報システムに対するクラウドコンピューティングを利用したサービスとしては**SaaS**（Software as a Service）が普及し始めています。SaaSはプロバイダ側のサーバにあるソフトウェアをインターネット経由で利用するとい

う仕組みであり、クラウドコンピューティングの利用を前提としたものではありませんが、現実的にはサーバの所在を意識せずに利用するという意味でクラウドコンピューティングの利用形態と考えられることもあります。

現在、SaaS 型の ERP が各社よりリリースされており、企業は費用削減はもとより、BCP を意識し、これを導入する動きが広まっています。

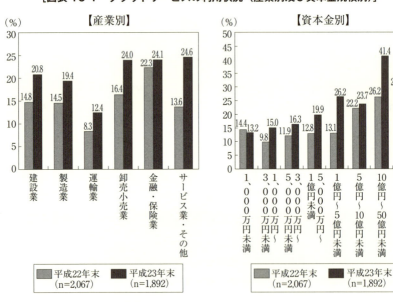

[図表 10-1　クラウドサービスの利用状況（産業別及び資本金規模別）]

出所：総務省平成 24 年版情報通信白書

10-3　情報システムの導入

前節までは、企業における情報システムの活用を普及期から現状まで述べてきました。このような企業内の情報システムは、新しいものがリリースされたときや、必要と感じたときに場当たり的に導入されてきたわけではありません。情報システムの導入は経営戦略の一環で行われるのです。また、コンピュータや情報システムは技術者によって導入されるのではなく、トップマネジメント

による意思決定のもとなされるのです。

ここでは、企業の情報システム導入の過程を経営戦略との関連からと、開発プロジェクトのあり方という視点から述べます。

10-3-1 情報部門の役割とシステムの導入

企業組織には情報関連部門として、DP が主流であった時代は電算室、その後は情報システム部門や IT 部門と呼ばれる部門があり、専属の IT 要員や情報関連企業から出向してきた技術者が常駐しています。ただ、中小企業ではこのような情報部門が脆弱であったり、後述のように、部門まるごとをアウトソーシングに頼っている企業も少なくありません。しかし、企業規模を問わず、現代の企業経営には ICT の活用が不可欠であることには変わりません。そもそも情報システムを導入したり、更新したりする場合には、ハードウェアやソフトウェアを単純に購入することで済ますことはできません。なぜなら情報システムは業務プロセスとそこに生じる情報を円滑に管理し経営を効率化するためのものですから、導入時や更新時には業務の全体像を把握し、導入費用に見合った効果があるのかどうかを判断しなければなりません。また、システムの導入にあわせて組織構造や業務の流れを見直すこともあります。すなわち、システムの導入は社内業務の見直しに匹敵する重要なイベントなのです。

したがって、情報部門やそれに相当する部門は社内の情報化に対して戦略的な展望を持っている必要があります。

10-3-2 情報化戦略の位置づけ

(1) 情報化戦略

企業の情報化戦略は部分的なシステム化や効率化を目的とはしません。全社的なシステム化を目的とし、さらに長期運用に耐えられるシステムの導入を前提とします。これを前提として、各部署に必要な個別のシステム化を策定していきます。

この情報化戦略は経営戦略と個別の情報システム開発との中間に位置していますから、経営戦略との整合性を維持すると同時に、個別情報システムへの展

開が全体的な統合から乖離しないことが必要となります。さらに、ハードウェアやソフトウェア、システム構築といったIT関連事項だけではなく、業務プロセスや組織の見直しなども情報化戦略に含めることもあります。

(2) 経営戦略と情報化戦略

図表10-2に示されるように、情報化戦略は経営戦略を構成する一つのサブ戦略ですから、それだけを追求しても部分的な最適化にしかなりません。情報化戦略は経営戦略に従って策定されるものです。しかし、逆にITの導入と利活用は経営に大きな影響を与えますから、ITに関する知識を経営戦略に反映させることを常に考えておくことが重要ともいえます。

さらに、経営戦略には、マーケティング戦略、財務戦略、新製品戦略など、多くのサブ戦略を下に抱えています。これらのサブ戦略が経営戦略を実現するためにITの活用が必要となります。

[図表10-2 経営戦略と情報化戦略の関係]

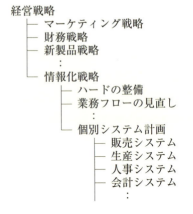

(3) 個別のシステム化

販売システムや会計システム、在庫システム、人事システムなど、すべての業務システムを一挙にシステム化するのは非常に費用がかかります。そのため、業務別にシステムを開発することが一般的です。だからこそ、全社的なシステム化を目的とした情報化戦略が前提として存在することが重要なのです。情報

第10章　経営情報システム　187

化戦略がなければ、業務別に最適化されてしまい、いわゆる縦割りの壁ができてしまいます。そうなると業務や部署を超えて全社的に情報を活用するシステムとはなりません。例えば、商品コードや社員コードなどを含むデータは様々なデータと紐付けがされており、体系化されています。それが業務ごとに異なった体系で構築されて使用するのであれば、業務を超えてデータを利用することが困難になります。したがって、個別の情報システムは情報化戦略に従って構築されなければならないのです。

10-3-3　システムの開発手順

(1)　業務分析

　社内の情報システムを新規導入、更新する際には、経営戦略やＩＴ戦略、利用部門のニーズを検討することから始めます。そこから業務に対する情報システムへの要件を定義していきます。最近では、システム開発は委託開発の形態が多くなっていますから、委託候補企業に対して情報の提供依頼を行います。これを**RFI**（Request For Information　情報提供依頼書）といいます。ただし、この時はまだ発注を前提としたものではありませんから、受注を希望する開発業者は積極的に情報提供します。

(2)　RFP の作成と分析

　次に、複数の委託開発企業に発注を前提とした提案を求めます。この時に提出される提案書を**RFP**（Request For Proposal：提案依頼書）といいます。RFP の構成は、業務要件を元にどのようなシステムが必要であるかを、組織構成や業務の流れ、データの種類や量、更新前の現在のシステムとの比較などについて、詳細な資料を含んでいます。

　業者からの RFP を参考に、委託業者を選定します。最終的には１社となりますが、その過程で有望な数社に絞り、さらにヒアリングを行い、客観的な評価により１社が選定されます。

(3)　システム仕様書と契約

　RFP は業者からの要件が示されたものですから、発注元との詳細な検討が必要になります。そのため発注元と委託業者が双方で協議した結果を取りまとめ

た外部設計書を作成しなければなりません。これを契約条件としてさらにシステムの仕様をまとめたものがシステム仕様書といわれるものです。これに基づき、発注元と委託業者の業務分担や納期、費用など具体的なプロジェクトの内訳が合意した段階で契約が行われます。

(4) 開発から検収

よく行われる開発手法は**ウォーターフォール型開発**と呼ばれます（図表10-3参照）。最初に明確なシステムの要件を定義し設計がなされていれば、その後の工程はそれに従うだけで進んでいくことができます。計画的にプロジェクトを進めるのには都合の良い開発方法です[(2)]。つまり滝のようにいったん流れ始めれば後戻りすることなく開発が進んでいくという意味です。委託業者が力を発揮する業務は主としてプログラミングやデータベースの構築などの中流部分です。発注元はウォーターフォールの上流工程と下流工程を中心に業務分担します。もちろん、発注元も委託業者もすべてを相手に任せっぱなしであるわけではなく、その工程での主役がどちらになるのかといった意味での分担です。

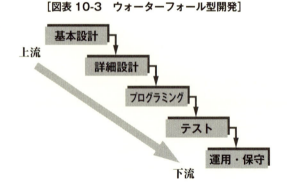

[図表10-3　ウォーターフォール型開発]

---

(2) 最近では、ウォーターフォール型開発のデメリットを考慮し、様々な開発方式が採用されています。これらを一括して非ウォーターフォール型開発と呼ぶことがありますが、その中でも最近注目されてきた開発手法がアジャイル開発と呼ばれるものです。このアジャイル開発もいくつかの分類がありますが、大きな特徴はウォーターフォール型のような上流工程から下流工程までの開発期間に発生した仕様変更への対応で生じる納期遅延や費用超過を抑える工夫と、ビジネスの現場に即応できるスピード感ある開発という点だといえます。

(5) 稼働後の責任

システムが稼働した後も、トラブルに備えて発注元と委託業者の間で取り決めをしておくことが必要です。これを、**SLA**（Service Level Agreement サービスレベル合意書）といいます。

10-3-4　プロジェクトマネジメント

情報システムの開発はプロジェクトとして実行されます。プロジェクトには期限（納期）が決められていますが、それ以外にも、人員や予算など資源についても制約があり、その枠の中で活動し、システムを完成させなければなりません。プロジェクトを成功させるためには、その中で様々な管理をしていかなければなりません。これをプロジェクトマネジメントといいます。1969年に設立されたPMI（Project Management Institute）はこのプロジェクトマネジメントの知識を体系化しました。この体系化された知識体系を**PMBOK**（Project Management　Body Of Knowledge）といいます。

PMBOKでは、プロジェクトにおいて管理すべき点を9つにまとめあげました。それらは、スコープ、時間、コスト、品質、人的資源、コミュニケーション、リスク、調達、そしてプロジェクト全体の統合的な管理という9つです。現在もこの知識体系は見直しがなされながら、改訂版が出されています。

このPMBOKは情報システムの開発といったITプロジェクトのためだけに策定されたものではありません。建設などプロジェクト形式で進められる作業全般に適用できる知識体系としてまとめられています。

10-3-5　内製と外注

1960年代に企業が電算室として抱えていた情報部門は、DP業務を分離する際に子会社化されたり、DP業務についてはDP専門会社へ外注されたりするケースが多くなりました。さらに、その後の**アウトソーシングブーム**と経営のスリム化により情報システム部門そのものが解体され、すべてを外部に委託するような中小企業も増えました。つまり、情報システム部門を常に抱えているよりも、外部への委託開発や管理のほうが、費用負担が軽減されるメリットを

選択した企業が多かったと考えられます。このような情報システム部門を子会社化したり、開発を外注したりするようになったアウトソーシングブームは米国で始まりましたが、米国では現在でも企業内に IT 技術者を一定数抱えており、システムは自前で開発する内製の割合が日本よりも高いのです。日本でのシステム開発が米国以上に外部への委託に頼るようになった原因のひとつは 1990年代前半から 20 年も続いた景気後退による過剰な費用削減策だといえます。

　そのため、情報システム開発には発注元であるユーザ企業が IT ゼネコンと呼ばれる元請け企業に委託し、元請け企業は開発を下請けの開発業者に再委託します。委託開発とはいえ、業務分析等の上流工程と検収作業等の下流工程ではユーザ企業も積極的に参加しますから、企業の情報システムは、ユーザ企業と元請け、およびその下請けとの共同開発、共同プロジェクトともいえます。

【参考文献】

Hammer, Michael and James Champy. (1993) Reengineering the Corporation: A
　Manifesto for Business Revolution, New York, NY.: Harpercollins. (野中郁次郎監訳『リ
　エンジニアリング革命—企業を根本から変える業務革新』日本経済新聞社、2002 年)

大槻繁雄他 (1999)『新しい経営情報システム』中央経済社

最相力 (1991)『究極のアウトソーシング戦略—システムインテグレータの時代』コンピ
　ュータエイジ社

立川丈夫 (1996)『経営情報システム論—その環境と概念の歴史的考察』創成社

平田周 (1993)『ソフトウェアクライシス—21 世紀のコンピュータ戦略』日本放送出版
　協会

宮川公男 (1999)『経営情報システム』中央経済社

第11章　イノベーション、ベンチャー、ナレッジマネジメント

11-1　イノベーション

11-1-1　イノベーションとは

（1）破壊的創造とイノベーション

　イノベーションとは、新しい何かを創り出すことです。イノベーションという言葉は、経済学者のシュムペーターが最初に使ったといわれています。シュムペーターは『経済発展の理論』において、次の５つをイノベーションとしています（Schumpeter 1926, pp.182-183）。

① 新しい財貨、すなわち消費者の間でまだ知られていない財貨、あるいは新しい品質の財貨の生産。

② 新しい生産方法、すなわち当該産業部門において実際上未知な生産方法の導入。これは決して科学的に新しい発見に基づく必要はなく、また商品の商業的取扱いに関する新しい方法を含んでいます。

③ 新しい販路の開拓、すなわち当該国の当該産業部門が従来参加していなかった市場の開拓。ただし、この市場が既存のものであるかどうかは問いません。

④ 原料あるいは半製品の新しい供給源の獲得。この場合においても、この供給源が既存のものであるか—単に見逃されていたのか、その獲得が不可能とみなされていたのかを問わず—あるいは初めてつくり出されねばならないかを問いません。

⑤ 新しい組織の実現、すなわち独占的地位（例えばトラスト化による）の形成あるいは独占の打破。

　イノベーションという言葉は、日本では主として技術革新の意味で用いられていることが多いとされていますが（広辞苑）、経営学の立場からいえば、も

ともとの広い意味でイノベーションを捉えるべきでしょう。少なくとも製品・サービスと、ビジネスモデル（事業の運営方法）の2つの観点からとらえられることが大切です。例えば、製品・サービスでは、パソコンやスマートフォン、ハイブリッドカーなどが考えられますし、ビジネスモデルとしては第6章で説明したトヨタシステムのほか、インターネットショップ、コンビニエンスストア、宅配便などが考えられます。

　ここでは、イノベーションと呼ぶための要件として、ライフスタイルやビジネススタイル、文化などを変えてしまうこと、をあげておきます。例えば、携帯電話は、家庭用の電話が「わたしたち」の電話であったのに対して、「わたし」の電話であり、電話によるコミュニケーションのあり方を革新しました。また、宅配便とくにクール便は、従来の鉄道小荷物や郵便小包では食料品を送ることができませんでしたが（到着するまでに時間がかかり、またいわゆるコールドチェーン＝冷蔵輸送でないため、腐ってしまいました）、それができるようになり、産地直送の生鮮食品の通信販売を可能にしました。

(2) ドラッカーのイノベーションと企業家精神

　ドラッカー（Drucker 1985）は、『イノベーションと企業家精神』で、イノベーションのための7つの機会として、①予期せぬ成功と失敗を利用する、②ギャップを探す、③ニーズを見つける。④産業構造の変化を知る、⑤人口構造の変化に着目する、⑥認識の変化を捉える、⑦新しい知識を活用する、をあげています。

　そして、「イノベーションを行うには機会を分析することから始めなければならない」とし、このような「イノベーションのための7つの機会を徹底的に分析しなければならない」と述べています。また、「イノベーションとは理論的な分析であるとともに、知覚的な認識であり、イノベーションを行うにあたっては、外に出て、見て、問い、聞かなければならない」とも述べています。イノベーションを成功させるには、①焦点を絞り単純なものにすること、②小さくスタートすること、③最初からトップの座を狙うこと、が大切であり、イノベーションを成功させる3つの条件として、①イノベーションは集中でなければならないこと、②イノベーションは強みを基盤としなければならないこと、

③イノベーションは経済や社会を変えなければならないこと、をあげています。

ドラッカーは、企業家社会における個人について「企業家社会では継続学習が必然のものとなる」ため、「成人後も新しいことを一度ならず勉強することが常識となる」こと、「21歳までに学んだことは5年から10年で陳腐化し、新たな理論、技能、知識と代えるか、少なくとも磨かなければならなくなること」を指摘しており、「一人ひとりの人間が、自らの継続学習、自己啓発、キャリアについて責任を持たなければならなくなる」と述べています。

(3) イノベーションの普及過程

このようなイノベーションはどのように普及していくのでしょうか。ロジャース（Rogers 1995）はイノベーションの普及過程を正規分布を用いて、革新的採用者（Innovators）2.5％、初期採用者（Early Adopters）13.5％、前期多数採用者（Early Majority）34％、後期多数採用者（Late Majority）34％、採用遅延者（Laggards）16％としています（p.262）。

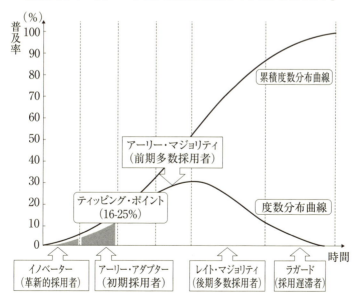

［図表11-1　イノベーションの普及過程とティッピングポイント］

出所：神原（2011），p.5

194

　図表11-1では、イノベーションの普及が16%～25%に達すると、それまで緩やかであった普及が急激に広まるようになってきます。つまりアーリーマジョリティに達することによって、急激に普及することになります。ロジャース（Rogers 1995, p.313）はこれを**クリティカルマス**（Critical Mass）と呼びましたが、神原（2011）は、グラッドウェル（Gladwell 2000）の考え方を採用して、**ティッピングポイント**（Tipping Point）としています。

11-1-2　イノベーションのジレンマ

　クリステンセン（Christensen 1997）は、技術革新がもたらすイノベーションのジレンマ（正式にはイノベーターのジレンマ）について研究を行っています。

　クリステンセンは、まず技術を持続的技術と破壊的技術に分け、**持続的技術**を製品の性能を高めるもの、**破壊的技術**を従来とはまったく異なる価値基準を市場にもたらすもの、と定義しています。そのうえで、なぜ優良企業が失敗するのかについて、ハードディスク業界の研究から発見した事実をもとに、イノベーターのジレンマについて、破壊的技術がもたらす**破壊的イノベーション**の影響について論じています。

　すなわち、既存の技術で優位に立つ企業は、いままで以上に既存の顧客の要望に沿える持続的な技術革新が見つかれば、率先して新しい技術を開発し、採用してきました。彼はこれを持続的技術がもたらす**持続的イノベーション**と呼びます。他方で、こうした企業は、既存の顧客の既存の製品やサービスに対する期待や要望があり、それに応えていかなければなりません。また、その企業に投資している投資家も既存の製品やサービスで上げている配当を好み、破壊的技術移行に伴うリスクを負いたがりません。したがって、破壊的技術による製品やサービスが現れても、既存の製品やサービスを捨てて、全く新しい破格的技術を採用した製品やサービスに簡単に移行するわけにはいきません。これは、イノベーションの普及過程におけるクリティカルマスの点からみても、**製品のライフサイクル**からみても、また、**プロダクトポートフォリオ**の考え方からみても明らかです。既存の成熟化した製品やサービスは、成長コストがかからない広く市場に行き渡っている利益を生み出す金のなる木です。これに対し

第11章 イノベーション、ベンチャー、ナレッジマネジメント 195

て、出てきたばかりの破壊的製品やサービスは、市場に占める割合は小さく、既存の製品やサービスに比べると微々たるものにすぎず、まだ範疇としては負け犬の範疇に入るものであるか、せいぜい問題児であるはずです。これを花形さらには金のなる木に育てていくには成長コストがかかり、利益を捻出することはできません。

　プロダクトポートフォリオの考え方からすれば、金のなる木が稼いだ資金を問題児につぎ込むことにより育てていくということになりますが、持続的技術と破壊的技術の技術体系の間に根本的に違いがある場合には、同一組織内でこれを行うことはできません。そこに問題があります。

　また、既存の製品やサービスは他の製品やサービスと組み合わされて利用されることが多いのですが、こうした関連製品やサービス群が一つのまとまりとして価値を形成している場合、これを**価値ネット**といいます。例えばパソコンでは、ハードディスクはパソコンの一部分として組み込まれていますし、ハードディスクのモーターはハードディスクの一部分として組み込まれています。こうした構成部品は、既存の技術体系の上で、持続的に発展してきています。したがって、こうした構成部品を提供する企業は、破壊的技術よりも持続的技術の方に力点がいかざるを得ないことになります。

　こうして、持続的技術体系の中で存在してきた企業にとっては破壊的技術体系に立った製品やサービスを開発、生産、販売することが難しい状況になります。これがイノベーターのジレンマです。そして、破壊的製品やサービスの市場の成長とともに、破壊的技術体系の中で育ってきた企業に、とって替わられるようになるのです。

　ここでイノベーターのジレンマについて整理すると、つぎのようになります。
① 企業は顧客と投資家に資源を依存している。
② 小規模な市場では、大企業の成長ニーズを解決できない。
③ 存在しない市場は分析できない。
④ 組織の能力は無能力の決定的要因になる。
⑤ 技術の供給は市場の需要と等しいとは限らない。

このようなイノベーションのジレンマを解消するため、クリステンセン
（Christensen 1995）は次のような方策を提示しています。

①　破壊的技術と既存技術の延長を見分ける。

②　破壊的技術の戦略上の重要性を明らかにする。

③　破壊的技術の初期市場を探り当てる。

④　担当組織をスピンオフさせて破壊的技術に取り組む。

⑤　破壊的技術を任せる組織の独立性を担保する。

11-1-3　ブルー・オーシャン戦略

キムとモボルニュ（Kim & Mauborgne 2005）は、『ブルー・オーシャン戦略』
で、既存の血みどろの競争市場であるレッド・オーシャンから新しい競争のな
い市場としてのブルー・オーシャンを創り出すことによって、競争から脱出し
て企業を成功に導こうというものです。図表11-2はレッド・オーシャン戦略と
ブルー・オーシャン戦略を比較したものです。

[図表11-2　戦略の比較：レッド・オーシャンとブルー・オーシャン]

レッド・オーシャン戦略	ブルー・オーシャン戦略
既存の市場空間で競争する	競争のない市場空間を切り開く
競合他社を打ち負かす	競争を無意味なものにする
既存の需要を引き寄せる	新しい需要を掘り起こす
価値とコストのあいだにトレードオフの関係が生まれる	価値を高めながらコストを押し下げる
差別化、低コスト、どちらかの戦略を選んで、企業活動すべてをそれに合わせる	差別化と低コストをともに追求し、その目的のためにすべての企業活動を推進する

出所：Kim & Mauborgne（2005），p.38

このブルー・オーシャンを創り出すためには、バリュー・イノベーションが
必要とされます。**バリュー・イノベーション**は、「買い手や自社にとっての価
値を大幅に高め、競争のない未知の市場空間を開拓することによって、競争を
無意味にする」ものであり、価値を高めるためにイノベーションを伴うもので
あることを意味しています（p.31）。

第11章　イノベーション、ベンチャー、ナレッジマネジメント　　197

　ブルー・オーシャンを創り出すために、体系的な手法が提案されていますが、その中核となるのが、**戦略キャンバス**です。図表11-3にイエローテイル（ワインの種類）の戦略キャンバスの例を示します。

[図表11-3　戦略キャンバスの例（イエローテイル）]

高

高級ワイン

イエロー・テイル

デイリーワイン

低

| 価格 | マスマーケティング | 伝統や格式 | 品種 | 選びやすさ |

ワインづくりの
極意や謳い文句　　ヴィンテージ　　香りや味わい　　飲みやすさ　　楽しさや
　　　　　　　　　　　　　　　　　　　　　　　　　　　　　　　　　意外性

出所：Kim & Mauborgne（2005）, p.55

　図表11-3を見れば、イエローテールは、既存の高級ワインとデイリーワインが同じ土俵つまり、価格から品質に至る7項目において競争している（レッド・オーシャン）のに対して、さらに飲みやすさ、選びやすさ、美しさや意外性、という3つのセールスポイントを追加し、これらを強調することによって、レッド・オーシャンから抜け出して、ブルー・オーシャンをつくっていることがわかります。

　このような戦略キャンバスを描くには、正面競争からブルー・オーシャンへの6つのパスが必要とされています（図表11-4）。

[図表 11-4　正面競争からブルー・オーシャンの創造への6つのパス]

	正面競争	ブルー・オーシャンの創造
業界	業界内のライバル企業に標準を合わせる	代替財や代替サービスを提供する業界に着目する
戦略グループ	戦略グループ内部の競争上のポジションに注意を向ける	業界内の様々な戦略グループを見渡す
買い手グループ	買い手の要望によりよく応えることに力を注ぐ	業界の買い手グループを定義しなおす
製品やサービスの範囲	業界の枠組みの中で、製品やサービスの価値を最大化しようとする	業界の枠組みを超えて、補完財や補完サービスを見渡す
機能志向と感性志向	業界の機能志向／感性志向に沿って、価格、パフォーマンスを比較する	業界の機能志向あるいは感性志向を問い直す
時間軸	外部トレンドへの適応をめざす	将来にわたって外部トレンドの形成にかかわる

出所：Kim & Mauborgne（2005）, p.113

11-2　ベンチャー

11-2-1　ベンチャーとは

　日本ではベンチャー企業といわれますが、この言葉は日本語の造語です。正式にはニューベンチャーといわれます。ベンチャーは個人もしくはグループで企業を立ち上げること、すなわち起業することです。ベンチャーが中小企業と異なる点は、将来に向けて成長志向があるかどうかでしょう。

　フラムホルツとランドル（Flamholtz & Randle 2000）は、『成長の痛み（Growing Pains）』というタイトルで、ベンチャー企業（entrepreneurship）がプロフェッショナル企業（professionally managed firm）へと脱皮するためのガイドラインを提示しています。彼らは、組織開発における主要なタスクとして、①市場の特定・定義、②製品・サービスの開発、③資源の獲得、④オペレーション・システムの開発、⑤マネジメント・システムの開発、⑥企業文化の管理、の6つをあげ、**組織開発ピラミッド**（pyramid of organizational development）として、事業基盤となる「ビジネス・コンセプトの定義」の上に、これら6つのタスクを階層化しました（pp.21-38）（図表 11-5）。

第11章　イノベーション、ベンチャー、ナレッジマネジメント　199

そして組織開発は、事業基盤となるビジネス・コンセプトの定義→市場の特定・定義→製品・サービスの開発→資源の獲得→オペレーション・システムの開発→マネジメント・システムの開発→企業文化の管理、の順で進められていくべきであるとしています（p.32）。

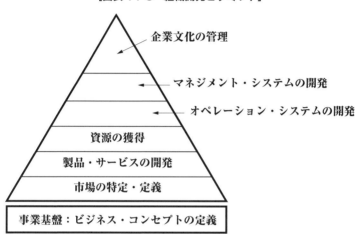

[図表11-5　組織開発ピラミッド]

出所：Framholtz & Randle (2000), p.22

11-2-2　企業の成長と発展

企業の成長と発展には、生物に成長のための一定のプログラムがあるのと同様に考えられています。よく紹介されるのが、**グライナー・モデル**（Grainer 1972）です（図表11-6、図表11-7）。

グライナー・モデルでは、フェーズ1からフェーズ5までの発展段階があり、各フェーズごとに進化と革新の2つのステージによって構成されています。また図表11-7は各フェーズにおける進化の間の組織のプラクティスを示しています。例えば組織構造も、非公式組織→集権的・機能的組織→分権的・地理的分散組織→ライン・スタッフと製品グループ→チームのマトリクス組織というように成長・発展していくことを示しています。このプログラムに従って企業は成長・発展していくものと考えることができます。

200

[図表 11-6　グライナー・モデル]

| フェーズ 1 | フェーズ 2 | フェーズ 3 | フェーズ 4 | フェーズ 5 |

```
大
↑

        ──── 進化のステージ
        \/\/\ 革新のステージ

組
織
の          2：自主性の        3：コントロ        4：形式主義      5：？の危機
規          危機              ールの危機        の危機
模
    1：リーダシ                              5：協働によ
    ップの危機                              る成長
                                          4：調整によ
                                          る成長
                              3：権限委譲
                              による成長
                    2：指揮命令
                    による成長
        1：創造性に
        よる成長
小

若い ────────────────────────────────→ 成熟
              組織の年齢
```

出所：Greiner（1972），p.5

[図表 11-7　成長の 5 つのフェーズにおける進化の間の組織のプラクティス]

カテゴリー	フェーズ 1	フェーズ 2	フェーズ 3	フェーズ 4	フェーズ 5
経営上の焦点	製造および販売	業務の効率	市場の拡大	組織の合同	問題解決とイノベーション
組織構造	非公式	集権的・機能的	分権的・地理的	ライン・スタッフと製品グループ	チームのマトリクス
経営者のスタイル	個人的・起業家的	指揮命令	権限委譲	監視者	参加者
統制システム	市場成果	標準・費用センター	報告・利益センター	計画・投資センター	相互の目標探索
報奨	所有権	給与とメリット（価値）の増加	個人のボーナス	利益分配・ストックオプション	チームのボーナス

出所：Greiner（1972），p.10

　なお、前述のフラムホルツとランドルは、成長・発展モデルとして、①ベン

チャーの起業（new venture）、②事業の拡大（expansion）、③専門化
（professionalization）、④組織の強化（consolidation）、⑤多角化（diversification）、
⑥統合（integration）、⑦衰退・再活性化（decline and revitalization）、の7段
階のモデルを提示しています（p.40）。

その上で、7段階のライフサイクル、とくに成長の最初の4段階において、
組織開発ピラミッドの主要なタスクを対比させています（pp.43-52）。すなわち、
①ベンチャーの起業の段階では、市場の特定・定義と製品・サービスの開発、
②事業の拡大の段階では、資源の獲得とオペレーション・システムの開発、③
専門化の段階では、マネジメント・システムの開発、④組織の強化においては、
企業文化の管理が主要なタスクとなっています。

これにより、企業が成長の各段階においてつぎの段階にステップアップする
ためになすべきタスクが明確に示されていますので、ベンチャー企業がプロフ
ェッショナル企業へと成長していくためのガイドラインとして有効であると考
えられます。

11-2-3　ベンチャーとイノベーション

(1) ベンチャーの抱える問題点 =Liability of Newness

"Liability of Newness" とは「より若い組織は古い既存の組織に比べておよ
そ死亡確率が高い（Hager, Galaskiewicz. & Larson 2004, p.160）」という命題
です。スティンチコーム（Stinchcombe 1965）は、「一般的に、新しい組織の
方が古い組織よりも失敗する確率が高く、この傾向は特に新しい組織形態につ
いて正しい（p.148）」とした上で、その理由として次の4つを提示しています。

① 新しい組織、とりわけ新しいタイプの組織は、一般的に学習が必要な新し
　い役割（roles）を伴うこと（p.148）

② 新しい役割を創出するプロセスと、新しい役割の相互関係と最大のパフォ
　ーマンスを引き出すための賞罰の領域の構築の決定は、時間、不安、葛藤、
　および一時的な非効率性の高いコストを持つ（p.148）

③ 新しい組織は他人（strangers）との間の社会的関係に大きく頼らなければ
　ならない（p149）

④ 古い組織のひとつの主要な資源は、組織のサービスを使う人々との安定したつながりがあることである（p.149）

　要するに、新しい組織であるベンチャーは、既存の企業に比べて不利な立場にあり、その理由として、1）ベンチャーは既存の組織が過去に学習を通じて形成した組織のプラクティスや組織構造、ビジネスモデル等をこれから学習を通じて形成していかなければならないこと（前記の①および②。グライナー・モデルを参照）、2）ベンチャーは既存の企業がすでに持っている組織間関係（取引先や顧客、金融機関など）を新たに構築しなければならないこと（前記③および④）、を指摘することができます。とくに、**アンゾフ**（Ansof 1965）の**成長ベクトル構成**に当てはめれば、ベンチャーは製品・サービスの開発と市場開拓の両方を同時にしなければなりませんので、ちょうど多角化戦略をとる立場と同じことになります。これは既存の競争相手が、少なくとも既存の製品・サービスと既存の市場を持っているのに比べるとかなり不利な立場に置かれることになります。

(2) イノベーションとのかかわり

　ただし、イノベーターのジレンマでみてきたように、革新的な破壊的な技術をベースとした製品・サービスで市場に参入する場合には、既存の企業が既存の製品・サービスや市場が足枷となって、イノベーションが起こせないことを考えると、ベンチャーは逆に有利な立場にあるといえます。

　しかし、その場合でも、製品・サービスの開発と市場開拓を行うにあたってかなりのエネルギーが必要なことはいうまでもありません。とくにイノベーションの普及過程でみてきたように、対象市場そのものがまだ小さいために、顧客ニーズが多くなく、成長コストをどのように賄っていくかは、重要な課題となってきます。

第11章　イノベーション、ベンチャー、ナレッジマネジメント　203

11-3　ナレッジマネジメント

11-3-1　ナレッジとナレッジマネジメント
(1) ナレッジの定義
　ナレッジ（knowledge）は日本語では「知識」と訳すことができますが、知識は広辞苑では「ある事項について知っていること。また、その内容。」とされています。ナレッジマネジメントで対象とするナレッジはこのような知っていることおよびその内容だけではなく、知恵（wisdom）や体験（experience）など、より広い概念として捉えられています。『ワーキングナレッジ』を著したダベンポートとプルーサク（Davenport & Prusak 1985）は、ナレッジを次のように定義しています。

　　ナレッジとは、反省されて身についた体験、様々な価値、ある状況に関する情報、専門的な洞察などが混ぜ合わさった流動的なものであり、新しい経験や情報を評価し、自分のものとするための枠組みを提供する。それは、人の心に発し、人の心に働きかける。組織においてナレッジは、文書やファイルのなかに存在するだけでなく、組織の日常業務、プロセス、慣行、規範の中に埋め込まれているのである。(Davenport & Prusak 1998, p.5)

　この定義によれば、ナレッジは、①学習（体験や経験を含みます）を通じて身につけられた様々なことがらを含むもので、②新しい経験や情報を評価して自分のものとするための枠組を提供するものであり、③文書やファイルだけでなく、組織の業務や慣行、規範の中に埋め込まれているものである、といえます。

(2) ナレッジマネジメント
　ナレッジマネジメントとは、このような各自の頭の中や体験、技能など個人的に持っているナレッジを、組織として共有することにより、新しいナレッジを組織的に生み出すための仕組みをいいます。

11-3-2　ナレッジの分類と知のスパイラルモデル

（1）ナレッジの分類

　前項で見てきたように、ナレッジには多様なものが含まれます。そこで何らかの分類が必要となります。ここでは、バダラッコ（Badaracco 1991）の移動型ナレッジと密着型ナレッジ、野中と竹内（Nonaka & Takeuchi 1995）の暗黙知と形式知、の2つの分類についてみていきます。

①　移動型ナレッジと密着型ナレッジ

　移動型ナレッジ（migratory knowledge）は、設計図や書籍、機械、人間の頭の中に内包されパッケージ化・組織化されたものであり、それらの移動とともに容易に移転することが可能なナレッジです。これに対して、密着型ナレッジ（embedded knowledge）は、個人・グループ間での特殊な関係と、相互の取引関係を形成する特定の規範、態度、情報の流れ、意思決定の方法の中に主として存在する移転が困難なナレッジです。

②　暗黙知と形式知

　形式知（explicit knowledge）は、形式的・論理的な言語によって伝達できる知であり、暗黙知（tacit knowledge）は特定状況に関する個人的な知であり、形式化したり他人に伝えたりすることが難しい知です。例えば、おいしいカレーの作り方としてレシピと料理方法を書いた本などが形式知であり、一流のカレー職人が作るカレーが暗黙知にあたります。形式知はそれに基づいてカレーを作ることができますが、一流シェフの作るカレーの味を再現することは困難です。

③　移動型ナレッジ、密着型ナレッジ、暗黙知、形式知の関係

　これらのナレッジや知の関係を使ってマトリクスを作ると図表11-8のように表すことができます。すなわち、密着型の暗黙知、移動型の暗黙知、密着型の形式知、移動型の形式知、です。

　密着型の暗黙知は、組織の中に埋め込まれた暗黙知であり、例えばサッカーチームが長い年月をかけて培ってきたチームプレーなどがこれに当たります。移動型の暗黙知は、例えばサッカーチームのスター選手のように、経験と能力を持った選手がチーム間を移動できるような場合を指します。

移動型の形式知は、本やファイルなど、文書や写真、イラスト等で内容が明らかにできる移動可能なナレッジをいいます。密着型の形式知は、例えば門外不出のマル秘文書や情報などが考えられますが、それでも移動は可能かもしれません。

[図表 11-8　移動型ナレッジ、密着型ナレッジ、暗黙知、形式知の関係]

	密着型	移動型
暗黙知	密着型の暗黙知	移動型の暗黙知
形式知	密着型の形式知	移動型の形式知

(2) SECI モデル

　野中と竹内（Nonaka & Takeuchi 1995）は、暗黙知と形式知を使って新しい知を作り出す方法として**知のスパイラルモデル**（**SECI モデル**ともいわれます）を提案しています。これは、はじめに暗黙知をある程度の時間をかけながら学習を通じて暗黙知のまま体得していく、つまり暗黙知を暗黙知として継承する**共同化**（Socialization）、暗黙知を形式知に変換する**表出化**（Externalization）、形式知と別の形式知とを組み合わせて新しい形式知を作りだす**結合化**（Combination）、新しく作られた形式知を学習を通じて暗黙知化する**内面化**（Internalization）、というプロセスで新しい暗黙知を作りだすモデルです。この新しく作られた暗黙知をさらにつぎのサイクルに回すことにより、さらに新しい暗黙知を形成していく、このスパイラルを続けることによりイノベーションを起こすことが可能となるのです。

[図表11-9　SECIモデル]

	暗黙知	暗黙知	
暗黙知	共同化 (Socialization)	表出化 (Externalization)	形式知
暗黙知	内面化 (Internalization)	結合化 (Combination)	形式知
	形式知	形式知	

出所：Nonaka & Takeuchi 1995, p.93

11-3-3　ナレッジマネジメントのシステム化

　ナレッジマネジメントのシステム化は、通常、ナレッジそのものを共有するためのナレッジリポジトリという仕組みとナレッジの所在を共有するためのナレッジマップという2つの仕組みで行われることになります。

　前項で見てきたようにナレッジには、暗黙知と形式知がありますが、形式知は内容を明示的に表すことができますので、その内容をデータベース化することが可能です。これが**ナレッジリポジトリ**です。

　他方、暗黙知は内容をデータベース化することはできません。そこで、暗黙知の所在をデータベース化することにより、必要な暗黙知にアクセスすることができるようにします。これを**ナレッジマップ**といいます。

第11章　イノベーション、ベンチャー、ナレッジマネジメント　207

【参考文献】

Badaracco, J. L. (1991) *The Knowledge Link: How Firms Compete Through Strategic Alliances*, Boston, MA.: Harvard Business School Press.（中村元一・黒田哲彦訳『知識の連鎖―企業成長のための戦略同盟』ダイヤモンド社、1991年）

Christensen, C. M. (1997) *The Innovator's Dilemma*, Boston, MA: Harvard Business School Press.（玉田俊平太監修・伊豆原弓訳『イノベーションのジレンマ―技術革新が巨大企業を滅ぼすとき』翔泳社、2001年）

Davenport, T. H. & L. Prusak. (1998) *Working Knowledge: How Organizations Manage What They Know*, Boston, MA.: Harvard Business School Press.（梅本勝博訳『ワーキング・ナレッジ―「知」を活かす経営』生産性出版、2000年）

Drucker, Peter F. (1985) *Innovation and Entrepreneurship: Practice and Principles*, New York, NY.: Harper Collins Publishers.（上田惇生訳『イノベーションと企業家精神』ダイヤモンド社、2007年）

Flamholtz, E. G. and Y. Randle. (2000) *Growing Pains: Transitioning from an Entrepreneurship to a Professionally Managed Firm, New and Revised Edition*, San Francisco, CA: Jossey-Bass（グロービス・マネジメント・インスティチュート訳・加藤隆哉監訳『アントレプレナーマネジメントブック―MBAで教える成長の戦略的マネジメント』ダイヤモンド社、2001年）

Gladwell, M. (2000) *The Tipping Point: How Little Things Can Make a Big Difference*, New York, NY: Back Bay Books.

Greiner, L. E. (1972) "Evolution and Revolution as Organization Grow," *Harvard Business Review*, July-August, pp.37-46.

Hager, M. A., J. Galaskiewicz. and J. A. Larson. (2004) "Structural Embeddedness and the Liability of Newness among Nonprofit Organizations," *Public Management Review* Vol.6 Issue 2, pp.159-88.

Kim, W. C. & R. Mauborgne. (2005) *Blue Ocean Strategy: How to Create Uncontested Market Space and Make the Competition Irrelevant*, Boston, MA: Harvard Business School Press.

Nonaka, I. & H. Takeuchi. (1995) *The Knowledge Creating Company: How Japanese*

Companies Create the Dynamics of Innovation, New York, NY.: Oxford University Press. (梅本勝博訳『知識創造企業』東洋経済新報社、1996年)

Rogers, E. M. (1995) *Diffusion of Innovations Fourth Edition*, New York, NY.: The Free Press.

Schumpeter, J. A. (1926) *Theorie Der Wirtschaftlichen Entwicklung.* (塩野谷祐一・中山伊知郎・東畑精一訳『経済発展の理論（上）（下）』岩波書店、1977年)

Stinchcombe, A. L. (1965) "Organizations and Social Structure," in *Handbook of Organizations*, ed. J. G. March, pp.153-93, Chicago. IL.: Rand McNally.

神原理（2011）『ソーシャル・ビジネスのティッピング・ポイント』白桃書房

第12章 | 国際化とグローバル化

12-1 国際化からグローバル化へ

12-1-1 国際化とグローバル化

　国際化（internationalization）と**グローバル化**（globalization）という言葉があります。これらは混同されて使われていることが多いのですが、大きな違いがあります。

　国際化でいう国際とはインターナショナルつまり「国家の間」を指し、したがって**国際化**は、国という枠組みが根底にあって、国境を越えて他の国と関係することを意味する概念です。これに対して、**グローバル化**は直訳すれば「地球化」ということになり、国という枠組みがなくなって世界が一つになっていくことを指す概念です。

　グローバル化については、国家という枠組みが薄くなり世界中がすべて同じになるというコスモポリタン的な考え方（Freedman 2007; Levitt 1983）と、世界は一つになっていくがそれぞれの地域や民族などのアイデンティティや特性が逆に強調されるようになっていくという考え方（Huntington 1996）の2つが考えられますが、実際にはこれらの要素が入り混じってグローバル化が進展していることが指摘されています（Barber 1995）。グローバル化が進むにつれて、一方で、世界中どこでも同じような製品やサービス、映画や音楽などがみられるようになってきますが、他方で民族や地域のアイデンティティなどが高まり、民族間の対立や宗教間の対立、文化の対立、などが大きくなってきています。

　また、ゲマワット（Ghemawat 2007, p.12）は、現状では世界はセミ・グローバル化の状態にあり、「経営者は戦略の策定や評価にあたって国ごとに根強

く残る差異を真剣に受け止めるべきである」として、世界を一つとして捉えた画一的な経営志向に警鐘を鳴らしています。

　グローバル化を考える際には、政治的、経済的、文化的、イデオロギー的な面にそれぞれ分けて考察することが必要です（Steger 2003）。政治的には、私たちの日常生活の上で国の影響が弱まっていくことを意味します。文化的には、世界中の文化がどこにいってもみることができることを意味します。イデオロギー的には私たちに共通した一つの世界にたいする見方を提供することを意味します。これらは企業の経営にとって重要な要素ではありますが、それにも増して経済的側面はより重要な意味を持っています。**グローバル化の経済的側面**とは、貿易と金融に対する自由化が進むことを意味し、企業経営の側面では「資本は最も安価に調達できるところから調達し、人材は最も優秀な能力を獲得できるところから獲得し、生産は最も製造コストが低いところで製造し、そして国境の制約のないマーケットで販売できる仕組み」を作ることが可能となるということを意味します（Chanda 2007, p.65）。

12-1-2　アウトバウンド（アウェイ）とインバウンド（ホーム）

　国際化であれグローバル化であれ、企業経営という視点からは、企業が海外へ進出すること（**アウトバウンド**）と、製品や企業などが海外から国内市場へ進出してくること（**インバウンド**）という2つの視点で捉えていくことが大切です。平たく言えば前者をアウェイ、後者をホームと言ってもよいでしょう。

　アウトバウンドについては、進出先の国情つまり、政治、経済、社会、文化などの状況を考慮した対応が検討されることが大切です。

　例えば、カンナとパレプ（Khanna & Palepu 2006）によれば、発展途上国の市場には、グローバル、グローカル、ローカル、リージョナルの4つの階層による市場が存在すると指摘しています（図表12-1）。グローバル市場では品質、特性、価格のいずれにおいてもグローバルレベルの製品が取り引きされ、グローカル市場では品質はグローバル、特性はローカル、価格はグローバル以下の製品が取り引きされます。ローカル市場では品質、特性、価格のいずれもローカルレベルの製品が取り引きされ、リージョナル市場では最も低価格な製品が

取り引きされるとされています。

　このように先進諸国には先進諸国の市場があり、いわゆる**BRICS**（ブラジル、ロシア、インド、中国、南アフリカ）といわれる新興国には新興国の市場があり、東南アジアのような発展途上国には発展途上国の市場があることに留意しなければなりません。

[図表 12-1　発展途上国における市場の４層構造モデル]

	品質	特性	価格
グローバル	グローバル	グローバル	グローバル
グローカル	グローバル	ローカル	グローバル以下
ローカル	ローカル	ローカル	ローカル
リージョナル	最も低価格な製品		

出所：Khanna & Palepu（2006）

　また、**インバウンド**については、進出してくる国の我が国における市場戦略や製品特性等に留意をして、いかにそれに対応していくかを検討することが大切になります。一般に、新興諸国や発展途上国が我が国に進出してくる際に採用するのは低価格戦略つまり**ポーター**（Porter 1980）のいう**コスト・リーダーシップ戦略**であり、これに対して我が国の製品は一般には製品の品質や特性で勝負する**差別化戦略**（Porter 1980）、もしくは地域特性を生かしたローカルでの**集中戦略**（Porter 1980）といった戦略で対応することになります。また、**バーニー**（Barney 2001）でいう**VRIO分析**による現地にしかない資源としての製品を明確にすることや、後で述べる**CAGE分析**もこの戦略選択に際しては有効であると考えられます。

12-1-3　輸出と海外直接投資

　アウトバウンドとしての海外進出については、**輸出**と**海外直接投資**の2つの方法があります。**輸出**は、自国で製造した製品を海外に輸出して販売することであり、海外直接投資は進出先で投資を行うことです。**海外直接投資**とは、「外国企業が相手国で工場建設をしたり、そのために株式を取得したりして、相手国で『直接』的に事業経営を行うという行為（渡辺 2010）」あるいは「投資先企業の経営の支配あるいは経営への参加を目的とした外国への投資活動（石川ほか 2007, p.206）」とされますが、海外進出の目的が生産だけでなく、販売やサービスにも広がってきている現在、直接的に事業経営を行う対象は、工場建設だけでなく、販売網やサービスの拠点やネットワークの整備といったことにまで広がってきています。製造業における海外直接投資は、しばしば国内の工場の海外移転を伴い、**産業の空洞化現象**を起こす原因となっています。**産業の空洞化現象**とは、大企業等が生産コストの削減などを目的として海外に工場を移転すると、それに伴って原材料供給業者や下請け企業も海外に移転してしまい、国内から製造業がいなくなってしまう現象をいいます。

　なお、輸出と海外直接投資は、外国為替レートとの間で相反する関係を持っています。すなわち、外貨に対して円安の状態では輸出においては円貨収入が増え、海外直接投資においては円貨投資額が増えますが、反対に円高の状態では輸出においては円貨収入が減り、海外直接投資においては円貨投資額が減る、という関係にあります。このため、円安の状態では輸出が有利となり、円高の状態では海外直接投資が有利となります。こうした点も考慮して海外進出戦略を立てることが重要です。

12-2　企業の国際化とグローバル化

12-2-1　多国籍企業とは何か

　第二次世界大戦以降、多国籍企業現象（multinationalism）の高まりとともに、米国をはじめ欧州、日本などの先進諸国では、多くの多国籍企業（MNC）が誕生し、海外進出を果たしてきました。

第12章　国際化とグローバル化　213

多国籍企業とは、「対外直接投資を行って、複数の国に定着した生産と流通の拠点をもち、国際的規模で事業活動を行う企業。多くの国に子会社や在外支社をもち、売上高・資産・収益・雇用などの海外比率が高い。超国籍企業（広辞苑）」と定義されます。

　国際連合貿易開発会議（UNCTAD）では、①二国以上に独立した法人を所有する企業（これらの法人としての形態、活動の分野は問わない）、②一つまたは一つ以上の意思決定の中枢機関によって統合的な制度と共通した戦略を生み出す意思決定システムの下に経営を進める企業、③所属法人が資本所有、あるいはその他の形で結ばれており、法人の一つまたは一つ以上が他の法人の活動に顕著な影響を及ぼしうる企業（とくに他の法人と知識、資源、責任を共有しうる企業）、と定義されています。

　バートレッドとゴシャールは、多国籍企業の要件として、①多国籍企業はたんに貿易に従事するだけでなく、海外諸国に多額の直接投資を行っていること、②多国籍企業はたんにその海外支社を消極的な投資対象として保有するにとどまらず、これらの海外支社の経営に積極的に取り組んでいること、をあげています（Bartlett & Ghoshal 1992、pp.3-4）。

12-2-2　ヒーナンとパールミュッターの多国籍企業論

　ヒーナンとパールミュッター（Heenan & Pearlmutter 1979）は、多国籍企業の海外子会社に対する本社の志向形態として、**本国志向**（Ethnocentric）、**現地志向**（Polycentric）、**地域志向**（Regiocentric）、**世界志向**（Geocentric）の4つを示しています（図表12-2）。**本社志向**は、「世界中で本国人を中心的位置におき、仕事のわりには気前よく彼らに多くの報酬を与える選好」を指しますが、その背景には、「本国人グループの方が外国人にくらべ、より優れた知識や能力をもち、また信頼できると考える性向」があります（p.18）。**現地志向**は、「各国文化は大きく異なっており、外国人には理解しがたいものであるから、現地事業が収益をあげている限り、本社は介入すべきでない」というものです（p.20）。**地域志向**は、「地域ベースで管理者を採用、訓練、評価、および配置」するものであり、「多くの国をベースとして、職能上の合理化を促進する」も

のと考えられています（p.20）。**世界志向**は、「意思決定に際し、世界的なシステム・アプローチを用い、各地域を統合しようとする」ものであり、「親会社と子会社は、自らを有機的な世界統一体の一部」と考え、「人材の能力は国籍に関係なく、経営幹部は真の多国籍企業に特有の能力とは世界ベースで資源配分の最適化を図るという姿勢を主要な意思決定に取り入れ」、「優れたアイデアは１企業内で国際的に相互交流が図られる」ものとされます（p.21）。

[図表 12-2　多国籍企業の在外子会社に対する本社の４つの志向形態]

企業の諸側面	志　　　向			
	本国志向	現地志向	地域志向	世界志向
組織の複雑性	本国では複雑、在外子会社は単純	変化に富むが相互に独立	地域ベースで相互依存性が高い	世界ベースで複雑性が増大し、相互依存性は高い
権限：意思決定	本社に集中	本社集中の相対的低下	地域本部に集中および／または在外子会社間の協議増大	世界中の本社および在外子会社の協議
評価と統制	人事考課と業績評価に本社基準を採用	現地で決定	地域で決定	世界および現地を含んだ基準を採用
賞罰：インセンティブ	報酬は本社で厚く、在外子会社で薄い	まちまち、報酬の高低は在外子会社の実績のいかんによる	報酬は地域目標にそった貢献度に依存する	国際的および現地経営幹部に対する報酬は、現地および世界目標の達成度に依存する
コミュニケーション：情報の流れ	在外子会社に対して大量の命令、指図、助言を行う	本社と子会社間に限定、子会社相互間ではなし	統括本部に限られるが地域本社間および各国間で行われる	相互コミュニケーションと世界中の在外子会社間で行われる
地理的属性	本国籍法人	現地国際法人	地域企業	真の意味での世界的企業、ただし各国の国益を順守する
継続性（採用、要員配置、人材開発）	世界中の主要な地位には本社の人材を	現地の主要な地位には現地人を	地域内の主要な地位には同地域の人材を	主要な地位には世界中から人材を

出所：Heenan & Perlmutter（1979），邦訳書 p.19

ヒーナンとパールミュッター（Heenan & Perlmutter 1979）は、多国籍企業のタイプを以上の4つに類型化しましたが、彼らの調査した企業では4つの類型のどれかに限定されるのではなく、多国籍的な思考や行動の面でこれらの類型の混合化傾向が認められたことを指摘しています（p.21）。そのうえで彼らは、「世界企業が主要な意思決定領域で、どの程度の本国志向性、現地志向性、地域志向性あるいは世界志向性を示すか、その範囲を表すもの」（p.21）としてEPRGプロファイルを提案し、大多数の多国籍企業は、本国志向→現地志向→地域志向→世界志向へと発展するであろうが、本国志向→世界志向へと直接発展することもありうるし、逆に世界志向→地域志向、現地志向、本国志向に逆行することもありうることを指摘しました（p.22）。

12-2-3　バートレットとゴシャールの多国籍企業論

バートレットとゴシャール（Bartlett & Ghoshal 1992, p.54）は、世界規模の**競争優位性**を築くために、多国籍企業は、①世界規模の経済性を実現すること、②各国ごとに存在するリスクと機会を生かすために多国籍にまたがる柔軟性を備えること、③国際進出と国際規模の機会から学習を進め、その成果を世界規模で活用していく能力を身に着けること、の3つの戦略目標を実現することが必要であることを提示しています。つまり、①**効率**、②**柔軟性**、③**学習**の3つのゴールを達成することです。この3つのゴールを達成するために、①各国ごとに存在する差異、②**規模の経済性**、③**多品種生産の経済性**、を生かすことが求められています。この多品種生産の経済性については、その源泉として製品の多角化と市場の多角化に分けて、それぞれ物的資産の共有、対外関係の共有、学習の共有、について検討することの重要性が示されています。これらをまとめると、図表12-3のように示すことができます。

[図表 12-3　世界規模企業の備える競争優位性―ゴールと手段]

戦略上の目標	競争優位性の源泉		
	各国ごとの差異への対応	規模の経済性	多品種生産の経済性
既存の経営において効率を向上させる（効率）	賃金や資本コストといった様々なコストの差異を生かして利益を生む	すべての活動に規模の経済性を拡大し開拓する	様々な市場、ビジネスの枠を超えて投資とコストを共有する
多国籍間の柔軟性を生かしてリスクをマネジする（柔軟性）	各国の比較優位性に見られる市場主導、または政策主導の諸変化から生ずる様々なリスクをマネージする	規模と戦略上および経営上の柔軟性との間のバランスを保つ	リスクを各国に分散する経営形態、および選択肢と代替案の拡大
革新、学習、適応を推進する（学習）	組織および経営プロセスとシステムに見られる各国ごとの差異から学習を進める	コスト削減や革新の経験から学習を進める	様々な製品、市場、ビジネスに含まれる組織構成部分の枠を超えて学習を共有する

出所：Bartlett & Ghoshal (1992), p.70

　そして彼らは、企業の多国籍化について、**インターナショナル企業→マルチナショナル企業→グローバル企業→トランスナショナル企業**の順で進化していくとしています（Bartlett & Ghoshal 1992, pp.16-21）。

① **インターナショナル企業**では、様々な製品がまず本国市場に対して開発され、その後海外で販売されます。技術やその他の知識は本社から海外事業へ移転されます。海外での製造は、本国市場を防衛する手段と認識されます。このタイプの企業は、自らを海外に付属施設を備えた国内企業と認識します。海外の事業所へ派遣される管理者は、本社に適応できない人物であることが多いとされます（pp.16-17）。

② **マルチナショナル企業**では、自社製品、戦略、経営の方法を各国ごとに変えることにより、海外事業に対してより柔軟なアプローチを採用しますが、その世界戦略は、その企業の所有する海外支社ごとに多様で、各国事情をしっかり織り込んだ戦略基盤に立脚しています。各海外支社の経営管理者たちはきわめて独立的な起業家であることが多く、各国の国籍を持つ人材であることが多いとされます（pp.17-18）。

③ **グローバル企業**は、世界共通市場に通用する製品を生み出し、きわめて効率性の高い数少ない工場で世界規模の生産を進めることを目指す企業です。

第12章 国際化とグローバル化 217

世界全体を一つの分析単位として、適切な価格と品質を持ち標準化された製品を世界の顧客に提供することにより、嗜好の標準化も可能である、と考える企業です。他の形のアプローチに比べて中央による調整と統制が強く要請され、多くのプロダクト・マネジャー、ビジネス・マネジャーたちが世界全体に対して責任を負うという組織構造が採用されています（pp.18-19）。

④ **トランスナショナル企業**は、企業として各国のニーズに適切に応えつつ、同時に世界規模の効率を維持する企業です。主要な活動と資源は、効率と柔軟性を同時に実現するために、各国に拡散されていますが、各国の特殊性を反映するものとなっています。各国に拡散された資源は、世界規模の相互に関連し合うネットワークに組み込まれて運用されています（p.20）。

以上の4つのタイプの多国籍企業の戦略の目指す方向と資産と能力の構成について、図表12-4に示します。

[図表12-4　マルチナショナル、インターナショナル、グローバル、トランスナショナルの企業における戦略の目指す方向と資産と能力の構成]

	マルチナショナル企業	インターナショナル企業	グローバル企業	トランスナショナル企業
戦略の目指す方向	強力で、資源を備え、起業家精神を備えた各国支社を通じて、各国ごとの差異に対応する柔軟性を築く	世界規模の拡張と適用を通じて本社の知識と能力を開発する	世界規模の、中央に集約された経営を通じてコスト優位性を築く	世界規模の効率、柔軟性、世界規模の学習能力を同時に開発する
資産と能力の構成	権限分散とかなりのレベルの自己充足性	重要なコンピテンシーの集約化とその他の分散化	中央集約化と世界規模の拡大	拡散化、相互依存、専門化

出所：Bartlett & Ghoshal（1998）, p.76

12-2-4　ゲマワットのグローバル戦略論

ゲマワット（Ghemawat 2007）は、綿密な分析から世界は標準化されたフラットのものではなく、地域や国ごとに差異が残るセミ・グローバリゼーションの段階であることを示し、この差異を利用した経営戦略を展開することが**グローバル経営戦略**であることを示しました。すなわち、世界はフラットである

として進めたコカ・コーラの戦略が失敗だったことに留意し、同様のグローバル経営戦略を進めている、もしくはこれから進めようとしている企業に警鐘を鳴らしました。

そして、国ごとに残る差異を明確にするために、CAGE の概念を導入し、**CAGE 分析**を行うことを提案しています（図表 12-5）。CAGE 分析における**CAGE** とは、**文化的**（Cultural）な差異、**制度的**（Administrative）な差異、**地理的**（Geographical）な差異、**経済的**（Economical）な差異、の4つの頭文字をつなぎ合わせたものです（p.62）。

[図表 12-5　CAGE 分析の枠組み（国家レベル）]

	文化的な隔たり	制度的な隔たり	地理的な隔たり	経済的な隔たり
二国間モデル	・異なる言語 ・民族の差異、両者に民族的、社会的接点がない ・宗教の差異 ・信頼の欠如 ・異なる価値観、規範、気質	・植民地関係がない ・共通の地域貿易ブロックにない ・共通の通貨がない ・政治的な対立	・物理的な隔たり ・国境を接していない ・時差 ・気候や衛生状態	・貧富の差 ・天然、経済、人的資源、インフラ、情報・知識を得る費用や質
多国間モデル	・閉鎖的思考 ・伝統主義	・市場の不在あるいは閉鎖的経済 ・自国バイアスの度合い ・国際機関に非加盟 ・脆弱な制度、汚職	・陸地に囲まれていること ・国内での移転のむずかしさ ・地理的規模 ・交通、通信網が脆弱であること	・経済規模 ・一人当たりの所得が低いこと

注：邦訳版では、「差異」を「隔たり」と表現しているので、ここでもそれにならって表示を行った。以下、同様とする。
出所：Gemawat（2007）, p.73

つぎに、ゲマワット（Ghemawat 2007）は、CAGE 分析で明らかになった差異を利用して企業が展開すべき経営戦略として、**適応戦略**（Adaptation）、**集約戦略**（Aggregation）、**裁定戦略**（Arbitrage）の3つの戦略を提案し、それぞれの頭文字である"A"を使って **AAA 戦略**と名付けています（図表 12-6）。

第12章　国際化とグローバル化　219

[図表 12-6　AAA 戦略の間の違い]

特徴	適応	集約	裁定
比較優位：なぜグローバル化するのか？	国に焦点を絞り、現地での地位を確立（同時にある程度の規模を追求）する	国際間の標準化によって規模と範囲の経済を確保する	国際間で特化することにより、絶対的経済性を確保する
調整：国境を越えてどのように組織を作るか？	国別：国別に現地化するための調整を重視する	ビジネス、地域または顧客別：クロスボーダーでの規模の経済のため、横の関係を重視する	機能別：タテの関係を重視、組織の壁を越えた関係を含む
配置：海外のどこに拠点を置くか？	本拠地と類似した外国に特化することによって、文化的、制度的、地理的、経済的な隔たりの影響を最小限に抑える		さまざまな国で事業を行うことにより、隔たりの要素を追求する
管理：注意すべき点は何か？	過度な多様化や複雑化	過度な標準化や規模の追求	差異の縮小
変化を妨げるもの：内部で注意するべき人は？	既得権をもつ国別事業のヘッド	権力が集中する本部、ビジネス部門、地域、顧客担当部門のヘッド	主な機能または垂直的な接点
企業外交：対外的に発生しうる問題は？	現地化に焦点を絞っているため、動きが比較的鈍く、かつ硬直している	画一化または覇権的に見えること、またそれに対する反発（とくにアメリカ企業に対して）	納入業者、販売経路、中間業者の搾取やすげ替え、おそらく政治的混乱がおきやすい

出所：Gemawat（2007），p.309

　適応戦略は、差異を調整する戦略です。進出先のビジネス環境に適合させるために自社の製品・サービスあるいはビジネスモデルを修正する戦略です。ゲマワット（Ghemawat 2007）は「国境を越えて活動する企業ならどこでもある程度の適応は不可欠である」と述べ、適応戦略の重要性を主張しています。適応の度合い（修正）は、CAGEにおける差異によって異なりますが、進出国での競争状態によっても─とくに進出国内の競争業者がいるかいないかで─、違ってきます。

　集約戦略は、「さまざまなグループ分けの手段を用いて、適応によって得られる国ごとの規模の経済よりも大きな規模の経済を作ろうというもの（Ghemawat 2007, p.218）」であり、「国ごとと世界全体の中間のレベルで展開するクロスボーダーのメカニズムを発見し、実践しようとするものである

（Ghemawat 2007, p.218)」とされます。このため、地域という概念を取り上げ、地域戦略という形で集約が検討されます。

裁定戦略は「差異を活用する手段（Ghemawat 2007, p.264)」であり、「標準化によって得られる規模の経済よりも、むしろ絶対的な経済性を追求する（Ghemawat 2007, p.264)」ものです。そして、「国境を越えた差異を、制約ではなく機会ととらえる（Ghemawat 2007, p.264)」戦略です。裁定戦略は、差異を活用する戦略であるから、CAGE 分析が重要な役割を果たします。すなわち、文化的差異、制度的差異、地理的差異、経済的差異を明らかにし、そこに差異を利用する可能性を見出すことが重要な作業であるからです。

グローバル戦略を検討する際には、CAGE のそれぞれの項目における差異のみに着目するのではなく、それらの組み合わせにも着目する必要があります。それらの組み合わせの中から価値の源泉を探りだし、それを活用して戦略を展開することになります。

12-3　ソーシャルビジネスと BOP

12-3-1　グローバル化と貧困問題

グローバル化が進むなかで、日本企業が東南アジアなどの発展途上国に進出するにあたって直面する問題の一つが**貧困問題**です。ここで「貧困」とはどのようなことを指すのでしょうか。貧困の定義づけにはいろいろな意見がありますが、ここでは一応世界銀行の定義づけである貧困を 1 日 2 ドル以下、極貧を 1 日 1.25 ドル以下で生活する人びとのことを指すという定義に従って貧困問題について考えてみることにします。

図表 12-7 は少し古いデータですが、世界の貧困者数および割合、極貧者数および割合、を示したものです。もとより、1 日 2 ドルや 1 日 1.25 ドルといった定義には各国の物価水準が反映されていないので、生活実態には国ごとに大きな違いがあることが考えられます。しかし、ここでは利用できるデータがありませんので、図表 12-7 に従うことにします。

第12章　国際化とグローバル化　221

[図表12-7　世界の貧困の現状（2005年）]

（単位：百万人）

	1日1.25ドル以下		1日2ドル以下	
	人数	割合（%）	人数	割合（%）
東アジアと太平洋	316.2	16.8	728.7	38.7
（中国）	207.7	15.9	473.7	36.3
欧州と中央アジア	17.3	3.7	41.9	8.9
中南米	45.1	8.2	91.3	16.6
中東と北アフリカ	11.0	3.6	51.5	16.9
南アジア	595.6	40.3	1,091.5	73.9
（インド）	455.8	41.6	827.7	75.6
サハラ砂漠以南のアフリカ	388.4	50.9	556.7	73.0
合計	1,373.5	25.2	2,561.5	47.0

注：割合は人口に占める割合。（　）内は内数。
出所：世界銀行のデータを筆者が編集した。

　図表12-7によれば、世界の人口の25.2%が極貧の状態にあり、47.0%が貧困の状態にあるということになります。アジアでビジネスを展開する場合、どうしてもこの貧困問題に直面せざるを得ません。貧困層の人びとをどのようにして顧客ターゲットである中間層にまで引き上げることができるか（ソーシャルビジネス）、あるいは貧困層そのものを顧客ターゲットにするか（ソーシャルビジネスおよびBOPビジネス）、という問題が検討されることになります。

12-3-2　ソーシャルビジネス

　現在、国際協力活動に取り組んでいる日本のNGO（Non-Governmental Organizations：非政府組織）は400以上といわれています[1]。NGOによるプロジェクトの特徴として、①草の根の立場から始める、②問題解決型、③プロセス指向、④「ひと」中心、⑤機動性・柔軟性、⑥市民性・ボランタリズム、

---

(1) 外務省ホームページ、同上。

があげられます[2]。NGO の課題としては、①開発の主体は現地住民であり、国際 NGO の役割を明確にすること、②経済グローバル化の中で、多国籍企業や先進国・国際機関等の政策への対応、③紛争予防・平和構築への挑戦、④公的機関との関係とくに ODA との連携、⑤資金をどう集めるか、⑥どのようにして市民の支持・支援を広げるか、⑦人材育成、⑧ NGO 同士のネットワークづくり、があげられています[3]。

　以上のような NGO の活動の限界を克服するためには、基本的にチャリティ、ボランティアのパラダイムから、ビジネスのパラダイムへ支援の在り方をシフトしていくことが必要であると考えます。理念としては、競争のパラダイム（ビジネス）から共生のパラダイム（チャリティ、ボランティア）へのシフトが薦められますが、現実の経済活動において、貧困層の人びとが自らビジネスを展開して、自力更生による内発的発展を目指すのであれば、やはり、チャリティ、ボランティアすなわち「人の善意に頼ること」からビジネスすなわち「顧客にベネフィットを提供すること」へシフトすることがどうしても必要となるでしょう。なぜなら、人びとの善意に頼ることには限界があり、多くを期待できないし、継続することも期待できないからです（Yunus 2007, pp.38-40）。これに対して、人びとのニーズを満たすビジネスであれば、そのニーズを満たすことができ、また他の競争相手と競うことができれば、成功を見ることができるでしょう。

　さて、ユヌス（Yunus 2007, p.65）は、**ソーシャルビジネス**を、①「所有者に対する最大限の利益を追求するよりはむしろ社会的な利益を追求する企業で、経済的な報酬よりも心理的、精神的な満足のために、貧困削減、貧しい人々へのヘルスケア、社会的な正義やグローバルな持続性といった社会的な利益を求める投資家によって所有されている」企業と、②「貧しい人々や恵まれない人々

---

(2) 国際協力 NGO センター（2002）「日本の開発協力 NGO の現状と課題」NGO・JBIC 一日交流セミナー分科会 B-1 配布資料（http://www.jica.go.jp/partner/ngo_meeting/ ngo_jbic/2002/seminar/pdf/b1-2.pdf）2013 年 1 月 31 日

(3) 国際協力 NGO センター（2002）同上

によって所有されている、最大限の利益を追求するビジネス」、という2つの
タイプがあるとしています。上記①については、ユヌス（Yunus 2010, p.31）は、
「商品やサービスの製造・販売など、ビジネスの手法を用いて社会問題を解決
する」ものとして定義しています。すなわち、①は貧困者や社会的に恵まれな
い人々に、製品やサービスを提供する、しかもそのために利潤を追求しないビ
ジネスであり、②は貧困者や社会的に恵まれない人々が社会的自立のために行
うビジネスです（Yunus 2010, p.32）。

　自力更生による内発的発展という観点からすると、途上国の発展とくに貧困
の解決の究極のあり方の一つが、貧困者自身が起業し自力で更生を図っていく
「ソーシャルビジネス」にあると考えられます。今後は、これまでのような単
なるチャリティにとどまらず、「いかに貧困者の起業を成功させるか」という
視点で有形無形の支援の在り方を検討し、実行していくという方向に支援の重
心をシフトしていくことが有効であり、その際にこれまで蓄積されてきたビジ
ネスのスキル、ノウハウを役立てることは大いに意義があると考えられます。

12-3-3　BOP と BOP ビジネス

　BOP は "Bottom of the Pyramid (Prahalad & Hart 2002)" もしくは "Base
of the Pyramid (Hammond et. al. 2007)" すなわち、経済的に社会の底辺に位
置する貧困者層を指す略語です。BOP層は年間3,000米ドル以下で生活する人々
で、世界中で約40億人とされていますが（Hammond et. al. 2007; London &
Hart 2011）、**BOP ビジネス**は買い手、売り手、起業家としてこうした BOP 層
の人びとを対象として行うビジネスを指します（London & Hart 2011）。買い
手としての BOP ビジネスは大企業等が BOP 層のニーズに合った製品を提供す
るビジネスであり（Jaiswal 2007）、売り手としての BOP ビジネスは BOP 層
自身が生産者として製品を提供するビジネス（Karnani 2007）です。

　また起業家としての BOP ビジネスは BOP 層が起業家としてビジネスを展開
すること（Karnani 2009）、および起業家としての BOP 層とのつながりを通じ
て BOP 層を支援していくこと（Jenkins et. al. 2008）です。

　BOP については次の3つの視点での検討が必要です。

(1) 貧困救済—市場か政府か

　カルナニ（Karnani 2009）は、プラハラッドとハート（Prahalad & Hart 2002）をはじめとする BOP ビジネスに一定の評価を認めつつ、しかし貧困救済における政府の失敗—教育や公衆衛生、治安、その他の社会基盤の整備の不足—を指摘し、政府はこれらによる貧困者の環境整備に努めることが必要であることを指摘しています。また、東南アジア諸国においては、貧困率は経済成長率（GDP growth rate）と負の相関関係、失業率と正の相関関係が認められるため、貧困救済のためには海外直接投資の誘致を含む経済成長のための産業振興を図り、失業率を下げていく政策を展開することが必要です。

(2) 生活者の視点での BOP ビジネス

　ジャイスワル（Jaiswal 2007）は、大企業による上からの視点の BOP ビジネスにおいては、提供する製品・サービスと BOP 層の人びとのニーズとの間にミスマッチが生じていることを指摘し、貧困者の選択消費ができるように促しています。この問題は、BOP 層の人びとの生活者の視点が欠落しているためであると考えられます。BOP 層の人びとの生活の現場に密着したマーケティング活動および製品開発へと転換することが重要です。

(3) 人びとの善意に頼るビジネスか、市場競争に耐えうるビジネスか

　貧困問題解決のために、**フェアトレード**（公正な取引）が提唱され実施されており、一定の成果をあげていますが（Brown 1993, Stiglitz & Charlton 2005）、寄付などと同様、人びとの善意に頼る支援やビジネスには限界があります（Karlon & Appel 2011）。適正なマーケティング活動を通じて消費者ニーズをつかみ、競争力のある製品・サービスを提供する、さらにはブランドを構築して訴求力を高める、などの方策を、BOP 層の企業家が自力更生的・内発的にできるようにすること、そしてそのための支援を行うこと（例えば、共同事業を通じて）などが貧困解決もしくは貧困軽減に有効であると考えられます。

【参考文献】

Barber, B. R. (1995) *Jihad vs. McWorld: terrorism's Challenge to Democracy*, Oxbridge Road, London: Corgi Books. (鈴木主税訳『ジハード対マックワールド―市民社会の夢は終わったのか』三田出版会、1997年)

Barney, J. B. (2002) *Gaining and Sustaining Competitive Advantage 2nd Edition*, Upper Saddle River, NJ.: Prentice Hall. (岡田正大訳『企業戦略論―競争優位の構築と持続 (上) (中) (下)』ダイヤモンド社、2003年)

Bartlett, C. A. and S. Ghoshal. (1992) *Transnational Management*, Boston, MA.: Irwin McGraw-Hill. (梅津祐良訳『MBA のグローバル経営』日本能率協会マネジメントセンター、1998年)

Brown, M. B. (1993) *Fair Trade: Reform and Realities in the International Trading System*, Oval Way, London: Zed Books.

Chanda, N. (2007) *Bound Together: How Traders, Preachers, Adventurers, and Warriors Shaped Globalization*, New Haven, CT.: Yale University Press. (友田錫・滝上広水訳『グローバリゼーション―人類5万年のドラマ (上) (下)』エヌティティ出版)

Dag Hammerskjold Project (1975) *What Now：The Dag Hammerskjold Report on Development and International Co-operation*, The Dag Hammerskjold Foundation, Uppsala, Sweden.

Freedman, T. L. (2005) *The World is Flat: A Brief History of the Twenty-First Century*, New York, NY.: Picador/Farrar, Straus and Giroux. (伏見威蕃訳『フラット化する世界―経済の大転換と人間の未来 (上) (下)』日本経済新聞出版社、2008年)

Ghemawat, P. (2007) *Redefining Global Strategy: Crossing Borders in a World Where Differences Still Matter*, Boston, MA.: Harvard Business School Press. (望月衛訳『コークの味は国ごとに違うべきか―ゲマワット教授の経営教室』文芸春秋、2009年)

Hammond, A. L., W. J. Kramer, R. S. Katz, J. T. Tran. and C. Walker. (2007) *The Next 4 Billion: Market Size and Business Strategy at the Base of the Pyramid*, Washington D.C.: World Resources Institute International Finance Corporation.

Heenan, D. A. and H. V. Perlmutter. (1979) *Multinational Organization Development*, Reading, MA.: Addison-Wesley. (江夏健一・奥村皓一監修、国際ビジネス研究センタ

一訳『グローバル組織開発―企業・都市・地域社会・大学の国際化を考える―』文眞堂、1990年）

Huntington, S. P. (1996) *The Crush of Civilizations and the Remaking of World Order*, New York, NY.: Touchstone.（鈴木主税訳『文明の衝突』集英社、1998年）

Jaiswal, A. K. (2007) "Fortune of the Bottom of the Pyramid: An Alternate Perspective," *Indian Institute of Management Working Paper* No. 2007-07-13.

Jenkins, Beth., E. Ishikawa., E. Barthes. and M. Giacommelli. (2008) *Supporting Entrepreneurship at the Base of the Pyramid through Business Linkage, International Finance Corporation*.（http://www.hks.harvard.edu/m-rcbg/CSRI/publications/report_31_Business%20Linkages%20Rio.pdf）2013年12月10日参照

Karlan, D, and J. Appel. (2011) *More than Good Intentions: How a New Economics is Helping to Solve Global Poverty*, New York, NY.: Dutton.（清川幸美訳、澤田康幸解説『善意で貧困はなくせるのか？―貧乏人の行動経済学』みすず書房、2013年）

Karnani, A. (2007) "The Mirage of Marketing to the Bottom of the Pyramid: How the Private Sector Can Help Alleviate Poverty," *California Management Review* vol.49, No.4, pp.98-111.

Karnani, A (2009) "The Bottom of the Pyramid Strategy for Reducing Poverty: A Failed Promise," *DESA Working Paper* No.80.

Khanna, T. and K. G. Palepu. (2006) "Emerging Giants: Building World-Class Companies in Developing Countries," *Harvard Business Review*: pp.2-11.

Levitt, T. (1983) "The Globalization of Markets," *Harvard Business Review* May-June, 92-101.

London, T. & S. L. Hart. (2011) *Next Generation Business Strategies for the Base of the Pyramid: New Approaches for Building Mutual Value*, Upper Saddle River, NJ.: Pearson Education.

Porter, M. E. (1980) *Competitive Strategy*, New York, NY.: Free Press.（土岐坤・中辻萬治・服部照夫訳『競争の戦略』ダイヤモンド社、1982年）

Prahalad, C. K. and Stuart L. Hart. (2002) "The Fortune at the Bottom of the Pyramid," *Strategy+Business*, 26, pp.1-14.

Steger, M. B. (2003) *Globalization: A Very Short Introduction*, Great Clarendon Street, Oxford, Oxford University Press.

Stiglitz, J. and A. Charlton. (2005) *Fair Trade for All: How Trade can Promote Development*, Great Clarendon Street, Oxford University Press.

Yunus, M. (2007) *Creating a World without Poverty*, New York, NY: Public Affairs.

Yunus, M. (2010) *Building Social Business: The New Kind of Capitalism that Serves Humanity's Most Pressing Needs*, New York, NY: Public Affairs.

石川城太・菊池徹・椋寛（2007）『国際経済学をつかむ』有斐閣

渡辺利夫（2010）『開発経済学入門　第3版』東洋経済新報社

第13章 企業の社会的責任とレピュテーション・マネジメント

13-1 企業の社会的責任

13-1-1 企業の社会的責任とは

企業の社会的責任とは、文字通り企業が社会に対して果たすべき責任のことですが、誰に対してどのような責任を負うのかについては、議論が分かれています。まず、社会的責任の対象となるべき社会とはどのようなものを指すのでしょうか。基本的には企業環境、とりわけステークホルダーであると考えられます。ここで問題となるのは、コーポレートガバナンスの問題です。

コーポレートガバナンスは企業統治すなわち「企業は誰のものか」にかかわる問題ですが、2006年に商法が改正されて新たに施行された会社法では、基本的に会社は株主のものであり、企業は基本的に株主に対して責任を果たせばよいということになります。この考え方に基づけば、企業は少なくとも**コンプライアンス**（法令順守）を求める社会的義務を果たしていかなければなりませんが、これも誰のために社会的義務を果たすかというと、株主に損失を与えないためであるということができます。

これに対して、企業はそれを取り巻く**ステークホルダー**のものであると広く捉える立場がありますが、これに基づけば、株主のほかに、顧客、従業員、供給者、資金提供者（投資家および金融機関等）、官公庁、地域社会（コミュニティー）などの多くの人びとや機関に対して、それぞれ責任を果たしていくことが必要となります。

13-1-2　企業の社会的責任に関する議論

(1) フリードマン対サミュエルソン、デービスの議論

　企業の社会的責任については、その対象と内容について、フリードマンをはじめとする消極派と、サミュエルソン、デービスをはじめとする積極派との間で議論が行われてきました。

　フリードマンは、「市場経済において企業が負うべき社会的責任は、公正かつ自由でオープンな競争を行うというルールを守り、資源を有効活用して利潤追求のための事業活動に専念すること」であり、それが「企業に課せられたただ一つの社会的責任である」と述べています（Friedman 1962, p.248-249）。そして「企業の使命は、株主利益の最大化」であり、「企業は株主の道具であり、企業の最終所有者は株主である」として「もしも企業が何か寄付をしたら、その行為は、株主が自分の資金の使い道を決める自由を奪うことになる」と述べています。寄付をするのは自由社会において財産を最終的に所有している個人であるべきだというのがその理由です（Friedman 1962, p.252）。

　つまり、フリードマンは、「企業の役割は、法律の範囲内で企業活動が行われる限りにおいて、事業活動に専念し、希少な組織の資源を上手に活用して、株主（所有者）の利益を最大化すること」であり、「企業が慈善活動の支援に貢献すべきであるという主張は、自由企業社会における企業の資金利用にとって不適切なものである」という考え方を主張しています（Friedman 1970）。

　フリードマンをはじめとする消極派は、社会のルールの範囲内で最大利潤を追求することを是認しており、企業が利潤をあげることによって、①新たな雇用の創出を図ることができること、②労働者にも高賃金を支払うことができるようになること、③従業員の労働環境の改善を図ることができること、④税金を納めることによって公共の福祉に貢献することができること、を理由として、企業が利潤をあげることは社会貢献であると主張しています。そして、限られた資源を有効的かつ効率的に活用して、企業競争に打ち勝っていくことによってはじめて利潤をあげることができるのであり、社会プログラムに貴重な経営資源を割くことは、企業の競争力の低下につながり、大きなハンディキャップである、と主張しています（Montana & Charnov 1993, p.33）。

第13章　企業の社会的責任とレピュテーション・マネジメント　231

　これに対して、デービス（Davis 1973）は、サミュエルソン（Samuelson 1971）が、近年の大企業が社会的責任に取り組むこともまたよいことであると主張したことを受けて、企業の社会的責任について、フリードマンとの対比において、論じています。

　デービス（Davis 1973）は、「企業というものは、単に法が求める最小限度の要件に従うことを社会的責任とするものではない」とし、それは「良き市民として行うべきこと」であるからであると述べています。ただし「古典経済学のもとでの利潤の極大化を否定するものではなく、同様に行われるものであり、社会的責任はその一段階先の問題である」としています。それは、法の求める要件を超えた社会的義務の受容ということになります。

　デービス（Davis 1973）は、社会的責任に関する議論として、利益の極大化、社会的投資コスト、社会的スキルの欠如、事業の第一義的目的の希薄化、弱められた国際収支残高、ビジネスが十分な力を持っていること、アカウンタビリティ（説明責任）の欠如、広範な支援の欠如、について論じています。そして、デービスは、「社会的責任は社会的なパワーと同一歩調をとるものであり、企業が現代の生活においてもっとも強力な影響力をもっていることを考えると、企業は相応の社会的責任を負っていると考えなければならない」し、「社会は企業に権力を与えるが、その権力の行使についてはその釈明を求めることができ」、また、「企業は、社会を代表する者や社会問題を分析する専門家に対してオープンでなければならないが、社会はこれに対して社会的責任の領域で企業が行っている努力に注意を払い、評価を行うべきである」としています（Montana & Charnov 1993, p.34）。

　また、デービスは、「社会的責任に対して行う企業の努力は高いものにつくであろうが、そのようなコストは合法的により高い価格という形で消費者に転嫁されるかもしれないという消極派の主張を認識した上で、さらに企業は、もし必要な専門的知識を有するならば、たとえ直接関わりのないことにおける社会関係の解決の支援さえも行う義務があり、この義務は、"general social good" のためであり、社会が改善されれば、企業もその恩恵を受けることができる」としています（Montana & Charnov 1993）。

13-1-3 3つの考え方
(1) 社会的義務、社会的責任、社会的応答

フリードマン対サミュエルソン、デービスの論争で行われた議論は、企業が社会に対してどこまで関与していくかという問題として捉えることができます。モンタナとチャーノフ（Montana & Charnov 1993, pp.35-40）は、これを3つのアプローチに分けて議論を行っています。すなわち、社会的義務、社会的責任、および社会的応答の3つです。

社会的義務のアプローチは、法的な義務にのみ適合すればよいとするものです。狭い意味でのコンプライアンス（法令順守）の考え方は基本的にこのアプローチに属するものと考えられます。フリードマンの考え方はこのアプローチに基づくものです。

つぎに**社会的責任**のアプローチは、社会的義務を包含しさらに事業に直接影響を与える社会的な義務に適合することを要求するものです。

そして**社会的応答**のアプローチは、社会的義務および社会的責任を含み、さらに事業に直接影響を与えないものまでも対象とする最も範囲の広いものです（図表13-1）。サミュエルソンやデービスの考え方はこのアプローチに基づくものと考えられます。

[図表 13-1 社会的義務、社会的責任、社会的応答の関係]

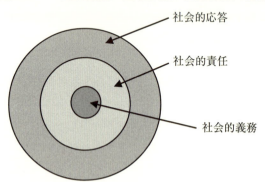

出所：Montana & Charnov (1993), p.36

(2) 禁止的様相、処方的様相、予想的・予防的様相

セスィ（Sethi 1975）は、企業が果たすべき社会的責任について、禁止的様相、処方的様相および予想的・予防的様相の3つに分類しています。

禁止的様相は、「社会的義務としての企業行動であり、市場メカニズムと法的規制に対応すること」であり、その正当性の基準は「経済的正当性と法的正当性」です。

処方的様相は、「社会的責任としての企業行動であり、企業の業績に関する支配的な社会規範、社会価値、社会期待に適合するよう行動すること」、いいかえれば「法になる手前で実行すること」です。

予想的・予防的様相は、「社会的応答としての企業行動であり、単に社会の圧力に反応して行動するのではなく、企業の長期的役割を考えて行動すること」を意味しています。この禁止的様相および処方的様相が社会から企業が強制される社会的義務・責任であるのに対して、予想的・予防的様相は社会に対して自発的に企業が行う社会行動と位置づけることができるでしょう。

13-2　社会的責任と ISO26000

13-2-1　ISO26000 とその成立の経緯

ISO26000 は、**国際標準化機構**（ISO）によって定められた社会的責任に関する国際的なガイドラインです。ISO26000 は当初は、企業の社会的責任（CSR）をその対象として検討がはじめられましたが、途中からその対象が企業以外の一般の組織にも広げられ、社会的責任（SR）とされるようになりました。それは、企業だけではなく、様々な組織が持続可能な社会への貢献に責任があると考えられるようになったからです。ここで持続可能とは「現在の活動を継続しても、将来のニーズを満たすことが可能であること」をいいます。

ISO26000 では、社会的責任を「組織活動が社会及び環境に及ぼす影響に対して組織が担う責任」としています。

ISO26000 の検討が始められたのは 2001 年でしたが、1989 年にベルリンの壁が崩壊し、さらに 1991 年にソビエト連邦が崩壊して、アメリカ一国が世界

をリードする体制が出現した後、アメリカでは情報技術と金融技術をベースとしたニューエコノミーが出現し、フリードマン流の自由市場体制が進展しました。企業は競争力を高めることに注力し、社会的に問題のある行為が多発し、企業の社会的責任への関心もまた高まっていきました。2000年代に入るとエンロンやワールドコムに代表される企業の不正事件が横行し、深刻な社会問題が発生するようになりました。このような状況を背景にして、ISO26000の検討が始められたのです。しかし、その道のりは長く、各国および各機関の利害調整のために、2010年にようやく制定をみることになりました。以下、ISO26000の概要および中核主題について、経済産業省の委託を受けてISO/SR国内委員会と事例WGが作成した「やさしい社会的責任―ISO26000と中小企業の事例―＜解説編＞」に記述されている内容をみていくことにします。

13-2-2　ISO26000の概要

(1) 社会的責任のあり方

　ISO26000では、企業や組織の活動がステークホルダーとの密接な関係にあり、ステークホルダーからの期待を受けるとともに、逆にステークホルダーに少なからぬ影響を与えることが述べられています。したがって、自社や自組織の社会的責任を認識し、ステークホルダーとの対話などのエンゲージメントを通じてその社会的責任を果たしていくことが求められています。

　このため、自社や自組織が配慮すべきステークホルダーは誰（どこ）なのか、それらのステークホルダーと自社あるいは自組織はどのように影響しあっているのか、そしてそれらのステークホルダーは自社あるいは自組織に対してどのような期待を持っているのかを確認したうえで、自社あるいは自組織が取り組むべき課題を特定し、優先順位を決め、具体的な活動につなげることが重要とされています（p.4）。

(2) ISO26000のメリットと7つの原則

　ISO26000では、社会的責任を果たすメリットとして、社会から信頼を得ることを第一義的なメリットとしてあげています。そのほか、次のようなメリットをあげています（p.1）。

第13章　企業の社会的責任とレピュテーション・マネジメント　235

① 　法令違反など、社会の期待に反する行為によって、事業継続が困難になる
　ことの回避
② 　組織の評判、知名度、ブランドの向上
③ 　従業員の採用・定着、士気向上、健全な労使関係への効果
④ 　消費者とのトラブルの防止・削減やその他ステークホルダーとの関係向上
⑤ 　資金調達の円滑化、販路拡大、安定的な原材料調達
　ISO26000では社会的責任を果たすための7つの原則として次のような原則
をあげています（p.1）。

① 　**説明責任**
　　説明責任は、組織の活動が外部に与える影響を説明することです。
② 　**透明性**
　　透明性は、組織の意思決定や活動の透明性を保つことです。
③ 　**倫理的な行動**
　　倫理的な行動は、公平性や誠実であることなど倫理観に基づいて行動する
　ことです。
④ 　**ステークホルダーの利害の尊重**
　　ステークホルダーの利害の尊重は、様々なステークホルダーへ配慮して対
　応することです。
⑤ 　**法の支配の尊重**
　　法の支配の尊重は、各国の法令を尊重し順守することです。
⑥ 　**国際行動規範の尊重**
　　国際行動規範の尊重は、法律だけでなく、国際的に通用している規範を尊
　重することです。
⑦ 　**人権の尊重**
　　人権の尊重は、重要かつ普遍的である人権を尊重することです。

13-2-3　ISO26000の中核主題

　ISO26000ではその中核主題として、①組織統治（ガバナンス）、②人権、③
労働慣行、④環境、⑤公正な事業慣行、⑥消費者問題、⑦コミュニティへの参

画およびコミュニティの発展、の7つの主題をあげ、それぞれについて論じています。

(1) 組織統治

　企業や組織が社会的責任を果たしていくためには、企業や組織として意思決定を行い、企業や組織としてそれを実行していくことが大切です。そのためには、企業や組織の中の個人やグループ、部門などがばらばらに意思決定を行い、行動するのではなく、こうした人びとをまとめ、一体となって活動を行うことが必要です。外部のステークホルダーや内部の株主や従業員などとのコミュニケーションを図り、説明責任と透明性を伴った意思決定を行い、企業あるいは組織として統率のとれた行動を行うことが求められます（p.6）。

　このことは、ほかの6つの中核主題に取り組んでいくための土台となっていくべきであることが指摘されています（p.6）。

(2) 人権

　人権は、すべての人に与えられた基本的権利ですが、①市民的および政治的権利、②経済的・社会的および文化的権利、の2つに分けられます。企業や組織は、その活動に関係する人びとの人権を尊重し、直接的・間接的に人権を侵害することのないように配慮していくことが大切です。またグローバル化が進んでいる現在、海外の進出先における人権の尊重もまた配慮すべき事項でしょう。人権に関する課題としては、①デューディリジェンス（組織の決定や活動が社会・環境・経済に与える負の影響を調べること）、②人権に関する危機的状況、③加担の回避、④苦情の解決、⑤差別および社会的弱者、⑥市民的および政治的権利、⑦経済的、社会的および文化的権利、⑧労働における基本的原則および権利、があげられています（p.8）。

(3) 労働慣行

　国際労働機関（ILO）のフィラデルフィア宣言における「労働は商品ではない」という基本原則のもとで、企業や組織はルールに則った労働慣行を順守していくことが大切です（p.9）。劣悪な労働環境や労働条件を是正し、労働者の権利を保護することが必要です。このため、労働慣行に関する課題として、①雇用および雇用関係、②労働条件および社会的保護、③社会対話、④労働における

第13章　企業の社会的責任とレピュテーション・マネジメント　237

安全衛生、⑤職場における人材育成および訓練、があげられています（p.10）。

（4）環境

　天然資源の枯渇、汚染、気候変動、生態系の破壊など、地球環境問題に、企業や組織の取り組みが求められています。その際に、法律、規制の順守に加えて、企業や組織はその活動が環境に与える影響について責任を負わなければならず、その影響が許容レベルを超えた場合、そのコストを負担することが求められています（p.11）。また、「環境と開発に関するリオ宣言」およびその後の宣言と合意に基づいた予防的アプローチ（現段階では、その活動を実施することによって環境などに与える影響が不確実であっても、その影響を最小限にするように予防的措置をとること）を採用して、その影響を小さくするための予防措置が取られることを求めています（p.11）。環境については、①汚染の予防、②持続可能な資源の利用、③気候変動緩和および適応、④環境保護、生物多様性、および自然生息地の回復、が課題とされています（p.12）。

（5）公正な事業慣行

　企業や組織が社会的責任を果たすためには、企業や組織が社会に対して倫理的行動基準に従って活動を行っていくことが基本です。そして、企業や組織自らの活動はもちろんのこと、取引先、顧客など、関係する企業や組織に対しても倫理的な活動を働きかけていくことが求められています（p.13）。そのための課題として、①汚職の防止、②責任ある政治的関与、③公正な競争、④バリューチェーンにおける社会的責任の推進、⑤財産権の尊重、があげられています。

（6）消費者問題

　企業や組織は、自らが提供する製品やサービスに責任を持ち、それらが消費者に危害を及ぼさないようにすることが求められます（p.15）。そのための課題として、①公正なマーケティング、情報および契約履行、②消費者の安全衛生の保護、③持続可能な消費、④消費者に対するサービス、支援、ならびに苦情および紛争の解決、⑤消費者データの保護およびプライバシー、⑥必要不可欠なサービスへのアクセス、⑦教育および意識の向上、があげられています（p.16）。

（7）コミュニティへの参画およびコミュニティの発展

　企業や組織は、社会的責任を果たすという観点から、自らが所属するコミュ

ニティとコミュニケ―ションをとり、コミュニティの発展や活性化のために、積極的に関与し、それによってともに発展をしていくことが大切です（p.17）。

そのための課題として、①コミュニティへの参画、②教育および文化、③雇用の創出および技能開発、④技術開発および技術へのアクセス、⑤富および所得の創出、⑥健康、⑦社会的投資をあげています（p.17）。

13-3　正当性とレピュテーション・マネジメント

13-3-1　正当性

(1) 正当性とは

正当性は、一般に「法律・社会通念から正当であると認められる状態にあること」とされています（広辞苑）。そして、正当は「正しく道理にかなっていること」とされています（広辞苑）。このことから、正当性とは「法律・社会通念から正しく道理にかなっていると認められる状態にあること」ということになります。さらに道理とは「①物事のそうあるべきすじみち、ことわり、②人の行うべき正しい道、道義」とされています。

企業における正当性の問題は、内部的な問題と外部的な問題に分けることができます。すなわち、内部的な問題とは、企業がその構成員（経営者や従業員）に対してその企業の存在や活動が正当であることを認めてもらい（認知）、受け入れてもらうこと（受容）です。外部的な問題は、企業がその外部環境から認知され、受容されることですが、これには２つの視点があります。

第４章で、企業環境を経済的環境（技術的環境）と社会的環境（制度的環境）に分けました。正当性の問題はこの２つの環境における認知と受容の問題として検討されることが重要です。すなわち、経済的環境においては、経済活動を行っていくうえで、取引先、顧客、金融機関、役所、地域住民などへの正当性が必要であり、社会的環境においては企業それ自体の存在の正当性が必要であるということです。

ちなみに、経済的活動における正当性については、原材料や部品、商品等の仕入れ先である取引先と、製品や商品の買い手である顧客が主要な対象となり

第13章　企業の社会的責任とレピュテーション・マネジメント　239

ますが、融資をしてくれる銀行などの金融機関、企業活動の許認可や規制などを行う監督官庁（役所）もその対象となります。また、公害問題などの点で地域住民への正当性も大切になります。

(2) 資源依存理論と新制度派理論

前節で述べた外部に対する2つの正当性の議論は、学術的には資源依存理論と新制度派理論の2つの組織論がそれぞれの理論的根拠となっています。

フェッファ、サランジック、ダウニングらに代表される資源依存理論の考え方によれば、オープンシステムとしての組織は、それを取り巻く環境との間に、資源の投入、変換、産出という活動を通じて生存する存在であり、これらの資源をめぐって外部の他の組織との間に交換という活動を行うことになります。したがって、組織は不足する資源（例えば原材料や部品、商品など）については他の外部の組織に依存することになり、また逆に組織が産出する資源（例えば製品や商品）が他の組織が不足する資源である場合にはそれに依存されることになります。そして資源の需要と供給の関係の中にパワー関係が生じることになります。このときある組織が不足する資源を他の組織から供給してもらうためには、その組織が相手の組織から認知され、取引相手として受け入れてもらうことが必要となります。資源依存理論では、組織の正当性の問題は資源の交換の相手先の決定にかかわる根本的な問題として位置づけられます。

他方、ディマジオとパウエル、マイヤーとローワン、マイヤーとスコット、ザッカー等を中心に展開されてきた新制度派理論では、組織はそもそもその外部環境に組み込まれた存在であり、その構成要素として外部環境から認知され、受容されることが必要であるという考え方です。その際に、組織は外部環境が課す制度（institutions）に従っていることが必要となります。この制度は、法律などで明文化され、公式に設立されたものだけでなく、慣習や文化などまで含まれる広いものです。つぎに、このような制度についてその概要をみていくことにします。

(3) 正当性の3つの柱

スコット（Scott 2001）は制度を支える3つの支柱として、規制的支柱、規範的支柱、文化・認知的支柱をあげています（図表13-2）。

規制的支柱は、「明示的に規制的なプロセス、すなわち、規則の設定、監視、および制裁の活動、を顕著に取り扱う」もので、「規則を確立し、規則へ他人が順応することを点検・精査し、また必要に応じて、将来の行動に影響を与えるために、制裁—報酬や処罰—を操作する能力を含む」ものであるとされます。すなわち、規制的支柱においては、組織は明示的な規則および制裁により制約を受けるという特徴があります。このため法的制裁と規制的制度に反することの比較の上で、どちらが自分にとってメリットがあるかで遵守するかどうかを決める（便宜性）ことになります。規制的制度はあくまで自分がそれを守ることによって正当性を獲得する手段であって、罰則規定がない場合あるいは罰則規定があっても軽微な場合には、しばしば規制的制度は遵守されないことになってしまいます。

　規範的支柱は、価値（現存の構造や行動を比較・評価しうる基準の構築であるとともに好ましいものや望ましいものの概念化である）と規範（物事がどのようになされるべきかを特定化し、価値あるものと認められた目的を遂行するための正当な手段を規定するもの）の両方を含む規範的なルールにより組織は制約を受けるものとされます。これらの価値や規範は、「集団のメンバー全員に適用されるもの」と「選ばれた特定タイプの行為者や地位だけに適用されるもの（役割）」があります。規範的支柱では、単に規則を遵守することではなく、社会が期待する規範や価値に沿うことが求められます。このため、たとえ法律を遵守していても社会の価値や規範に沿うものでなければ、社会からは否定されてしまうことになります。

　文化・認知的支柱は、「制度の認知的要素」に焦点を当てて、社会的現実を構成する共有された概念、意味を形成する枠組み、を中心にすえて議論をしています。すなわち、なぜ制度に従うのかという点については「当然のこと」あるいは「共通の理解」に基づくものであり、他のメンバーと同じ行動あるいは模倣を行うことにより、当該組織における自己の正当性を獲得するものです。

第13章　企業の社会的責任とレピュテーション・マネジメント　241

[図表 13-2　制度の３つの柱]

	柱		
	規制的	**規範的**	**文化・認知的**
遵守の基礎	便宜性	社会的義務	当然性 共有された理解
秩序の基礎	規制された規則	統合への期待	構成要素の認知的枠組み
メカニズム	強制的	規範的	模倣的
論理	手段	適切性	正統性
指標	規則 法 制裁	保証 認可	共通の信念 共有された行為の論理
正当性の基礎	法的制裁	道義的支配	理解でき認識できる文化的支持

出所：Scott (2001), p.52

13-3-2　正当性とレピュテーション・マネジメント

　レピュテーションは、日本語の「評判」のことですが、「ある人またはある物が特有の性質を持っていると広く（多くの人に）信じられること」であり、レピュテーションは良い面（良い評判、名声）と悪い面（悪い評判、悪評、悪名）の両方を含む概念として捉えることができます。また、**コーポレート・レピュテーション**にすなわち企業の評判ついては、フォムブランとリンドバ（Fombrun & Rindova 1996）は、次のように定義しています。

　　コーポレート・レピュテーションとは、多様な利害関係者に対して価値ある結果を提供する企業の能力を示す企業の過去の行為と結果の集合的な代表である。それは、競争的環境と制度的環境の両方において、内部的に従業員と外部的にその利害関係者集団の両方に、会社の相対的な評価を測るものである。

　この定義の中の競争的環境は、技術的環境あるいは経済的環境と同じものと考えてよいでしょう。要は、コーポレート・レピュテーションすなわち企業の評判は、企業がそのステークホルダーに対して価値を与えることができるかどうかを示すもので、それは過去の行為やその結果が積み重ねられてでき上がっ

たものであるということになります。

13-3-3　レピュテーション・マネジメントの概要

　フォムブランとファン・リール（Fombrun & van Riel 2004）はレピュテーションの源泉として、①顕示性（注目度を高める）、②独自性（違いを際立たせる）、③真実性（誠実に自らを提示する）、④透明性（適切に情報を公開する）、⑤一貫性（「対話」を確立する）、の５つをあげています。その概要を図表13-3に示します。大切なことは、良い評判は時間をかけてゆっくりできあがっていくのに対して、悪い評判は一瞬にしてできあがってしまうことです。なお、評判の管理は、獲得→維持→修復、というサイクルで管理されます（Alsop 2004）（図表13-4）。

[図表 13-3　レピュテーションの５つの源泉とレピュテーション・マネジメント]

源泉	マネジメント方法
顕示性＝注目度を高める	・世間で知名度が高いこと 　1. 街頭での露出度 　2. 各国の特性（自国企業が好まれる傾向） 　3. メディアでの存在感 ・市場で知名度が高いこと 　1. ブランド・エクイティ 　2. 証券取引所への上場 　3. 企業市民
独自性＝違いを際立たせる	・レピュテーションプラットフォーム 　1. 行動にかんするもの 　2. 恩恵にかんするもの 　3. 感情にかんするもの ・独自性のあるスローガン ・特徴的な商標とロゴ ・特徴的な企業ストーリー
真実性＝誠実に自らを提示する	・発見のプロセス 　1. 企業のアイデンティティの発見 ・内部への表現のプロセス 　1. 従業員の帰属意識を高める ・外部への表現のプロセス 　1. ステークホルダーの忠誠心を高める
透明性＝適切に情報を開示する	・透明性のサイクル 　1.（営業の認可等） 　2. 企業の行動 　3. 情報公開 　4. 評価者の評価

第13章　企業の社会的責任とレピュテーション・マネジメント　243

	5. 評価にかんする情報を得た一般の人びとの信頼 ・透明性を推進する５つの圧力 　1. 市場圧力 　2. 社会的圧力 　3. 政治的圧力 　4. 法的圧力 　5. 内部からの圧力 ・透明性の５つのプラットフォーム 　1. 商品とサービスの透明性 　2. 財務パフォーマンスの透明性 　3. 企業のビジョンと経営陣のリーダーシップの透明性 　4. 社会的責任の透明性 　5. 職場環境の透明性
一貫性＝「対話」を確立する	・ステークホルダーとの対話（コミュニケーション）の確立 ・全社的なシェアード・アイデンティティの確立 ・一貫性を円滑に推進するためのサービス基準および統合型コミュニケーションシステムの導入 ・従業員とビジネス・パートナーの指導 ・キャンペーン実施状況の体系的な評価・測定

出所：山田（2008）、Fombrun & van Riel（2004）を筆者がまとめた。

[図表 13-4　レピュテーション・マネジメントの３つのステージと成功のルール]

ステージ	成功のルール
獲得	・最強の武器を研ぎ澄ませる―レピュテーションの重要性の認識とレピュテーション・マネジメントの体制づくり ・己を知る―レピュテーション・リサーチ ・多くの観衆にアピールする ・価値観と倫理観に従う ・模範市民になる ・心をつかむ企業ビジョンを伝える ・感情に訴える
維持	・問題点を知る ・絶えずつきまとう危険を常に警戒する ・社員を主役にする ・翻弄される前に制御する ・声を一本化する ・レピュテーションの失墜に注意する
修復	・危機的状況を手際よく処理する ・最初の機会を逃さず、成功させる ・保身は攻撃と同じである ・最後の手段は社名変更

出所：Alsop（2004）

【参考文献】

Alsop, R. J. (2004) *The 18 Immutable Laws of Corporate Reputation*, New York, NY.: The Free Press. (トーマツ CSR グループ訳『レピュテーション・マネジメント―企業イメージを高める18の成功ルール』日本実業出版社、2005年)

Davis, K. (1973) "The Case for and Against Business Assumption of Social Responsibilities," *Academy of Management Journal* vol.16, No.2, pp.312-322.

Fombrun, C. J. and Cees B. M. Van Riel. (2004) *Fame & Fortune – How Successful Companies Build Winning Reputations*, Upper Saddle River, NJ: FT Prentice-Hall. (花堂靖仁監訳、電通レピュテーション・プロジェクトチーム訳『コーポレート・レピュテーション』東洋経済新報社、2005年)

Fombrun, C. J. and V. Rindova (1996) "Who's Tops and Who Decides? The Social Construction of Corporate Reputations," New York University, Stern School of Business. Working Paper.

Friedman, M. (1962) *Capitalism and Freedom*, Chicago, IL.: The Chicago University Press. (村井章子訳『資本主義と自由』日経BP、2008年)

Friedman, M. (1970) "The Social Responsibility of Business is to Increase its Profits," *New York Times Magazine*, September 13, 1970. (http://www.colorado.edu/studentgroups/libertarians/issues/friedman-soc-resp-business.html, 2014年2月3日参照)

ISO/SR 国内委員会＋事例WG『やさしい社会的責任― ISO26000と中小企業の事例』(http://iso26000.jsa.or.jp/_inc/top_iso/2kaisetsu.pdf) 2014年2月3日参照

Montana, P. J. and Bruce H, Charnov. (1993) *Management: Second Edition*, Hauppauge, NY.: Barron's Educational Series Inc.

Samuelson, P. A. (1971) "Love that Corporation," *Mountain Bell Magazine*, Spring 1971.

Scott, W. R. (2001) *Institutions and Organizations 2nd Edition*, Thousand Oaks, CA.: Sage Publications.

Sethi, S. P. (1975) "Dimensions of Corporate Social Performance: An Analytical Framework," *California Management Review*, Spring; pp.58-64.

山田啓一 (2008)『企業戦略における正当性理論―レピュテーション経営を志向して』芙蓉書房出版

第14章 地域活性化と地域ブランド

14-1 地域ブランドとは

　地域ブランドは地域活性化のために欠かせないものです。また、地域ブランドには様々な定義が存在しますが、顧客満足の基本が重要です。そして、筆者の考える地域ブランドの定義は、地域活性化のために、地域資源を顧客価値に転換することです。

14-1-1 地域ブランドの重要性

　地域活性化のためにマーケティングの必要性が叫ばれています。地方自治体においても、企業でのマーケティングの考え方や手法を活用しています。その主なねらいは、地域活性化であり、結果としての税収増加や地域住民の所得向上です。地域の特産品を商品化し、国内の大規模市場に販売できれば、地域の雇用増加や新たな産業が生まれることになり、地域への観光客の集客につながるからです。地域活性化のためには、特産品戦略、観光地戦略、イベント戦略などがマーケティングの視点からとりあげられることになります。すなわち、**観光マーケティング**です。マーケティング・ミックスにおけるプロダクツに該当する**特産品戦略**、プロモーションに該当する**イベント戦略**、プレイスに該当する**観光地戦略**です。また、農山漁村地域の活性化のための**ルーラル・マーケティング**も、観光マーケティングの役割を担うものと考えられます。

14-1-2 地域活性化とマーケティング

　ここでは、地域活性化とマーケティングの関係について述べます（図表14-1）。

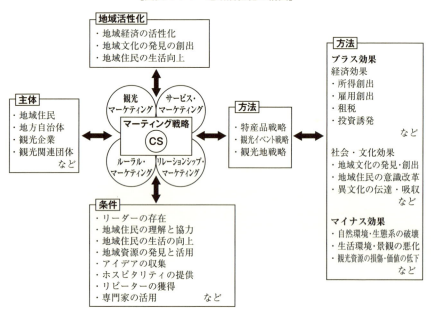

[図表14-1 地域活性化の構図]

出所：著者作成

　地域活性化の目的として、地域経済の活性化であり、地域文化の発見・発掘などを通じての地域における生活の向上であります。

　また、地域活性化の目的段階には、認知度向上段階、集客段階、定住促進段階の3つが考えられます。地域としてのイメージ作成やイメージ向上に向けた取り組み段階としての認知度向上段階です。次に、その地域に来てもらい、特産品などの購買や顧客満足を高め、リピーターを増やす段階です。そして、その地域に定住を促進する段階です。その地域の生活にあこがれ、そこで生活してもよいという段階です。3つの段階は、過疎地域や離島が主に相当します。

　地域活性化の主体として、様々な主体が考えられます。観光企業、観光関連企業、地方自治体、地域住民などです。地域活性化には、そのいずれもが中心になって取り組む可能性がありますが、関係する企業や団体などと協働することで巻き込みながら、広がりがみられるようになっていきます。例えば、地域

第 14 章　地域活性化と地域ブランド　　247

でしか取れないものを生産する特産品企業や、地域住民の農家が寄り集まって農産物直売所を展開することで、地域への集客を実施しています。

　地域活性化を促進するのは、マーケティング戦略です。そのエンジンは顧客満足（CS）であり、マーケティング戦略の派生系として、観光版といえる観光マーケティングであり、サービス業を対象としたサービス・マーケティング、農山漁村の活性化を中心としたルーラル・マーケティングなどが関係しています。マーケティングとしての派生系よりも、その基本的であるマーケティング戦略が地域活性化には欠かせないのです。その結果としての効果として、経済的効果と社会文化的効果があります。

14-2　ブランド研究の視点

　ここでは、まず、ブランド（BRAND）の定義、機能、価値、効果について、また、ブランド・マネジメントの視点から地域ブランドを論じます。

14-2-1　ブランド概念の基礎
(1) AMA（アメリカマーケティング協会）の定義
　「①ある売り手もしくは売り手の集団の商品やサービスであることを示し、②競争者の商品やサービスから区別するために使用される、③名称、用語、記号、象徴、デザインもしくはこれらの結合である。」

　上記の定義は 3 区分され、①は所有や保証を示し、②は商品差別化を示し、③連想・想起させるものを示しています。もっとわかりやすいのは、その分野・カテゴリーの中で、一番最初に頭の中に浮かんでくるものです。ブランドは、人の心の中にあり、とんがっているものであります。辛子明太子といえば、あなたが頭に思い浮かぶのは、○○であったら、それがブランドです。なぜ、○○が思い浮かぶのでしょうか、そうさせるのが、ブランディング（Branding）なのです。これは何も有形の商品だけでなく、無形のサービスや地域にも当てはまる重要なことです。

(2) ブランドの機能

ブランドは、ブランドは信頼の印である「**保証機能**」、第2に識別のための「**差別化機能**」、第3に名前やマークを示す「**想起機能**」をもっています。AMAの定義に沿った機能ともいえます。ブランドから想起機能を引き出すためには、広告をはじめとするマーケティング・コミュニケーションの諸活動や新製品・新サービスの開発やそれらの流通を通じて、ブランドを消費者の記憶と深く結びつけることが必要なのです（青木・恩蔵 2004）。

(3) ブランドの価値

顧客に価値を提供するブランドによってもたらされる便益、又は製品そのものの品質や機能を超えた付加価値のことです。いくつかの見解がありますが、和田充夫（2002）は「基本価値」、「便宜価値」、「感覚価値」、「観念価値」を4区分し、製品そのものの価値を基盤としながらも、それを超えた価値である「感覚価値」と「観念価値」が、ブランドの付加価値であるとしています。「基本価値」とは、製品がカテゴリーそのものとして存在するためにはなくてはならない価値のことであり、「便宜価値」とは、消費者が当該製品を便利に楽しく購入しうる価値であります。また、「感覚価値」は、製品・サービスの購入や消費に当って、消費者に楽しさを与える価値であり、消費者の五感に訴求する価値のことで、「観念価値」は、意味をもち、語りをもつ価値のことであります。

(4) ブランドの効果

いくつかのブランド効果が考えられます。①商品やサービスを繰り返し購入するロイヤルティ効果、②価格が多少高くても購入する価格プレミアム効果、③そのブランドなら流通業者が取り扱いたいと考える流通業者の協力、④一度、ブランド力が出来上がると広告費用が比較的抑えられるプロモーションの容易化などです。基本的にはロイヤルユーザーの存在であり、その拡大によって、売上高が増加することにつながってきます。

(5) ブランドに関する2つの関連概念（日本マーケティング協会編）

・ブランド・ロイヤルティ（BRAND LOYALTY）

ある1つの製品カテゴリー内の特定ブランドに対する消費者の忠誠心であり、消費者から特定ブランドへ向かった一方的な概念のことです。

第14章　地域活性化と地域ブランド　249

・ブランド・エクイティ（BRAND EQUITY）

ブランドが有する資産的価値のこと。ブランドが企業の重要な経営資源の1つであることを示唆するものです。

14-2-2　ブランド・マネジメント

上記でブランドとは何かをみてきましたが、ここでは、そのマネジメントにふれておきます。

(1)　顧客満足からブランドへの進化

ブランドは、顧客満足からブランド・ロイヤルティを経て、ブランド・エクイティの確立に至るプロセスで確立されることになります。基礎になるのは、顧客満足です。ブランドが単なる名前やマークだけを意味すると考えることは、間違いであり、それは表示上のことであり、その裏側にあるものを理解しなければなりません。顧客にとって提供される商品やサービスが、顧客満足によって顧客にとって価値あるものへと変化していきます。顧客満足の蓄積がブランド・ロイヤルティを形成していくことになり、その結果、ブランド・エクイティとして無形資産が蓄積されていくことになるのです。その意味では、顧客満足を継続的に顧客に提供していくことが大切であり、またそうしていかなければならないのです。

(2)　ブランドの本質と構築

ブランドの本質は消費者にとっての「**信頼**」につきます。食品でいえば、消費者の「安心」「安全」を意味します。前述の3つの機能は、それらに意味をもたせているにすぎません。また、ブランドの構築は生涯を要するものであり、終わりがないものといえますが、ブランドの破壊は一瞬であります。有名企業が不祥事をはじめ、不正表示などで苦労している事例がいくつも存在します。このようなことが生じないためにも、統合マーケティング戦略が必要です。なぜでしょうか？ブランド構築は、マーケティング部門だけが行うものではなく、企業全体で各部門がブランド構築に貢献しているという意識を持ちながら行動することで、消費者の心の中にブランドが認識されるからです。その意味では、ブランドは広告によってのみ、構築されるものではなく、広報活動や幅広い企

業活動全般によらなければなりません。すなわち、ブランディングとは、マーケティングそのものでもあるといえます。

(3) 地域ブランド・マネジメント

地域ブランドとは、①ある特定の地域で生産あるいは提供される商品やサービスであり、②他の地域で生産あるいは提供される商品やサービスと差別化し、③肯定的評価を受ける個性を確立している商品やサービスです（永野 2007）。具体的には、農水産品、伝統工芸品、伝統工芸品以外の加工物、サービスなどです。従来の特産品だけにとどまらず、観光地などのサービスも含まれます。商標法では「地域の名称＋商品または役務の名称」であり、ブランドの観点からは、識別、差別化、品質表示、出所表示機能を有していることが重要であり、マーケティング活動がそれを支えています。例えば、メロンは一般的に青皮・青肉でしたが、赤肉の夕張メロンは、プロモーション展開や出荷基準や品質維持活動によって、全国に知られるようになっています。また、地域ブランドの要件において、その土地柄といった希少性と品質の優良性が欠かせません。地域ブランド・マネジメントにおいても、その地域ブランドの目標である地域エクイティの構築並びに運営管理が求められることになります。その意味でも、その地域ブランドに対する顧客満足の追求の積み重ねの結果として生じる、**地域ブランド・ロイヤルティ**を目指すことが求められます。その上で、地域ブランド・ロイヤルティの累積が**地域ブランド・エクイティ**となるのです。そのための運営主体や目的や対象が異なってくることが地域ブランドの混乱を招くような懸念がありますが、まずは地域経済の積極的に主体性のある者が地域ブランドの構築に向けて進めるべきです。しかし、それは規模としても、身の丈に応じたものにすべきで知名度の向上につれて一度に商品展開を行うものではありません。最近の企業にみられる不祥事は、売上げに見合わせるために、また、利益捻出のために、ムリをすることから、地域ブランドの崩壊がはじまることにつながっています。

14-3　地域ブランド

14-3-1　地域ブランドに関する主な先行研究

　ここで、地域ブランドに関する主な先行研究をとりあげます。

　(1) 中小企業基盤整備機構（平成17年6月）の地域ブランドマニュアルにおける地域ブランドの定義は、経済産業省の地域ブランドの定義をもとに発展させていることがみられます。

　そこで、最初に「**地域ブランド**」の定義を決めておく必要があります。図表14-2は経済産業省による地域ブランドの概念図です。これによれば、「地域ブランド化とは、（I）地域発の商品・サービスのブランド化と、（II）地域イメージのブランド化を結び付け、好循環を生み出し、地域外の資金・人材を呼び込むという持続的な地域経済の活性化を図ること」とあります。したがって、単に地域名を冠した商品だけが売れていてもダメであるし、その地域のイメージがよいだけでもいけません。この両方がうまく影響し合い、商品と地域の両方の評価が高くなっていく必要があります。地域ブランドが高まれば、その地域名を付けた商品の売れ行きに結び付きます。そしてその地域の雇用を促進し、地域イメージがよくなり、観光などへの相乗効果が生まれ、地域を豊かにします。こうした好循環を生み出すことになるのです。

[図表14-2　地域ブランドの概念図　（経済産業省）]

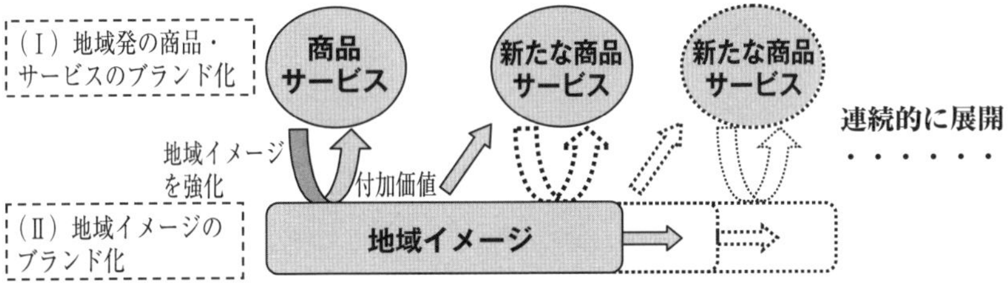

出所：経済産業省

　つまり、地域ブランドとは、地域の特長を生かした"商品ブランド"（PB = Products Brand）と、その地域イメージを構成する地域そのもののブランド（RB

= Regional Brand）とがあります。これらのどちらか一方でも地域ブランドとはならないし、両方が存在してもそれぞれがバラバラであったのでは「地域ブランド」とは呼べません。地域の魅力と、地域の商品とが互いに好影響をもたらしながら、よいイメージ、評判を形成している場合を「地域ブランド」と呼ぶことができるのです。

　そして、地域ブランドのマネジメントや地域ブランド・チェックシートを作成し、その判定方法を提示しています。このことは、地域ブランドの現状を認識させ、望ましい方向に導くための手法であり、まさに地域における中小企業の活性化を意識したものであるといえます。

　(2) 富士通総研経済研究所の研究レポート（No.251 2006年1月）では、「地域ブランド関連施策の現状と課題～都道府県・政令指定都市の取り組み～」と題して、12自治体の事例研究を実施し、地域ブランド形成に向けた取り組みを整理した上で、その課題と解決方法を検討しています。地域ブランド関連施策を対象、目的、地域イメージの違いの観点から4タイプに類型化しています。地域ブランド関連施策を展開するためには、①施策の対象と目的のギャップ、②実施体制のギャップ、③イメージのギャップなどの解消が課題となることを示しています（生田他 2006）。ここでの地域ブランドの概念は、屋根（地域）と柱（人材・定住、観光・交流、地産品販売拡大、投資促進・産業振興）なら成るとし、地域自体をブランド化することにより、柱の部分の達成を目的としています。また、一般的ブランドとの大きな違いとして、一般的ブランドはブランド構築のために行動する実施者の範囲が限定的であるのに対して、地域ブランドでは、実施者が非常に広範囲であることをあげています。

　(3) 青木幸弘によると、地域ブランド構築の基本図が一般企業のブランド構築と符号しており、特産品などの地域資源加工品ブランドや農水産物ブランド、観光地、商業地ブランドは製品ブランドに相当し、地域全体のブランドは企業ブランドに相当するとした上で、地域ブランド構築の基本構図を明らかにしています（図表14-3）。

　地域ブランド構築の第1ステップとして、ブランド化可能な個々の地域資源（農水産物、加工品、商業集積、観光地など）を選び出し、ブランド構築の基

盤ないし背景として地域性を最大限に活用しつつ、ブランド化していく段階があります。第2ステップは、地域資源を柱としつつそこに共通する地域性（当該地域の自然、歴史、文化、伝統に根ざすもの）を核として「傘ブランド」としての地域ブランドを構築していく段階です。第3ステップは、地域ブランドによる地域資源ブランドの強化と底上げの段階です。この段階では、地域ブランドが象徴する地域性と各地域資源ブランドに共通する核となる地域性との間に一貫性、整合性が存在する必要があります。第4ステップは、底上げされた地域資源ブランドによって、地域経済や地域自体が活性化される段階です。地域に経済的な価値をもたらすのは、各地域資源ブランドであり、地域ブランドが確立され、各地域資源ブランドの競争力が増すことによって、地域経済の活性化が進むことが期待されます（青木2004）。

[図表14-3　地域ブランド構築の基本構図]

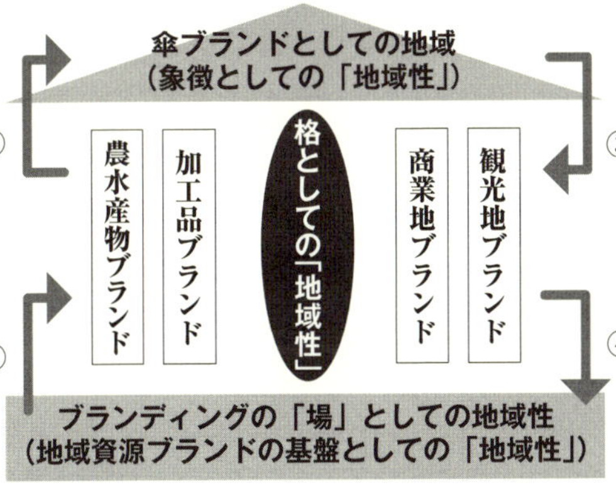

①「地域性」を生かした地域資源のブランド化
②地域資源ブランドによる地域全体のブランド化
③地域ブランドによる地域資源ブランドの底上げ
④地域資源ブランドによる地域（経済）の活性化

出所：青木幸弘「地域ブランド構築の視点と枠組み」
『商工ジャーナル』2004年8月号、p.16

（4）関満博と及川孝信の『地域ブランドと産業振興』（2006年3月）では、地域ブランドの過去と未来と区分し、従来の産地における独特の地域ブランド

形成から、現在の地域ブランドで論じられている地域の重要性、それは、「人の姿の見える地域」を指し、それを豊かにするための産業化が求められていることを強調しています。9つの地域の事例展開を通じて、地域産業マーケティングのあり方を示しています（関・及川 2006）。ここでの地域ブランドとは、派手さや注目度よりも、持続可能な地域が誇りを抱いて取り組める内容であると信じており、各地の「身の丈」にあった、段階的な取り組みこそが地域ブランド形成の真骨頂であると考えています。また、地域ブランド化の発達プロセスを図式化しています。

（5）財団法人東北開発研究センターの地域ブランド研究会の『創造地域ブランド』（2005年7月）における地域ブランドは、「こういう地域にしたい」という活動の積み重ねによって構築されるものであり、信頼と誇りに裏打ちされた地域のありようが地域ブランドといえるとしています（東北開発研究センター 2005）。地域ブランド形成の4つの方向性を提示しています。①地域の暮らし方を描くブランド、②小さなもの、見えなかったものの価値を生かすブランド、③人に貢献するブランド、④価値を共有するブランドである。また、地域ブランド形成の要素は、図表14-4の通りです。

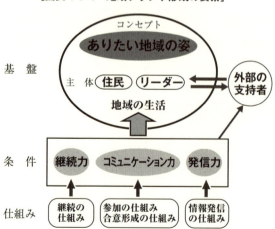

［図表14-4　地域ブランド形成の要素］

出所：東北開発研究センター（2005）『創造地域ブランド』河北新報出版センター, p.27

第 14 章　地域活性化と地域ブランド　**255**

（6）阿久津聡と天野美穂子の「地域ブランドとそのマネジメント課題」『マーケティング・ジャーナル』（No.105　2007年）では、47都道府県を対象に実施したアンケート調査をもとに地域ブランドの取り組みと現状認識を行ったうえで、地域ブランドについて論じています（阿久津・天野 2007）。この論文における地域ブランドの定義は、地域の活性化を目的とした、ある地域に関係する売り手（あるいは売り手集団）の、当該地域と何らかの関係性を有する製品を識別し、競合地域のものと差別化することを意図した名称、言葉、シンボル、デザイン、あるいは組み合わせとしています。これは、AMA のブランド定義を地域ブランド版に組みなおしたものであるといえます。また、アーカーのブランド・エクイティの考えを基礎に地域ブランド・エクイティの必要性を示しています。

（7）日本総合研究所の金子和夫によると、地域ブランドを開発・育成・確立するためには、地域にこだわった商品づくり、消費者と直結した流通チャネル、生産者の名前と顔と思いを伝えるプロモーションの3点に関する展開ポイントを示しています[1]。①地域にこだわった商品づくりでは、（1）地域特性の掘り起こし、（2）マーケットインの発想、（3）商標の登録です。②消費者と直結した流通チャネルでは、（1）地産地消で安定性を確保、（2）参加体験施設でファンづくり、（3）生産者と消費者をダイレクトに結ぶ直接販売システムです。③生産者の顔と名前と思いを伝えるプロモーションでは、（1）商品に情報価値を付加、（2）デザインなどの表現戦略、をあげています。また、地域ブランドのビジネスモデル化を提示する一方で、今後の課題として、地域においてブランドの運用に関するガイドラインを作成するとともに、地域全体でガイドラインの理解と浸透を図るためのマネジメント体制を整備することをも示しています。

（8）フィリップ・コトラー（Philip Kotler）、ドナルド・ハイダー（Donald Haider）、アービング・レイン（Irving Rein）らの『地域のマーケティング』（Marketing Places の訳本、1996年）では、地域と訳されているが場所を意味

（1）www.chiiki-dukuri-kyakka.or.jp の中の地域ブランドの展開ポイントを参照。

しているもので、これをマーケティング・ミックスの製品として捉えて論じています（Kotler et al. 1993）。地域ブランドの先駆けとして位置づけられています。

（9）田中章雄『事例で学ぶ！地域ブランドの成功法則33』では、経験則から導き出される法則を33にまとめています[2]。その地域ブランドの観点はブランドの視点であり、本質とかかわっているものです。例えば、その法則1として「ブランドとは、徹底したこだわりにより、差別的優位性がつくられた商品に与えられる称号である」としています。また、その続編としての意味合いをもっている『地域ブランド進化論』では、地域ブランドして地域名のついた商品であっても、次の場合には当てはまらないとしています（田中 2012, p.12）。①その地域の原材料を使用していない、②その地域で製造されていない、③その地域特有の特徴や製法が生かされていない、④その地域がもつイメージと乖離している、⑤顧客満足度が低い（評判が悪い）、⑥類似商品と同等か安い価格でしか売れない、⑦継続的な製造・販売ができない、⑧商品に携わる人が極めて限られており、地域全体への広がりがない、の8つのうち1つでも、該当すれば地域ブランドとして成立しにくいと指摘しています。また、同時に地域ブランド戦略の立て方と進め方を示しています。

（10）和田充夫を始めとする電通 abic-project 編『地域ブランド・マネジメント』では、地域ブランドの定義として、その地域が独自に持つ歴史や文化、自然、産業、生活、人のコミュニティといった地域資産を体験の場を通じて、精神的な価値へと結びつけることで、「買いたい」「訪れたい」「交流したい」「住みたい」を誘発するまちとしています（電通 abic-project 2009, p.4, 図表14-5）。地域ブランドの構築とは、こうした地域の有形無形の資産を人々の精神的な価値へと結びつけることであり、それによって地域の活性化をはかることであるとしています。また、地域ブランドの計画プロセスや評価と目標設定にも論じています。

（2）田中（2008）に多くの地域ブランドに関する事例が紹介されている。

第 14 章　地域活性化と地域ブランド　257

[図表 14-5　体験価値による地域ブランド構築]

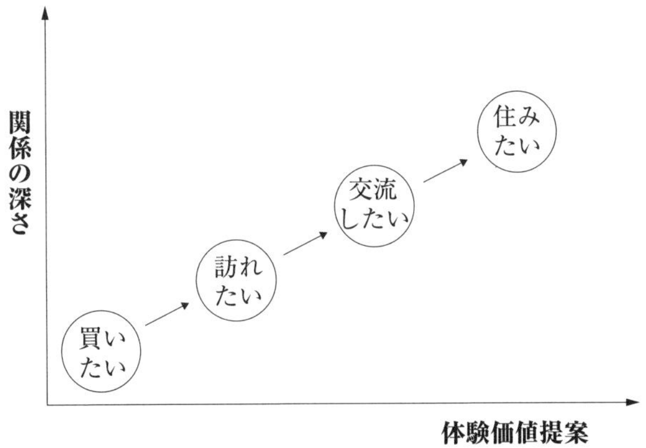

出所：電通 abic-Project 編（2009）『地域ブランド・マネジメント』有斐閣，p.4

　（11）古川一郎編『地域活性化のマーケティング』では、ブランドを社会的に共有された記憶の意味で用い、「〜らしさ」がブランドとしています（古川2011，p.2）。地域ブランドに関する議論の 3 つの問題点を指摘しています。①優れたブランドを創り上げた営利企業のモデルを理想としていること、②理想と現実のギャップを明確にし、具体的なアクションにつなげていくことは難しいこと、③すでに出来上がった商品やサービスをいかにブランドに仕上げていくかということ、です。また、ブランドに対する一貫性を維持するために必要なものは、集団がぶれない基軸を共有することを強調しています。

　以上みてきたように、地域ブランド研究は、各論者においてますます研究拡大の様相を呈してきています。その際に、地域ブランドの定義の統一がなされないままの状態であることは残念です。そこで、筆者の考える地域ブランドの定義は、地域活性化のために、地域資源を顧客価値に転換することとします。これは、地域の資源を活用し、マーケティングの視点で、地域の人が創りあげるものを意味し、そこには、地域住民の幸福感をもたらすものでなければならないと考えるからです。

14-3-2　壱岐焼酎における地域ブランド形成プロセス

（1）壱岐焼酎を取り上げる意味と実態調査

　壱岐の島は周りが海にかこまれており、人的交流が盛んであるものの島という特定の地域であること、歴史的に麦焼酎の発祥の地であること、現在も麦焼酎が根付いていること、日本で地理的表示の産地指定を認められている地域であることなどから、地域ブランド形成プロセスの調査対象地域としました。

　壱岐焼酎の原材料は麦であり、水も玄武岩を通じたものを利用して、明治33年の酒税法ができる前は自家用として焼酎を作っているところが多くありました。しかし、酒税法をきっかけにビジネスとして展開するために、より一層の品質や味へのこだわりが生じました。さらなる発展のために、消費者ニーズへの対応として、まろやかさやソフトな味を追究して多様な商品が生まれています。

（2）実態調査に対する考察

　これまでの調査からみえてきたことは、地域ブランド形成プロセスは、その地域における歴史性や文化性に根付いた、その商品に対するこだわりや品質が消費者ニーズに対応する形で地元貢献につながり、やがて地元という地域だけでなく地域拡大というふうにスパイラル・アップした地域活性化への構図が考えられます。

　壱岐の焼酎は顧客価値に転換する前は自家消費・自家用途のためでしたが、地域住民が生活のために企業を起こし、ビジネスを展開してきています。この自家消費からビジネス展開への変化が顧客価値を考えることにつながっており、地域で獲れる麦や水という地域資源を顧客価値に転換させることであり、地域活性化につながっていくものであるといえます。構図で示している要素項目はどれひとつ欠けても、地域ブランド形成になりません。例えば、歴史性や文化性があるからといって、こだわりや品質が良くなくては地域ブランドになりませんし、消費者ニーズにマッチさせなくては継続維持が困難であると考えられます。地域資源の転換は顧客にとって価値あるものでなければ自画自賛で終わってしまいます。

　また、地域ブランド形成プロセスにおいて、初めの消費者、通常、イノベー

ター（革新者）の存在への考察が欠かせません。社会心理学者のヤンケロビッチによる**意識のピラミッド**、価値観のヒエラルキーによる観点では、①ソース（Source）＝基本的意識、性格として人がもって生まれた先天的資質、②バリュー（Value）＝価値観として種々の物事に対する姿勢、社会との接点でもつ生活意識、③クライテリア（Criteria）＝ある判断、選択を迫られた時に優先順位を決めるよりどころ、④テイスト（Taste）＝生活の志向、好み、感性で、具体的な事象に対する志向、好み、意見、考え方、⑤マニフェステーション（Manifestation）＝生活行動、実際の選択、行動となっています。人間の意識は①から⑤への流れをたどるとしていますが、森行生によると行動から意識へと逆流することもあるとしています[3]。地域ブランド形成プロセスにおけるイノベーターについて、価値観のヒエラルキーでみることにします。①ソースは個人のもって生まれたものであるからあまり影響するとは考えにくい、②バリューはその地域で生活するという価値観である、③クライテリアは地元優先、④テイストは焼酎が好きか否か、⑤マニフェステーションは地元焼酎を購入するといったことになる、これらのことから、焼酎のイノベーターは地元を愛し、焼酎が好きな人々のことであります。しかし、このイノベーターは地域ブランドを形成しようと考えていたのではなく、結果によって地域ブランドが出来上がったというのが論理の帰結です。そこには、このイノベーターがアーリーアダプター（初期採用者）に影響を与えたからこそ、地域ブランドが形成されている状況にあるといえます。

14-3-3　地域ブランドの諸側面

(1) 地域ブランド・チェックリスト

　マーケティング・コントロールの考え方は、地域ブランドを考える際にも、チェックリストの作成によって、効率的に地域ブランド構築に向けて作業を進めることができます。このことは、地域ブランド・マネジメントに役立つものです。この場合も、チェックリスト項目は、地域の実情や対象ブランドによっ

---

(3) 森行生（2007）『ヒット商品を最初に最初に買う人たち』ソフトバンク新書、pp.56-64。

ても多少異なってきます。

　例えば、独立行政法人中小企業基盤整備機構「地域ブランドマニュアル」平成17年6月の中に、地域ブランド戦略への取り組み状況を管理者や担当者が自己採点できるようにし、問題点を導き出せるように、30項目による簡易版の地域ブランド・チェックシートが提示されています[4]。主なチェック項目として、ブランドの理解15点、ブランド・マネジメント15点、ブランドの管理15点、ブランド・プレミアム15点、ブランド・コミュニケーション15点、ブランド・ロイヤルティ15点、マインド10点の合計100点となっています。

　また、取り組み体制に関するチェックリストを博報堂・地ブランドプロジェクト編『地ブランド』(pp.120-124) を参考に作成しました（図表14-6）。

［図表 14-6　地域ブランド・チェックリスト］

あなたが取り組むのは何のブランドですか？（対象の明確化）
何のためにその取り組み（ブランド化）を行うのですか？（目的の明確化）
ブランドに関する価値の内容を確認していますか？
そのブランドを支持してほしいのはどんな人々ですか？
そのブランドがお客様にできる約束は何でしょうか？
そのブランドの競合はどこですか？
取り組みの主体・責任者は誰ですか？
取り組みを成功させるために巻き込むべき人・組織・団体は？
取り組み期間は？
必要な予算はどこから入手しますか？
どのくらいの予算が見込めますか？
成果は何で確認しますか？

---

(4) 独立行政法人中小企業基盤整備機構「地域ブランドマニュアル」平成17年6月の中に、30項目による簡易版の地域ブランド・チェックシートがpp.39-45に提示されている。

第 14 章　地域活性化と地域ブランド　　261

　このチェックリストのメリットは、地域ブランド推進にあたり、作業上のモレの確認ができるということであり、チェックリスト協働作業の中で、組織に一体感が生じれば、活動にはずみがつくことになります。

【参考文献】

Kotler, P, D. Haider and I. Rein（1993）. *Marketing Places*, New York, NY. The Free Press.（井関利明監訳、前田正子・千野博・井関俊幸訳『地域のマーケティング』東洋経済新報社、1996 年）

青木幸弘（2004）「地域ブランド構築の視点と枠組み」『商工ジャーナル』2004 年 8 月、pp.14-17

青木幸弘・恩蔵直人編（2004）『製品・ブランド戦略』有斐閣アルマ

阿久津聡・天野美穂子（2007）「地域ブランドとそのマネジメント課題」『マーケティング・ジャーナル』No.105、日本マーケティング協会

生田孝史・湯川杭・濱崎博（2006）「地域ブランド関連施策の現状と課題～都道府県・政令指定都市の取り組み～」研究レポート No.251　富士通総研経済研究所、2006 年 1 月

片山富弘（2009）『顧客満足対応のマーケティング戦略』五絃舎

片山富弘監修（2007）『九州観光マスター検定 1 級公式テキストブック』福岡商工会議所

片山富弘監修（2011）『九州観光マスター検定 2 級公式テキストブック（新版）』福岡商工会議所

財団法人東北開発研究センター（2005）『創造地域ブランド』河北新報出版センター

関満博・及川孝信（2006）『地域ブランドと産業振興』新評論

田中章雄（2008）『事例で学ぶ！地域ブランドの成功法則 33』光文社

田中章雄（2012）『地域ブランド進化論』繊研新聞社

電通 abic-project 編（2009）『地域ブランド・マネジメント』有斐閣

永野周志（2007）『よくわかる地域ブランド・改正商標法の実務』ぎょうせい

長谷政弘編（2000）『観光マーケティング』同文舘

長谷政弘編（2003）『新しい観光振興～発想と戦略～』同文舘出版

古川一郎編（2011）『地域活性化のマーケティング』有斐閣

和田充夫（2002）『ブランド価値共創』同文舘出版

和田充夫・日本マーケティング協会編（2005）『マーケティング用語辞典』日本経済新聞社

索 引

A～Z

AAA 戦略	218
ARPANET	180
BCP	182
BOP	223
BOP ビジネス	223
BRICS	211
CAGE	218
CAGE 分析	211
CRM	130
EDSAC	175
ENIAC	174
ISO26000	233
Off -JT	3, 96
OJT	3, 96
PMBOK	189
PM 理論	44
QC 七つ道具	115
RFI	187
RFP	187
SaaS	183
SECI モデル	205
SLA	189
SQC	114
SWOT（スワット）	124
UNIVAC I	174
VRIO フレームワーク	73
VRIO 分析	211
X 理論	40
Y 理論	40

あ行

アウトソーシングブーム	189
アウトバウンド	210
アダム・スミス	23
アベグレン（Abegglen, J）	85
アメとムチ	41
アルバイト	87
安全性	105
アンゾフ（Ansoff,H.I.）	70, 202
アンドン	109
委員会設置会社	19
意識のピラミッド	259
意思決定能力	35
一次環境	63
一年基準	160
5 つの競争要因	72
イノベーション	7
イベント戦略	245
インターナショナル企業	216
インバウンド	210, 211
ウェーバー（M.Weber）	52
ウォーターフォール型開発	188
ウォーターマン（Waterman,R.H.）	75
売上高営業利益率	170
売上高経常利益率	170
売上高純利益率	170
売上高総利益率	170
運用形態	157
営業外収益	167
営業外費用	167
営利企業	14
営利性	14, 15
オートメーション方式	107

か行

海外直接投資	212
買掛金	4
開業費	162
会計期間	156
会計基準	156
解雇	85
会社法	163
外的報酬	92

外部環境	63	企業内物流システム	140
科学的管理法（テイラー・システム）	24, 113	企業の社会的責任 (CSR)	12
課業	25	企業文化	2
学習	76, 217	企業別労働組合（企業内労働組合）	85, 89
カスタマー・コンピタンス	131	期首	156
価値前提	36	技術	2
価値ネット	195	規制的支柱	240
価値連鎖	72	規則主義	53
株式	17	期待説	42
株式会社	14, 15	機能別組織	54
株式の大衆化	8	規範的支柱	240
株式の分散化	8	規模の経済性	106, 215
株主資本	4	基本的欲求	38
株主総会	19	期末	156
借入金	4	客観性	53
観光地戦略	245	キャピタルゲイン（資本利得）	18
観光マーケティング	245	教育訓練	3
監査委員会	20	強化説	42
監査役会	19	競争戦略	147
監査役設置会社	19	競争優位性	215
勘定式	157, 158	協調性	94
かんばん	110	共通目的	50
勘や経験	23	協働	2, 5
管理	23	共同化	205
管理人	35	協働システム	50
管理人（経営人）仮説	35, 52	業務プロセス	138
官僚制組織（ビューロラクシー）	52	規律性	94
官僚制の逆機能	53	禁止の様相	233
機会主義的側面	33	近代管理論	31
期間	156	グライナー・モデル	199
機関	18	繰越利益剰余金	164
機関所有（株式所有の機関化）	10	クリティカルマス	194
機関投資家	11	繰延資産	160
企業活動	2	グローバル化	209
企業継続（going concern）	15	グローバル化の経済的側面	210
企業継続（going concern）の原則	7	グローバル企業	216
企業統治（コーポレート・ガバナンス）	18	グローバル経営戦略	217
企業特殊的スキル	3, 87	経営	2
企業内教育	91	経営資源	2

索　引　265

経営資本	170	国際化	209
経営資本営業利益率	170	国際標準化機構（ISO）	233
経営者革命	9	個人企業	14
経営者支配	9	コスト・リーダーシップ戦略	72, 211
経営者支配論	11	固定資産	160
経営者社会	9	固定長期適合率	168
経営人	35	固定比率	168
計画と執行の分離	26	古典的管理論	31
経験則	57	古典派経済学	23
経済人	30, 52	コーポレートガバナンス	229
経済的	218	コーポレート・レビュテーション	241
経済的機能	5	コミュニケーション	33, 50
形式主義	63	雇用管理	83
継続性	53	コンピテンシー	95
契約社員	87	コンプライアンス	229
結合化	205		
欠乏欲求	39	**さ行**	
原価	104	差異	215
権限（権威）受容説	32	裁定戦略	218, 220
現地志向	213	サイモン（Simon,Herbert A.）	35
コア・コンピタンス	148	財閥	58
公企業	13	採用計画	83
貢献意欲	50	作業研究	25
合資会社	14, 15	作業設計	113
公式組織	29, 50	作業測定	113
公式組織が成立する要件	50	指図票	25
公私合同企業	13	指図票制度	25
構造作り	44	サービス業の ZD 運動	133
合同会社	14, 15	サービス・プロフィット・チェーン	130
公平説	42	サプライチェーン・マネジメント	135
合名会社	14, 15	サプライチェーン・ロジスティクス	141
効率	215	差別化機能	250
顧客価値	129	差別化戦略	72, 211
顧客歓喜	128	差率出来高賃金制度	25
顧客志向	112	3R	133
顧客資産	130	産業革命	23
顧客の創造	6	産業の空洞化現象	212
顧客満足保証	129	三種の神器	85
顧客ロイヤルティ	129	時間研究	25

事業戦略	77	集団企業	14
事業持ち株会社	58	集中戦略	72, 211
資源ベース戦略	69	集約戦略	218, 219
自己株式	164	柔軟性	215
自己株式処分差益	164	主観的合理性	36
自己実現	6	手段	33
自己資本	4	出向	84
自己資本当期純利益率	170	純資産額（資本の額）	156
自己資本比率	168	純粋持ち株会社	58
資産額	156	昇格	84
事実前提	36	小集団活動	109
辞職	85	昇進	84
市場セグメンテーション	125	情報	2
持続的イノベーション	194	情報化戦略	188
持続的技術	194	照明実験	28
持続的競争優位	73	処遇決定	93
自働化	108	職業別労働組合	89
シナジー（相乗効果）	70, 204	嘱託社員	87
支払手形	4	職能	54
資本金	4, 163	職能別戦略	77
資本金減少差益	163	職務遂行能力	94
資本準備金（株式払込剰余金）	163	ジョブ・ローテーション	96
資本準備金減少差益	164	処方の様相	233
資本剰余金	163	所有と経営の分離	9
指名委員会	20	新株発行費	163
シャイン（Schein,E.H.）	97	新規学卒者の一括採用	83, 91
社会人	30	新 QC 七つ道具	115
社会人仮説	30, 52	新古典管理論	31
社会的応答	232	人財	3
社会的機能	6	人材育成	94
社会的義務	232	人事考課	93
社会的責任	232	人事査定	93
社会の機関（Organ）	6	人事評価	93
ジャスト・イン・タイム	108	迅速性	53
社団性	14	慎重性	53
社内分社化制度	58	人的資源	2
自由意志	35	信頼	249
私有財産	8	垂直的な異動	84
終身雇用制度	85	水平的な異動	84

ステークホルダー	11, 63, 229	組織的怠業		23
正確性	53	組織内キャリア		97
税効果会計	167	組織の3次元モデル		97
生産者志向	112	組織の肥大化		53
生産性	105	ソーシャルビジネス		222
生産の効率化	23	その他の流動資産		161
正常営業循環基準	160	その他利益剰余金		164
成長戦略	68	損失回避の原則		7
成長ベクトル構成	202			
成長欲求	40	**た行**		
制度的	218	退職		85
税引前当期純利益	167	代理顧客満足		132
製品―市場マトリクス	70	大量生産システム		23
製品のライフサイクル	194	ターゲット（標的）		124
制約された合理性	35	棚卸資産		161
世界志向	213	他人資本		4
責任	94	多品種生産の経済性		215
セクショナリズム	53	探索型		65
積極性	94	単純出来高払い制		23
ゼネラリスト（多能工）	96	断続平衡モデル		68
全社戦略	77	地域志向		213
全人	32	地域ブランド		251
全人仮説	32	地域ブランド・エクイティ		250
全体最適化	142	地域ブランド・チェックリスト		259
選択力	35	地域ブランド・ロイヤルティ		250
専門化の原則	54	知的財産		2, 161
専門経営者	9	知のスパイラルモデル		205
戦略学習	76	チャンドラー（Chandler,A.D.）		55, 69
戦略キャンバス	197	中核戦略		147
先例主義	53	調達源泉		157
想起機能	248	地理的		218
操作可能環境	63	通年採用		84
操作不能環境	63	定期異動（ジョブ・ローテーション）		84
総資本経常利益率	170	ティッピングポイント		194
相対的優遇さ	39	定年退職		84
創立費	163	テイラー（Taylor,F.W.）		24
組織開発ピラミッド	198	適応戦略		218, 219
組織間キャリア	97	適正配置		84, 93
組織的機能	6	転籍		84

統一性	53	納期	104
動因	37	能率	52
動機付け衛生理論	42	のれん	161
統合概念	142		
統合の原則と自己統制	41	**は行**	
動作研究	25, 113	配当	18
当座資産	161	配当性向	18
当座比率	168	配慮	44
投資その他の資産	161	ハウス（House,R.）	46
同質化	87	破壊的イノベーション	194
道徳的要因	33	破壊的技術	194
特産品戦略	245	派遣社員	87
特別損失	167	パート	87
特別利益	167	ハーズバーグ（Herzberg,F.）	42
特許	2	パート	87
ドラッカー（Drucker,P.F.）	6	バーナード（Barnard,C.I）	31
トランスナショナル企業	216	バーナード革命	31
取締役会	19	バーナム（Burnham,J.）	9
		バーニー（Barney,J.B.）	73, 211
		バーリ（A.A. Berle,Jr.）	8
な行		バランス・スコアカード	131
内的報酬	92	バリュー・イノベーション	196
内部環境	63	ハローワーク（公共職業安定所）	84
内面化	205	バンク配線作業観察室	29
ナレッジマップ	206	反応型	66
ナレッジリポジトリ	206	販売費及び一般管理費	167
荷役	140	非営利企業	14
二次環境	63	非公式組織	29, 50
ニーズ（Needs）	119	ビジネス・ロジスティクス	140
日本的経営	85	非正社員（非正規社員）	87
ニューエコノミー	234	ピーターズ（Peters,T.J.）	75
二要因理論	42	ヒト・モノ・カネ	2
任意積立金	169	評価エラー	95
人間関係	29	表出化	205
人間関係論	27, 30	貧困問題	220
人間の感情	29	品質	104
年功序列制	89	フィドラー（Fiedler,F.E.）	45
年功制	89	フェアトレード	224
年功賃金制	89	不可逆的	39
年功による賃金と昇進制度	85		

索引　269

福利厚生の充実	91
負債	4
負債額	156
物流情報	140
部品の互換性	107
ブランドの価値	249
ブランドの機能	248
ブランドの効果	249
ブランド・ロイヤルティ	249
プロセス型経営戦略	69
プロダクト・アウト	122
プロダクトポートフォリオ	194
プロダクト・ポートフォリオ・マネジメント	70
文化的	218
文化・認知的支柱	240
文章主義	53
分析型	66
分析型戦略論	68
防衛型	65
報告式	157, 158
報酬	91
報酬委員会	20
法人	10
法人格	14
法人資本主義	10
法人性	14
法人税額	167
法人税等調整額	167
方法研究	113
保管	140
ポジショニング戦略	69
保証機能	248
ホーソン工場	28
ポーター（Porter.M.E.）	211
本国志向	213
本社志向	213

ま行

マグレガー（McGregor,D.）	40
マーケター（Marketer）	119
マーケット・イン	122
マーケティング	7
マーケティング・コンセプト	122
マーケティング戦略	124
マーケティング・ミックス	125
マズロー（Maslow,A.H.）	38
マトリクス組織	61
マートン（Mertom,R.K.）	53
マネジメントサイクル	61
マルチナショナル企業	216
満足	128
満足化行動	37
満足度	128
見えざる出資	91
見える化	109
未来の費用（コスト）	7
ミーンズ（Means,G.C.）	8
ミンツバーグ（Mintzberg,H.）	76
無関心圏	32, 51
無形固定資産	161
無限責任社員	16
明確性	53
メイヨー（Mayo,G.E）	28
命令一元化の法則	54, 56
目で見る管理	109
面接調査	29
目的	33
目標管理（MBO）	94
目標 − 経路理論（パス・ゴール理論）	47
持ち株会社制	58
モラール（協働意欲）	29

や行

雇止め	85
誘因	37, 53
有形固定資産	161
有限責任社員	16
優秀な人材の囲い込み	91

輸出	212
輸送	140
ユニオン・ショップ制	91
予想的・予防的様相	233
欲求階層性理論	38
4C	125
4P	125

ら行

利益の留保額	164
利益準備金	4, 164
利益剰余金	4, 164
リッカート（Likert,R.）	43
流通加工	140
流動資産	160
流動比率	168
リレー組立実験	28
ルーラル・マーケティング	245
レスリスバーガー（Roethlisberger,F.J）	28
ロジスティクス	135

わ行

ワークデザイン	113

【執筆者紹介】（＊は編著者）

前田卓雄（まえだ たかお）………………………… 第1章、第2章、第3章、第5章　執筆
北九州市立大学大学院社会システム研究科博士後期課程修了、博士（学術）。
株式会社間組（現：株式会社安藤・間）を経て、現在、中村学園大学流通科学部准教授。
主著書：『経営ケースブック：新たな市場、顧客を切り拓く』（共著、岡山大学出版会、
2016年）「営業店舗における非正社員リーダーの職務意欲に関する研究：A社における正
社員店長とのタスクの重複に注目して」（『経営行動研究年報』第22号所収　2013年7月、
経営行動研究学会発行）

山田啓一＊（やまだ けいいち）…………… 第4章、第6章、第11章、第12章、第13章　執筆
関東学院大学大学院経済学研究科経営学専攻博士課程修了、博士（経営学）。飯野海運株
式会社、三洋海運株式会社、経営コンサルタントを経て、現在・中村学園大学流通科学部
教授。中小企業診断士、情報処理システム監査技術者等。
主著書：『経営革新と情報セキュリティ』（編著、日科技連出版社、1997年）、『情報科学』（編
著、西日本法規出版、2003年）、『Managing IT in Government, Business & Communities』
（共著、IRM Press、2003年）、『ケースブックⅡ　挑戦する企業』（共著、慶應義塾大学出
版会（2007年）、『企業戦略における正当性理論―レピュテーション経営を志向して』芙
蓉書房出版（2008年）、『日本と中国の現代企業経営』（編著、八千代出版、2009年）、『食
品流通のフロンティア』（共著、農林統計出版、2011年）、『海と島のブランドデザイン：
海洋国家の地域戦略』（共著、芙蓉書房出版、2013年）『流通ビジネスの新展開』（共著、
五絃舎、2016年）ほか多数

片山富弘＊（かたやま とみひろ）………………………………… 第7章、第14章　執筆
佐賀大学大学院工学研究科修了（学術博士）。大手メーカーの経営企画業を経て、現在・
中村学園大学流通科学部教授、大学院研究科長。税理士、中小企業診断士。
主著書：『マネジリアル・マーケティングの考え方と実際』（日本消費経済学会奨励賞受賞；
単著、五絃舎、2005年）。『顧客満足対応のマーケティング戦略』（日本産業科学学会賞受賞；
単著、五絃舎、2009年）。『差異としてのマーケティング』（日本消費経済学会学会優秀賞
受賞；単著、五絃舎、2014年）。『市場創造～顧客満足とリレーションシップ～』（編著、
学文社、2006年）。『流通国際化研究の現段階』（編著、同友館、2009年）。『地域活性化へ
の試論～地域ブランドの視点～』（編著、五絃舎、2014年）、『1からの戦略論』（共著、碩
学舎、2009年）、『流通と消費者』（共著、慶應義塾大学出版会、2008年）、ほか多数

朴　晟材（ぱく　そんじぇ）……………………………………… 第8章　執筆
神戸大学大学院経営学研究科博士後期課程修了、経営学博士。
現在、中村学園大学流通科学部准教授。
主著書：『食品流通の最前線』（共著、中村学園大学流通科学研究所、2010年）など

日野修造（ひの　しゅうぞう）……………………………………… 第9章　執筆
福岡大学大学院商学研究課博士後期課程修了、博士（商学）。福岡国際大学助教授、中村
学園大学短期大学部准教授、中村学園大学流通科学部准教授を経て、現在、中村学園大学
流通科学部教授。
主著書：『非営利組織体財務報告論』（単著、中央経済社、2016年）、『ビギナーのための
会計学』（共著、創成社、2014年）、『簿記会計入門』（編著、五絃舎、2013年）、『企業会
計の基礎』（共著、中央経済社、2009年）など

木下和也（きのした　かずや）……………………………………… 第10章　執筆
西南学院大学大学院経営学研究科博士後期課程修了、博士（経営学）。
大分商業高等学校教諭、名古屋学院大学商学部助教授、愛知学院大学経営学部准教授を経
て現在、中村学園大学流通科学部教授。
主著書：『離散系シミュレーションによるシステム評価手法の研究』（単著、同文舘、2001
年）、『商学概論』（共著、晃洋書房、2000年）、『現代日本企業の経営学』（共著、ミネル
ヴァ書房、2001年）など

2017年1月31日　第1刷発行
2019年7月30日　第2刷発行

新版　経営学概論

編著者　ⓒ　片山富弘・山田啓一

発行者　　脇　坂　康　弘

発行所　株式会社 同 友 館

東京都文京区本郷3-38-1（郵便番号113-0033）
TEL 03-3813-3966　FAX 03-3818-2774
URL http://www.doyukan.co.jp/

落丁・乱丁本はお取り替えいたします。　神谷印刷/松村製本
ISBN978-4-496-05260-6　　Printed in Japan